本成果得到中南民族大学学术团队"英语语言学及应用语言学研究"（立项号：XTS15013）的资助。

基于语料库的分句语气异类组配研究

万光荣◎著

中国社会科学出版社

图书在版编目(CIP)数据

基于语料库的分句语气异类组配研究/万光荣著. —北京：中国社会科学出版社，2016.3
ISBN 978-7-5161-7785-3

Ⅰ.①基… Ⅱ.①万… Ⅲ.①汉语—语气(语法)—研究
Ⅳ.①H146.2

中国版本图书馆 CIP 数据核字(2016)第 051421 号

出 版 人	赵剑英
责任编辑	熊　瑞
责任校对	郝阳洋
责任印制	戴　宽

出　　版	中国社会科学出版社
社　　址	北京鼓楼西大街甲 158 号
邮　　编	100720
网　　址	http://www.csspw.cn
发 行 部	010-84083685
门 市 部	010-84029450
经　　销	新华书店及其他书店
印　　刷	北京君升印刷有限公司
装　　订	廊坊市广阳区广增装订厂
版　　次	2016 年 3 月第 1 版
印　　次	2016 年 3 月第 1 次印刷
开　　本	710×1000　1/16
印　　张	17.75
插　　页	2
字　　数	279 千字
定　　价	68.00 元

凡购买中国社会科学出版社图书，如有质量问题请与本社营销中心联系调换
电话：010-84083683
版权所有　侵权必究

目　录

序 …………………………………………………………… (1)

第一章　导论 …………………………………………………… (1)
第一节　研究对象和考察范围 ………………………………… (1)
　　一　二合复句 ………………………………………………… (1)
　　二　语气 ……………………………………………………… (3)
　　三　语气组配 ………………………………………………… (10)
第二节　文献综述和研究意义 ………………………………… (11)
　　一　国外语言复句语气的研究 ……………………………… (11)
　　二　汉语复句语气的研究 …………………………………… (20)
　　三　研究意义 ………………………………………………… (27)
第三节　研究方法和研究思路 ………………………………… (31)
　　一　研究方法 ………………………………………………… (31)
　　二　研究思路 ………………………………………………… (32)
第四节　语料来源及相关说明 ………………………………… (33)
　　一　纸质语料 ………………………………………………… (33)
　　二　网络语料 ………………………………………………… (34)

第二章　二合复句中分句语气异类组配的倾向性表现 ……… (36)
第一节　二合复句中分句语气组配的总体情况 ……………… (37)
　　一　二合复句通常要求两个分句的语气一致 ……………… (37)

二　"陈述＋陈述"是二合复句最基本的语气类型 …………（37）
三　异类语气组配主要出现在戏剧和小说语体中 …………（38）
第二节　二合复句中分句语气异类组配的倾向性及其优先序列 …（38）
一　陈述语气组配的显著优先性 ……………………………（39）
二　陈述＋疑问／祈使／感叹＞疑问／祈使／感叹＋陈述 …（40）
三　分句语气异类组配的优先序列 …………………………（40）
四　下位语气异类组配的倾向性表现 ………………………（41）
第三节　语气焦点表述形式影响下的分句语气异类组配的倾向性
　　　　表现 …………………………………………………………（46）
一　使用语气助词时的倾向性表现 …………………………（47）
二　使用语气副词时的倾向性表现 …………………………（52）
三　使用助动词时的倾向性表现 ……………………………（55）
第四节　复句语义类别及关联标记影响下的分句语气异类组配的
　　　　倾向性表现 …………………………………………………（57）
一　复句语义类别影响下的倾向性表现 ……………………（57）
二　关联标记影响下的倾向性表现 …………………………（61）
第五节　小结 ………………………………………………………（63）

第三章　分句语气的典型性程度对分句语气异类组配的影响 ……（65）
第一节　典型性程度的判定标准 …………………………………（65）
一　语气的内在特征 …………………………………………（65）
二　语气的外在表现 …………………………………………（68）
第二节　典型性程度高的语气在异类组配时的低频表现 ………（69）
一　典型性程度高的语气异类组配的可行性 ………………（69）
二　疑问、祈使、感叹两两异类组配的低频表现 …………（69）
三　陈述语气与疑问／祈使／感叹语气组配的较低频表现 …（70）
第三节　典型性程度低的语气在异类组配时的高频表现 ………（72）
一　典型性程度低的语气类别及其特征 ……………………（72）
二　典型性程度越低的异类语气组配频率越高 ……………（77）

  三　典型性程度高的语气与典型性程度低的语气组配频率居中……(80)

 第四节　趋同性:分句语气的典型性程度影响异类语气组配的总体
     规律 ………………………………………………………… (82)
  一　接近性 ……………………………………………………… (82)
  二　整体性 ……………………………………………………… (83)
 第五节　小结 …………………………………………………………… (84)

第四章　分句语气的焦点表述形式对分句语气异类组配顺序及频率的制约 ……………………………………………………………… (86)

 第一节　语气助词对分句语气异类组配顺序及频率的制约 ……… (86)
  一　语气助词相关研究回顾 …………………………………… (86)
  二　语气助词的语义特点对分句语气异类组配顺序及频率的
    制约 ………………………………………………………… (90)
  三　语气助词的句法特点对分句语气异类组配顺序及频率的
    制约 ………………………………………………………… (95)
 第二节　语气副词对分句语气异类组配顺序及频率的制约 ……… (102)
  一　语气副词相关研究回顾 …………………………………… (102)
  二　语气副词对分句语气异类组配频率的制约 ……………… (103)
  三　语气副词对分句语气异类组配顺序的制约 ……………… (109)
 第三节　助动词对分句语气异类组配顺序及频率的制约 ………… (115)
  一　助动词相关研究回顾 ……………………………………… (115)
  二　助动词的使用数量对异类语气组配顺序及频率的制约 … (118)
  三　助动词的语义强弱对异类语气组配顺序及频率的制约 … (120)
 第四节　前弱后强:分句语气的焦点表述形式制约异类语气组配的
     总体规律 ………………………………………………… (124)
  一　使用了语气焦点表述形式的语气在组配中居后 ………… (124)
  二　语气焦点形式表述程度强的语气在组配中居后 ………… (126)
 第五节　小结 ………………………………………………………… (128)

第五章 复句的语义类别和关联标记对分句语气异类组配的选择 …… (131)

第一节 相关研究成果综述 …… (131)
一 复句语义类别与语气的互动研究 …… (131)
二 复句关联标记与语气互动研究的可行性 …… (134)

第二节 复句语义类别选择分句语气异类组配的倾向性规律 …… (135)
一 并列类复句选择异类语气组配范围、顺序和频率的倾向性 …… (135)
二 因果类复句选择异类语气组配范围、顺序和频率的倾向性 …… (138)
三 转折类复句选择异类语气组配范围、顺序和频率的倾向性 …… (141)
四 从选择特点看复句语义类别选择异类语气组配的倾向性规律 …… (143)

第三节 关联标记选择分句语气异类组配的倾向性规律 …… (150)
一 异类语气组配的分句间关联标记的使用情况 …… (151)
二 并列类复句关联标记选择异类语气组配的倾向性 …… (152)
三 因果类复句关联标记选择异类语气组配的倾向性 …… (161)
四 转折类复句关联标记选择异类语气组配的倾向性 …… (174)

第四节 小结 …… (184)

第六章 语用因素对分句语气异类组配的管控 …… (186)

第一节 语体对异类语气组配的管控 …… (186)
一 语体视角下的复句研究 …… (187)
二 异类语气组配倾向于口语语体 …… (188)
三 不同语体中异类语气组配类别和频率的倾向性 …… (190)

第二节 语篇衔接对异类语气组配的管控 …… (194)
一 语篇视角下的复句和语气研究 …… (194)
二 疑问/祈使/感叹语气在前分句时需与上文保持衔接与连贯 …… (195)
三 疑问/祈使/感叹语气与其后的陈述语气在话题上的一致性倾向 …… (197)

第三节 人际关系对异类语气组配的管控 …… (200)
一 人际关系与语气研究 …… (201)
二 交流角色管控异类语气组配的倾向性 …… (202)

三　社会角色管控异类语气组配的倾向性 …………………… (208)
　第四节　小结 ………………………………………………………… (216)

第七章　汉英二合复句中分句语气异类组配的简单比较 …………… (218)
　第一节　比较的基础 ………………………………………………… (218)
　　一　语气的内涵与分类 …………………………………………… (218)
　　二　复句及分句语气 ……………………………………………… (223)
　第二节　汉英二合复句中分句语气异类组配的特点比较 ………… (228)
　　一　陈述语气和疑问语气的组配 ………………………………… (230)
　　二　陈述语气和祈使语气的组配 ………………………………… (234)
　　三　陈述语气和感叹语气的组配 ………………………………… (237)
　第三节　汉英二合复句中分句语气异类组配的倾向性比较 ……… (238)
　　一　汉英分句语气同类组配占绝对优势 ………………………… (239)
　　二　汉英分句语气异类组配的总体情况比较 …………………… (240)
　　三　汉英复句语义类别影响下的异类语气组配的倾向性比较 … (243)
　第四节　小结 ………………………………………………………… (246)

第八章　结语 …………………………………………………………… (248)
　第一节　本书的主要结论 …………………………………………… (248)
　第二节　本书的局限和有待研究的问题 …………………………… (253)

参考文献 ………………………………………………………………… (257)

致谢 ……………………………………………………………………… (269)

序

现代汉语二合复句总是由两个相对独立、难以区分主从的分句构成的复合句。分句有没有单独的语气？如果都有，是要求一致还是可以不一致？邢福义先生在《汉语语法学》和《汉语复句研究》里做过初步的研究。万光荣选择这个问题做进一步的系统考察，无疑是很有价值的。语气表达的主观性和使用的变化性难以捕捉，汉语复句内分句语气的同类组配占多数，异类组配占少数，因此研究起来颇具挑战性。

汉语语气的研究一直以单句的语气为单位，万光荣的新著研究复句中两种及以上语气的组配，扩大了语气研究的范围；探讨汉语分句语气异类组配的特征和规律，深化了语气范畴的研究。此外，这本著作从语气角度研究复句，进行了汉英复句语气的对比研究，不同于传统的关联标记、格式生成、计算机辅助语言等研究视角，拓展了复句研究的视角，有助于深化对汉语复句的认识，成为汉语复句研究新的增长点。

该著集中探讨了三个方面的重要问题：第一，汉语复句中异类语气组配是否有常见和不常见类型？分句语气异类组配有多种模式，二合复句有12种：陈述＋疑问、陈述＋祈使、陈述＋感叹、疑问＋陈述、疑问＋祈使、疑问＋感叹、祈使＋陈述、祈使＋疑问、祈使＋感叹、感叹＋陈述、感叹＋疑问、感叹＋祈使，三合、四合复句中分句语气异类组配模式更多。这些组配在语言使用中哪些常见，哪些不常见？第二，常见和不常见的分句语气异类组配模式有哪些决定因素，是复句或者语气形式特点、语义关系，还是语用效果？众多因素如何共同作用？第三，汉语复句中分句语气异类组配具有什么类型学特点？现代汉语复句中分句语气异类组配的模式和使用频率，与英语相比较，有哪些异同？深入对比研究是否具有类型学价值。

  每本学术著作都凝聚着作者多年的心血。万光荣在读博士期间，确定了"语气组配"这个研究选题后，从小论文做起，首先思考的是《现代汉语二合复句中分句语气异类组配的倾向性研究》，在发现异类语气组配的规律后，深入挖掘这些规律的影响因素，先后发表了《语气助词对复句中分句语气异类组配的影响》、《语气副词对复句中分句语气异类组配的影响》、《复句语义关系对复句中分句语气异类组配的选择》等多篇论文。她还成功申报了湖北省社科基金项目"现代汉语二合复句中分句语气异类组配研究"。她一步一步地努力，一环扣一环地探讨，像滚雪球一样，顺利完成了她的博士论文，并拓展了对复句语气组配的思考和研究。该著即是她2009年以来一直思索和探讨异类语气组配的集成之作，有比较独到的见解和较强的创新意识。作为她的导师，我对她取得的进步甚感欣慰。

  她在学术上很勤奋、很坚韧。她的求学之路很辛苦，"上午是老师，下午是学生，晚上是妈妈"，挤时间看书写作，遇到不懂的问题，总是打破砂锅问到底。难能可贵的是，她投入了大量精力自建200多万字的语料库，针对语气组配问题进行了详尽的统计与分析，大大提高了研究结论的可信度。

  希望她能一如既往地走好语言研究之路，多出成果，出好成果！是为序。

储泽祥

2015年6月18日

第一章 导论

汉语的每个小句都有语气。小句联结组成复句，进入复句的小句是分句化的小句，即分句，分句之间既相互依存，又相对独立①，独立的一个表现就是分句仍然带有语气。分句联结时，分句的语气形成语气组配，但不是任何两个语气都可以组配，在能够组配的语气中，有些语气组配使用频率高，有些语气组配使用频率低。本书将以现代汉语二合复句为研究对象，在较大规模语料统计分析的基础上探讨分句语气异类组配的倾向性规律。

第一节 研究对象和考察范围

一 二合复句

句子可以是单句，也可以是复句。单句由一个分句组成，复句由两个或两个以上的分句组成。复句包含的分句至少两个，理论上可以无限多，但在实际使用中其数量往往有限。

我们考察的是最简单的复句类型，即由两个分句组成的二合复句。参考邢福义关于复句的论述②，二合复句应该具有以下特点：一是由两个并且只有两个分句构成的复句；二是有一个统一全句的语调，句末有一个终

---

① 邢福义:《汉语语法学》，东北师范大学出版社 1996 年版，第 302 页。
② 邢福义:《汉语复句研究》，商务印书馆 2001 年版，第 1—5 页。

止性的停顿，书面上往往用句号，偶尔也用问号或感叹号；三是只有一个结构层次和一个语义关系。这里的二合复句跟邢福义提到的单重复句有所不同：二合复句强调分句的数量只有两个，单重复句则强调分句间的语义关系只有1个，因此二合复句都是单重复句，但单重复句不一定都是二合复句，单重复句还可以包含三个或更多的一次性组合并且只有一种语义关系的分句。

复句和单句有诸多纠结，我们有必要说明对纠结部分的处理：

第一，二合复句中分句与分句之间主要是逗号，也可以是分号或冒号，偶尔也有省略号或破折号，但不能是问号或者感叹号。例（1）的问号表明：其前后是两个句子，这是一个句群而非复句。

(1) 你们在开会啊？那我就不打扰了。

第二，紧缩句处理为一个分句，如下例画线部分是一个分句。

(2) 别闹了，<u>夹疼了不许哭</u>。

第三，包孕句不是分句，而是分句里的一个语法成分（这跟英语中带定语从句的复句不同），下例中画线部分为定语。

(3) <u>他昨天刚买</u>的书今天就不见了。

第四，后分句是前分句动词的宾语，前分句没有句末语气助词时算单句（这跟英语中带宾语从句的复句有所不同），如例（4）和例（5）的 a 句；前分句有句末语气助词时算两个分句，一起构成二合复句，如例（4）和例（5）的 b 句。

(4) a. 您就直说，究竟要多少钱？
    b. 您就直说<u>吧</u>，究竟要多少钱？

(5) a. 他回来没有,你知不知道?
    b. 他回来没有,你知道吗?

第五,称呼语、插入语、叹词、应答语、话语标记等处理为分句的外位成分,不是分句,如下面例子中的画线部分。

(6) 妈妈,我四海为家的。　　　　　　　　(称呼语)
(7) 好吧,你几时要,上我家来拿钥匙。　　　(应答语)
(8) 啊,报应,报应。　　　　　　　　　　(叹词)
(9) 咱们俩研究的领域不同,我觉得。　　　　(插入语)
(10) 我说,你的那个推理还蛮有道理的嘛。　(话语标记)

第六,直接引语中,引号里面的内容单独拿出来看,不受引号外动词限制,如例(11)画线部分是二合复句。

(11) 那天傍晚我们刚吃过饭,有人在外面喊:"福贵,你到村口去看看,像是你家的偏头女婿来了。"

二　语气

"语气"在《现代汉语词典》(第6版)中有两个义项:(1)说话的口气;(2)表示陈述、疑问、祈使、感叹等分别的语法范畴。本书研究的"语气"是第二个义项,即语气是一种语法范畴,是语法意义的类,一般分为陈述、疑问、祈使、感叹四种。语气在汉语界很早就受到关注[①],各家不仅定义不同,分类也不一样,从4种到12种之多。当下也有学者从

---

① 王力:《中国现代语法》,商务印书馆1985年版,第160—178页。吕叔湘:《中国文法要略》,商务印书馆2002年版,第258—260页。黎锦熙:《新著国语文法》,商务印书馆2007年版,第228—252页。

不同角度研究语气①，但一直没有达成共识，可见语气的界定还颇有难度，为了弄清语气的内涵与外延，很有必要区分几组容易混淆的术语。

（一）语气与口气

吕叔湘最早提出将语气和口气区分开来②，后来胡裕树③和张斌④两位对语气和口气作了具体的区分，指出语气只有陈述语气、疑问语气、祈使语气、感叹语气四种，口气是指句子中思想感情色彩的种种表达法，有肯定、否定、强调、委婉、活泼、迟疑等。这种区分虽然点明了二者各自包含的内容，但口气包含的内容没有穷尽，人们在理解上拿不准什么情况下属于语气，什么情况下属于口气。

孙汝建从句子的表述层级出发，以表达方式来区分语气和口气⑤：语气实现整个句子的表述，口气实现句子局部的表述。在小句"他确实没去"中，陈述句调是对"他确实没去"整个句子的表述，是句子的表述层级，是语气；而"没"是对"他去"的表述，"确实"是对"他没去"的表述，是句子局部表述的层级，是口气。他进而总结：语气的表达手段是句调，口气的表达手段是语气副词、语气词、叹词、特殊格式等。这种研究思路更为细致、科学，但"整个句子的表述"还可以包括句末语气词、句首语气副词等，把语气副词、语气词全部纳入口气的表达手段还是值得商榷的。

齐沪扬进一步明确了语气和口气的区别和联系⑥：第一，语气是一种语法范畴，有固定的意义，有固定的表现形式，而口气则属于语用层面上的，没有固定的类别，表现形式也比较灵活。第二，每一个命题都有其语气表现，特别是功能语气，是任何句子都必须具有的，而口气并非在每个

---

① 贺阳：《试论汉语书面语的语气系统》，《中国人民大学学报》1992年第5期。齐沪扬：《语气词与语气系统》，安徽教育出版社2002年版，第228—230页。李战子：《从语气、情态到评价》，《外语研究》2005年第6期。
② 吕叔湘：《中国文法要略》，商务印书馆2002年版，第268页。
③ 胡裕树：《现代汉语》（增订本），上海教育出版社1981年版，第410—413页。
④ 张斌主编：《现代汉语精解》，上海文艺出版社1989年版，第299页。
⑤ 孙汝建：《语气和语气词研究》，上海师范大学博士学位论文，1998年。
⑥ 齐沪扬：《语气词与语气系统》，安徽教育出版社2002年版，第228—230页。

句子中都有所表现。第三,语气的表现形式中最主要的是"语调",也是必须有的形式,其次还有语气词、叹词、助动词和语气副词,而口气的表达则主要依靠语气副词。

齐沪扬先生的这一观点在汉语界基本上得到认可,我们不讨论口气,但从与口气对立的角度来分析语气,与齐沪扬先生的观点相同。并且齐沪扬将语气分为功能语气、意志语气[①],贺阳进一步将语气分为功能语气、评判语气和情感语气[②],思考深入细致,但本书研究的只是二者的功能语气。

(二) 语气与句类

黄伯荣、廖序东[③]指出,句子的分类可以有不同的标准,根据句子的语气分出的叫句类,有陈述句、疑问句、祈使句、感叹句。叙述或说明事实的具有陈述语调的句子叫陈述句,具有疑问语调表示提问的句子叫疑问句,要求对方做或不要做某事的句子叫祈使句,带有浓厚的感情的句子叫感叹句。他们对四种句类的定义其实是句子的功能,因此造成了学术界在一段时间里有一种"句类就是句子的功能类别"的通说。

陈昌来[④]和范晓[⑤]就认为句类是句子表达功能的类别,句类属于句子的语用平面,跟说话者的主观态度或表达意图密切相关。句子的语用目的是句子语气的反映,根据句子的语用目的或语气区分句类,汉语的句子大体上可以分为五类:陈述句、祈使句、疑问句、感叹句、呼应句。这样一来,句类、语气和句子功能又搅在一起了。

邓思颖[⑥]则认为,句类不是语用层面的概念,句类的划分应该根据独立于语境的"句子意义"(sentence-meaning):陈述句、祈使句、感叹句和疑问句。句类由一些显著的语法特点来决定,通过特定的语调反映出

---

① 齐沪扬:《语气词与语气系统》,安徽教育出版社2002年版,第21页。
② 贺阳:《试论汉语书面语的语气系统》,《中国人民大学学报》1992年第5期。
③ 黄伯荣、廖序东:《现代汉语》(增订三版)(下册),高等教育出版社2002年版,第109—117页。
④ 陈昌来:《现代汉语句子》,华东师范大学出版社2000年版,第210页。
⑤ 范晓:《汉语句子的多角度研究》,商务印书馆2009年版,第357—359页。
⑥ 邓思颖:《汉语句类和语气的句法分析》,《汉语学报》2010年第1期。

来，书面上表现为标点符号，带有"陈述语调"的句子是陈述句，"急降而且很短促的语调、比较平缓的降语调"是祈使句，"降语调"是感叹句，"升调"是疑问句。语气是语用层面的概念，主要表达"话段意义"（utterance-meaning），跟说话时的语境有关。语气在形式方面可以体现为语气词和语调，句调属于语调，句子的前后停顿也属于语调，汉语的升调表示"反问、疑问、近义、号召"等语气，降调表示"陈述、感叹、请求"等语气，平调表示"严肃、冷淡、叙述"等语气，曲调表示"含蓄、讽刺、意在言外"等语气。虽然语气对句类的划分有一定的参考作用，但语气和句类并不一样。

我们认为，句类和语气都与句子功能有关，二者分类名称也相同。句类包括陈述句、疑问句、祈使句和感叹句；语气包括陈述语气、疑问语气、祈使语气和感叹语气。但是句类是功能范畴，语气是句法范畴/语法范畴。一般来说，带有陈述语气的句子是陈述句，带有疑问语气的句子是疑问句，带有祈使语气的句子是祈使句，带有感叹语气的句子是感叹句。因此，陈述句里的陈述语气是典型的陈述语气，疑问句里的疑问语气是典型的疑问语气，祈使句里的祈使语气是典型的祈使语气，感叹句里的感叹语气是典型的感叹语气。但是，句类和语气并不总是这样一一对应，比如疑问形式的包孕句作宾语，整个单句是陈述句，但带有疑问语气，这种句子是不典型的疑问句，其中的疑问语气也是不典型的疑问语气，如：

（12）我不知道他什么时候回来。

本书所讨论的语气主要是典型的语气，不典型的语气只在与典型语气对比时提及。四种语气与四种句类相吻合：陈述语气和陈述句，疑问语气和疑问句，祈使语气和祈使句，感叹语气和感叹句，一一对应，本书不再作区分。

（三）语气与句子功能

一般来说，句子语气和句子功能相一致：陈述句陈述一个命题，疑问句询问一些事情，祈使句使行为被执行，感叹句抒发强烈的感情。但是，由于句子的使用涉及表达技巧，有时句子语气和句子功能并不一致，比如反问句，尽管属于疑问句，但实际上表示肯定或否定的命题判断。①

句类与句子功能不是一一对应的关系，比如祈使功能不但可以由祈使句表达，也可以通过陈述句、疑问句或感叹句表达；疑问句除了用于发出询问，也可以用来作断言、发出指令或表达感叹。作断言可以用陈述句，也可以用疑问句等。②

我们认为，句类不依赖语境，在任何情况下都是一种句类，而句子的功能依赖语境，在不同的语境下，同一句类可以有不同功能。语气是语法范畴，语境的变化使语气的表现程度不一样，但不能根本改变语气类别。如：

（13）屋里好热啊！
（14）你热不热啊？
（15）屋里很热。

上面三例分别对应感叹、疑问、陈述三种语气，它们无论在什么语境下都是感叹、疑问、陈述语气，但在某些具体的语境中都可用来传达祈使功能——"请把窗户打开。"

（四）语气与情态

鲁川认为，"语气"是对"人"的，表达说话人对听话人的交际目的和交际态度；"情态"是对"事"的，表达说话人基于固有的主观认识而对于事情的主观情绪或态度。"语气"通过句类和语气助词来表达，"情态"主要通过情态副词和情态动词来表达。③ 这种观点很有启发意义，但笔者不完全赞同，因为情态副词和情态动词也可以表达语气，句类和语气助词也可以表达情态。

---

① 邢福义：《汉语语法三百问》，商务印书馆2004年版，第14—15页。
② 徐晶凝：《现代汉语话语情态研究》，昆仑出版社2008年版，第96—97页。
③ 鲁川：《语言的主观信息和汉语的情态标记》，中国语文杂志社编《语法研究和探索（十二）》，商务印书馆2003年版，第317—329页。

"情态"最初是哲学和逻辑学里的语义概念，后来借用到语言学领域，仍然保留着语义概念，是语义范畴。情态的分支是命题情态（propositional modality）和事件情态（event modality），命题情态是说话人对命题是否为真或命题是否为事实的态度（the speaker's attitude to the truth value or factual status of the proposition）[1]，事件情态指将来可能发生但现在还没有发生的事件（events that are not actualized, events that have not taken place but merely potential）[2]。情态的主要表达方式是情态助动词（Modal Verbs，如 may）、情态形容词（Modal Adjectives，如 possible）、情态副词（Modal Adverbs，如 possibly, perhaps）。[3]

因此，我们认为语气是句法层面的，表达整个小句，而情态是语义层面的，表达小句内部结构成分的意义。

上面各组概念分析之后，我们得出表 1-1。

表 1-1　　　　　　　　汉语概念与语法性质对应表

汉语概念	语法性质
语气	句法范畴
情态	语义范畴
句子类型（句子功能）	功能范畴
口气	语用范畴

我们仍然不能给语气下一个广为人接受的定义，但我们认为，语气的内涵是说话者表述话语的方式，涉及两方面的内容：第一，说话人对句子命题的主观态度；第二，说话人对听话人的主观态度。无论哪一种内容都是语气，或者两个内容都有也都是语气。同时，语气必须满足以下条件：

第一，语气是语法范畴，语气的表达必须有语法形式的标记。

这与西方学者研究的语气一致，只不过语气的表现手段不同。英语的

---

[1] ［英］F. R. Palmer：《语气·情态》（第 2 版），世界图书出版公司 2007 年版，第 7 页。
[2] 同上。
[3] 徐晶凝：《现代汉语话语情态研究》，昆仑出版社 2008 年版，第 58 页。

语气主要通过动词的形式变化来体现：陈述语气是最常用的语气，以"NP＋VP"表现，疑问语气是将助动词提到句首（一般疑问句）或特殊疑问词和谓语动词之间（特殊疑问句），祈使语气是动词原形在句首，感叹语气是"What＋（a）adj.＋noun!"或者"How＋adj./adv.＋NP＋VP!"汉语由于动词没有这些形态变化，通过其他的句法方式来表达语气：声调（句末标点）、语气成分词（语气助词、语气副词、助动词、叹词）、句式变化以及词序等。

语法上的语气与语用上的语气不一样，需要加以区分。陈述语气由陈述句体现，陈述一个命题；疑问语气由疑问句体现，询问一些事情；祈使语气由祈使句体现，提议实施某行为；感叹语气由感叹句体现，表达强烈的感情。我们研究的语气是语法范畴的，比如，陈述句"钢笔没墨水了"和疑问句"你有蓝墨水吗"在语用上都有祈使的功能——"借我一点墨水"，但它们不是祈使句，不是我们说的祈使语气。因此，文章中的语气与句类往往是没有区分的，比如，陈述语气就是陈述句里表现的语气，陈述句代表了陈述语气。

第二，语气是句子层面的，每个单句都有语气，复句中的每个分句都有语气。

语气是小句成型的必要条件，每个小句都有语气。能够独立表达一个"意旨"或"意图"的词或短语放在一起，并不能形成一个句子。只有当这些词或短语带上了语气，才能形成小句。它们带上不同的语气，形成了各种各样的小句语气类型。因此，只要是句子，一定有一种语气。[①]

小句与小句联结产生复句，进入复句的小句分句化，促使复句得以形成。分句与分句之间既相互依存，又相互独立。相互依存是说分句与分句之间构成一种语义关系，可以通过特定的关系词语表现出来；相互独立是说分句都有"句"的性质和地位，不成为另一分句的语法成分，有明显的

---

① 邢福义：《汉语语法学》，东北师范大学出版社1996年版，第25—26页。

停顿、有自己的语气①。因此，复句中有几个分句，复句语气就由几个分句语气共同呈线性形式组配而成。

第三，语气的表达与说话人的说话目的有关。

语气是语法范畴，并且这个语法范畴有自己的语里意义，表达一定的语用含义。任何语言事实都有显露在外的语表形式，语气也不例外，它通过声调、词汇、语序等表现出来，传达一定的语里意义，或传信或传疑，语气的使用要么是为获得一种信息，要么是使某行为被执行。

任何人的言语行为都是有目的的，任何人的言语又都带有交际目的。具体来说，说话就是表达目的，说话就是实现目的。说话人使用陈述语气为了陈述一个命题；使用疑问语气为了询问一些事情；使用祈使语气为了让听话人做某事；使用感叹语气为了表达强烈的感情。

第四，语气的分类有四种：陈述语气、疑问语气、祈使语气和感叹语气。

近年来，对语气的认识和分类有不同于传统的做法。赵春利、石定栩试图把汉语语气的研究纳入世界语言语气的研究中，指出"汉语语气可基于 MOOD 的语法意义而非语法形式作出界定，即其性质是基于词汇句法等多种手段的综合句法概念，其内涵是说话者表述话语的方式，其类型可分为直陈、祈使和虚拟三种"。②这种思路很好，能为汉语的语气研究走向世界提供方便，但是西方语气的直陈、祈使和虚拟完全是动词形态变化决定的，汉语动词没有形态变化，替代的形式如语气助词又是西方语言所没有的，这种矛盾暂时又无法调和，因此我们放弃这种分类，坚持传统的语气分类——陈述、疑问、祈使和感叹。

三 语气组配

陈昌来指出，复句无论多么复杂，也无论由几个分句构成，从句子的

---

① 邢福义：《汉语语法学》，东北师范大学出版社 1996 年版，第 303—304 页。
② 赵春利、石定栩：《语气、情态与句子功能类型》，《外语教学与研究》2011 年第 4 期。

角度看，复句只是一个句子，因而复句作为句子有一个统一的语调，只在整个复句末尾才出现一个终止性停顿，书面上用句末点号。从语气上看，复句也有陈述、疑问、祈使、感叹等语气。复句语气往往根据复句中最后一个分句的语气来确定。① 这种观点值得商榷，尽管复句句末有一个终止性的停顿，有一个语调，但这个语调往往是最后一个分句的语调。复句内部分句与分句之间也有停顿，造成每个分句都有自己的语调，当两个分句句类不一样时，语调也不一样。因此，不能简单而笼统地说，最后一个分句的语气就是整个复句的语气。

邢福义指出，一个复句不一定只有一种语气，前分句可以是甲语气，后分句可以是乙语气，并举例阐述了 5 种语气组合："问话＋陈述"、"祈使＋陈述"、"感叹＋陈述"、"陈述＋祈使"、"祈使＋问话"。这表明，包含两个或多个分句的复句，跟单句比较起来，在语气上存在差异。②

二合复句的语气就是两个分句语气的组配，如果分句的语气相同，这个复句的语气就是同类语气的组配；如果分句语气不同，这个复句的语气就是异类语气的组配。理论上讲，二合复句的同类语气组配有 4 种：陈述＋陈述、疑问＋疑问、祈使＋祈使、感叹＋感叹；异类语气组配有 12 种：陈述＋疑问、陈述＋祈使、陈述＋感叹、疑问＋陈述、疑问＋祈使、疑问＋感叹、祈使＋陈述、祈使＋疑问、祈使＋感叹、感叹＋陈述、感叹＋疑问、感叹＋祈使。本书研究的是二合复句的 12 种异类语气组配。

第二节　文献综述和研究意义

一　国外语言复句语气的研究

国外对单句语气的研究有两个学派，出现了两种截然不同的思路，顺着这些思路，单句与单句组合而成的复句就有了不同的语气模式。

---

① 陈昌来：《现代汉语句子》，华东师范大学出版社 2000 年版，第 258 页。
② 邢福义：《汉语复句研究》，商务印书馆 2001 年版，第 22—24 页。

（一）功能语言学派

Halliday 分析了各种小句（clause）句类语气结构，"语气（Mood）由语气成分（基轴 Axis+定式成分 Finite）加剩余成分（Residue）构成"，① 他所给的例子都是主谓宾式的简单句，没有包含从句的句子。

表 1-2　　　　　　　　　陈述句的语气结构

the duke	has	given that teapot away
Subject	Finite	Residue
Mood		

表 1-3　　　　　　　　是非疑问句的语气结构

has	the duke	given that teapot away
Finite	Subject	Residue
Mood		

彭宣维按照 Halliday 的思路，把研究对象扩展到了含有从句的句子，一类含有宾语从句、表语从句、定语从句、主语从句，另一类含有状语从句，他把研究前者的语气称为小句内的语气组织，研究后者的语气称为复句内的语气结构。②

他认为含有宾语从句、表语从句、定语从句、主语从句的句子都是小句，这些小句中，主句和从句都有各自的语气结构，并且从句的语气结构嵌套在主句的语气结构中。

(16) …**it**（基轴 1）**is**（定式 1）that **I**（基轴 2）**condescended**（定式 2）to adopt the measures of art so faras to conceal from him your sister's being in town（剩余 2）.

(17) Five score years ago（剩余 1），**a great American**（基轴 1），

---

① ［澳］M. A. K. Halliday：《功能语法导论》（第 2 版），外语教学与研究出版社 2000 年版，第 71—101 页。

② 彭宣维：《英汉语篇综合对比》，上海外语教育出版社 2000 年版，第 31 页。

in whose symbolic shadow（剩余 2）．

(18) **We**（基轴 2）**stand**（定式 2）today（剩余 2），**signed**（定式 1）the Emancipation Proclamation（剩余 1）．

他认为含有各种状语从句的句子是复句，复句中的主句和从句都有自己的语气结构，并且语气结构之间是平行关系而不是镶嵌关系。（黑体成分就是相应各分句的语气成分，下同。）

让步和结果关系复句：

(19) **Mr. Bennet**（基轴）**was**（定式成分）so odd a mixture of quick parts, sarcastic humor, reserve, and caprice, that **the experience of three and twenty years**（基轴）**had**（定式成分）been insufficient to make his wife understand his character.

目的关系复句：

(20) …**I**（基轴）… **let**（定式成分）my hand just rest upon the window frame, so that **he**（基轴）**might**（定式成分）see the ring…

转折关系从句：

(21) … though **I**（基轴）**have never**（定式成分）liked him, **I**（基轴）**had not**（定式成分）thought so very ill of him…

条件关系从句：

(22) **You**（基轴）**are**（定式成分）much mistaken if **you**（基轴）**expect**（定式成分）to influence me by such a paltry attack as this.

因果关系复句：

（23）… **I**（基轴）**was**（定式成分）afraid they might not; and **we**（基轴）**overtook**（定式成分）William Goulding in his curricle, so **I**（基轴）**was**（定式成分）determined he should know it, and so **I**（基轴）**let**（定式成分）down the side-glass next to him, and took off my glove, and let my hand just rest upon the window frame, so that **he**（基轴）**might**（定式成分）see the ring, and then **I**（基轴）**bowed and smiled**（定式成分）like any thing.

时间关系复句：

（24）**He**（基轴）**made**（定式成分）no answer, and **they**（基轴）**were**（定式成分）again silent till **they**（基轴）**had**（定式成分）gone down the dance, when **he**（基轴）**asked**（定式成分）her if **she and her sisters**（基轴）**did not**（定式成分）very often walk to Meryton.

空间关系复句：

（25）**They**（基轴）**are**（定式成分）gone down to Newcastle, a place quite northward, it seems, and there they are to stay **I**（基轴）**do not**（定式成分）know how long.

这种做法有待考究。Halliday[①] 本人认为，小句与小句之间的关系（type of relationship between clause）是修饰关系（modifying），具体来说包括互相依赖关系（type of interdependency）和逻辑语义关系（the logi-

---

[①] ［澳］M. A. K. Halliday：《功能语法导论》（第 2 版），外语教学与研究出版社 2000 年版，第 216—273 页。

cal-semantic relation)。根据互相依赖关系,英语小句之间的关系有两种:一是并列(parataxis),二是从属(hypotaxis)。他分析了一个定语从句的语气结构,认为定语从句也有语气结构,但包含在主句中。

(26) **Do**（定式成分）**you**（基轴）know the girl **who is** talking the pictures?

他没有分析其他从句的语气结构,但是,既然小句之间的关系只有两种,并列和从属,那么从句的语气结构地位应该以统一标准对待。

(二) 传统语言学派

Palmer① 将欧洲语言的语气分为直陈式和虚拟式。直陈式表示命题已经发生或正在发生(assertion),虚拟式表示命题还没有实现(nonassertion)。直陈式是基本的语气,作者并没有花力气阐述,而是把重点放在对虚拟式的研究上。

主句中的虚拟式主要有6种用法:弱祈使式(jussive)、意愿式(volitive)、义务式(obligative)、协商式(deliberative)、猜测式(speculative)、预设式(presupposed)。② 这些用法的共同特点是所述命题没有实现(nonassertion)。

(27) Let him sail, this is the point, let this be our message.
(弱祈使式)

(28) May the gods destroy him! （意愿式）

(29) But I should still stay, I think. （义务式）

(30) What am I to do, gentlemen of the jury? （协商式）

(31) You may think they are already paid off, when in come the dyers. （猜测式）

---

① [英] F. R. Palmer:《语气·情态》(第2版),世界图书出版公司 2007 年版,第 107 页。
② 术语采用李战子在 Palmer《语气·情态》导读中的翻译。

(32) Though he is a thief, though he is a temple-robber……he is a good general. （预设式）

虚拟式主要用于从句中。Palmer① 指出，英语的三种从句即宾语从句（the complement clauses）、状语从句（the oblique clauses）和定语从句（the relative clauses）都有虚拟式形式。

(33) It is essential that they should come. （宾语从句）
(34) I did it so that they should come. （状语从句）
(35) I'm looking for an employee who speaks English. （定语从句）

为了论述的方便，他把从句中虚拟式的用法放在命题情态和事件情态中分开讨论。

在命题情态中：第一，虚拟式放在宾语从句中，主句的谓语动词表示猜测义，如 think, believe, appear, seem 等；或者主句的谓语动词表示报道义，此时从句表达的内容不是写作者或说话人自己的陈述，最常用的是动词 say；或者主句的谓语动词被否定，表示相信或报道义属于 negative raising or negative transportation 的范畴，如 don't think，或表示怀疑，如 doubt 后；主句是疑问句形式，宾语从句是间接引语，由 that 或 if 引导；放在主句的表示预设义谓语动词后面，最常用的是 regret。第二，虚拟式放在让步状语从句中，连词主要是 although, though。第三，虚拟式放在表示将来的时间状语从句中，连词是 when。第四，虚拟式放在地点状语从句中，连词是 wherever。第五，虚拟式放在条件从句中，连词是 if。第六，虚拟式放在定语从句中，并且先行词是不定指的克制任何人（whoever）的表人名词，关系代词主要是 who。

在事件情态中：第一，虚拟式放在目的状语从句中，由 so that, in

---

① F. R. Palmer, *Mood and Modality*. Cambridge: Cambridge University Press, 1986, pp. 127-128.

order that 引导。第二，虚拟式放在宾语从句中，且主句的动词表示愿望或害怕，如 wish, fear, hope。第三，虚拟式放在结果状语从句中，由 so that 引导。

尽管 Palmer 没有论述主从句语气组配的模式，但我们通过研读他的代表作《语气·情态》① 第 5 章的所有例句，根据他对直陈式和虚拟式的定义和区分，发现欧洲语言主句语气和从句语气组配时理论上有 4 种形式：直陈＋直陈、直陈＋虚拟、虚拟＋直陈、虚拟＋虚拟。从句用虚拟式的时候，主句可以是直陈式也可以是虚拟式，但用虚拟式的情况比用直陈式多得多。

(36) He asked me if it would be possible.　　（直陈＋虚拟）
(37) Do you know if it's true?　　（虚拟＋虚拟）
(38) I say that he is wrong.　　（直陈＋直陈）
(39) I do not say that he is wrong.　　（虚拟＋直陈）

有学者认为，主从复句中，复句的语气或情态是由主句的动词变化表达的，与从句的形式结构无关，也就是说，从句对复句的语气不起作用。

Joan Bybee 和 Suzanne Fleischman 指出，在西班牙语里，意思为"我怀疑他得了奖"的主从句中，怀疑情态是由主句动词的词汇意义和从句动词的虚拟语气共同冗余表达的。② 我们可以理解为，单是主句动词就能表达情态。

Bernd Heine③ 说，人们普遍认为假设是由情态意义和过去时态一起表达的，而实际上，情态动词的过去时态就能表达假设，如例（40）a，

---

① ［英］F. R. Palmer：《语气·情态》(第 2 版)，世界图书出版公司 2007 年版，第 107 页。
② Joan L. Bybee and Suzanne Fleischman (eds.), *Modality in Grammar and Discourse*. Amsterdam: John Benjamins Publishing Company, 1995, p. 2.
③ Bernd Heine, "Agent-oriented vs. epistemic modality: some observations on German modals", in Joan L. Bybee and Suzanne Fleischman (eds.), *Modality in Grammar and Discourse*, Amsterdam/Philadelphia: John Benjamins Publishing Company, 1995, p. 44.

情态动词的现在时态不行,如例(40)b。在主从复句中,句子的主句使用了情态动词,这个情态动词的过去时表达了句子的情态,从句的时态与主句的时态保持一致,因此,从句对情态表达没有贡献。

(40) a. If I saw Judy, I would tell her the news.
b. If I see Judy, I will tell her the news.

Edith Bavin[①]发现在 Nilotic 语言中,单句的虚拟式是通过添加实义动词的前缀来表达的,但在主从句中,从句的动词没有曲折变化,而是主句的动词有曲折变化,这个曲折形式表达整句的虚拟式。也就是说,主句动词表达语气,从句起不了作用。

(41) Omyero i-tim
Must 2:SG-do
"You must do it."

(42) Acholi
Ka i-tye i-peko, i-romo penyo ngati-mo
If 2:SG-be with-problem, 2:SG-can ask person-some
"If you have a problem, you can ask anyone."

很重要的一点是,英语从句的语气形式由主句动词决定。主句动词用 wish,从句是虚拟式;主句动词是 hope 或者 want,从句是直陈式[②]。

(43) a. I wish they were at home.

---

① Edith L. Bavin, "The obligation modality in Western Nilotic Languages", in Joan L. Bybee and Suzanne Fleischman (eds.), *Modality in Grammar and Discourse*, Amsterdam/Philadelphia: John Benjamins Publishing Company, 1995, pp. 109 - 114.

② Rothstein, Bjorn & Rolf Thieroff, *Mood in Languages of Europe*. Amsterdam: John Benjamins Publishing Company, 2010, pp. 204—205.

b. I hope they are at home.

(44) a. I wish they had arrived at home.

b. I hope they have arrived at home.

无论如何，英语的主句（main clause）和从句（subordinate clause）都是不独立的。主句在前从句在后，往往直接由关联词联结，中间甚至没有停顿标记，即使从句在前主句在后，中间有表示语气停顿的逗号，从句也不独立，如：

(45) a. I will return to England when the war ends.

b. When the war ends, I will return to England.

(46) a. Wherever he was, he would write to you.

b. If you do this, you will be wrong.

英语主从复合句中，尽管主句有不同的语气类型，但从句都只有陈述语气类型，又因为从句的从属、不独立的地位，使得整个复句的语气只能以主句的语气来决定。因此，西方语言不存在分句语气异类组配的问题。

英语复句除了主从句之外，另一类是并列复句，形式上是由"and"引导的并列结构，而实际上表达的是主从意义，例（47）引自 Palmer[1] 的例子，a 的两个分句由"and"连接，实则可以改写为 b，表达的是分句间的条件关系。

(47) a. Do that and you'll regret it.

b. If you do that, you'll regret it.

因此，在有形态变化的语言中，并列复句很少。如果是真正意义上的

---

[1] F. R. Palmer, *Mood and Modality*. Cambridge: Cambridge University Press, 1986, p. 206.

并列复句，它的分句在语气上应该是一致的，这个复句的语气也只有一种，即使能够说成语气的组配，那也是同类语气的组配。本书的研究对象是分句语气的异类组配，同类组配不在我们的考察范围之内。

陈访泽、徐淑丹[①]指出，"日语的语气研究一般都以单句作为对象，因此大都停留在主句的层面上，而对复句的语气，特别是从句中的语气研究较少"。已有的关于从句语气的研究表明，独立性强的从句才有语气，但这还不是真正意义上的语气，只能算是准语气，非常接近单句语气的一种。至于什么样的从句才是独立性强的从句，文章没有详说。有的语气能在条件从句中存在，有的语气不能在条件从句中存在，作者做了较好的描写性研究，没有总结日语从句中的语气类型和语气出现的条件。既然从句有语气，那么它与主句的语气如何组配形成日语复句的语气，我们还没有发现这方面的研究资料。

总之，西方复句的特点以及学者对语气的认识造成了他们更多关注单句语气的研究，或者复句中主句语气的研究，或者是复句中从句语气的研究，没有把复句的语气作为一个整体来研究。

二　汉语复句语气的研究

汉语复句的理解和分类与西方不一样。汉语的复句刚开始借鉴西方，把英语的并列复句理解为汉语的联合复句，把主从复句理解为偏正复句。但是这种分类法存在一些问题：解释不清事实、跟标志相冲突、缺乏形式依据[②]，而且偏正复句中哪个分句是偏，哪个分句是正的问题，这个二分法没办法解释。于是，现在普遍接受和使用的是复句三分法：并列、因果和转折。汉语实际运用中的复句，尤其是口语语体中，大多缺乏关联标记，使得一个复句中的分句显得非常独立，它们之间之所以成为复句，是因为内在的语义关系。英语复句，无论是主从还是并列，分句之间都是有关联标记的，通过形式就可以判断是什么样的复句。这种语言特点上的不

---

① 陈访泽、徐淑丹：《日语 TATA 条件从句的语气形式与交际功能》，《广东外语外贸大学学报》2006 年第 1 期。

② 邢福义：《汉语复句研究》，商务印书馆 2001 年版，第 52—55 页。

可调和表明，汉语复句语气的研究具有不可替代的价值。

（一）20世纪90年代以前的研究

20世纪90年代以前，尽管已有大量有关汉语复句的研究，但主要集中在复句的定义、与英语复句的对应、单复句划界等问题上。学者们发现，复句中的停顿、语气词和语调在复句特征和单复句划界上起着一定的作用，这勉强可以看成是复句语气研究的萌芽阶段。很长一段时间里，复句的语气也没有人提出，学者们只是在研究复句时发现复句中不同的关系词和语气词会使整个句子的语气发生变化，但没有详述究竟是什么变化。

黎锦熙1924年所著的《新著国语文法》一书，详细研究了助词表达语气的意义[①]，在分析汉语复句时，顺带提到语气，可以概括为以下三点。

第一，复句中的有些连词对语气有一定的选择性。等立关系的平列复句中，连词"何况"后面常跟疑（问）（感）叹语气，"况且"后面是直述语气。选择复句中的连词"或者……或者（或是，或）……"用于直述语气，"还是……还是……到底……还是……"用于疑问的语气。

第二，分句语气被强调与它是主句还是从句无关。表因果关系的复句，无论语气重在因还是重在果，一律认为表果的是主句，表因的是从句；表目的关系的复句，也不论语气重在行为还是重在目的，一律认为表行为的是主句，表目的的是从句。

第三，助词"了"用在假设复句的主句和从句时，有不同的意义。"了"用在假设复句的主句中，助"虚拟结果"的完结语气，如：若是过了期，就无效了。"了"用在假设复句的从句中，助"虚拟原因"的完结语气，如：再真把宝玉死了，那可怎么样呢？

这些观察结果很有价值，为后来研究复句的学者所借鉴。

吕叔湘1942年所著的《中国文法要略》一书，详细论述了语气和语气的分类，分析了表达语气的主要手段——语气词和语调[②]，但在研究复句时，语气只是少量提到，归纳为以下两点。

---

① 黎锦熙：《新著国语文法》，商务印书馆2007年版，第229—267页。
② 吕叔湘：《中国文法要略》，商务印书馆2002年版，第339—429页。

第一，复句关系词的使用与语气的关系。

转折连词"然"和"而"有区别，在语气无停顿处用"而"，有停顿处可用"而"，但是用"然"的时候为多，大停顿如一段之后另起一段，则必须用"然"或"然而"。二合复句中有一个分句为疑问语气时，疑问句前用"然"或"然而"，且疑问句置后，如：吾尝将百万军，<u>然</u>安知狱吏之贵乎？但要是两分句结合成了紧缩句，就用"而"，如：为人谋<u>而</u>不忠乎？与朋友交<u>而</u>不信乎？

对待关系的两个分句分别使用了"是"或者"则"，如：早先<u>是</u>穴居野处，如今是高堂大厦。能替换的情况下，复句传达的语气更"切合"。

因果关系复句中，分句之间少用关系词，但如果加上"故"或"所以"，语气与没有关系词的句子语气就有区别了。至于是什么区别，作者没有详说。

由果推因的复句用关系词"既是"，如：他<u>既是</u>晌午就到，至迟是天亮就动身的。如果分句都是已确知的事实，通常用"所以"，如：他天亮就动身，<u>所以</u>晌午就赶到了。这个句子具有直接说明的语气。

关系词"然则"后面通常接反问句，表示"逗出下文"的语气，但也有真的询问，如：然则归乎？

第二，复句中使用语气词的语气作用和语气意义。

对待关系的分句可以加上语气词"呢"，如：早先呢……如今呢……，但增加语气词后的复句与原来的句子语气不大一样，原句顿宕的神情较重，而有语气词的句子殊别对待之意较轻。

文言里，"也"字用在后置的原因小句中，表示语气之决断；用在先置的原因小句中，表示语气之顿宕。

因果复句中，用"盖"字的原因句比不用"盖"字的语气缓和些，主要是因为"盖"字没有联系的作用，并且"盖"字本来是大概之意。

条件句中，文言文形式的后果小句后面常用"矣"字，也有用"也"字的，这两个字语气上有差别。

因此，吕先生也没有研究复句的语气，只是在分析复句时，顺带提及了个别词类（关系词、语气词）在表现语气上的差别，至于它们对整个复句语气的差别是什么，也没有详述。王力的《中国现代语法》和朱德熙的《语法讲义》中都涉及有关复句的研究，但都没有提到复句中的语气以及语气的表达手段等问题。

（二）20 世纪 90 年代以后的研究

复句语气的研究直到 21 世纪前后才被提出来。陈昌来[①]认为，复句有一个统一的语调，整个复句末尾有一个终止性停顿，书面上用句末点号，只能是一个句子，不能因为其分句多、结构复杂而认为其是句群。既然是句子，就应该有语气，复句只有一种语气，复句语气往往根据复句最后一个分句的语气来确定，最后一个分句是陈述语气，整个复句就是陈述语气，最后一个分句是疑问语气，整个复句就是疑问语气，依次类推。复句的语气有 4 类：陈述、疑问、祈使、感叹。之后，没有相关文献论述复句的语气。

邢福义[②]根据句末语气的类型，把复句分为陈述型复句和非陈述型复句，非陈述型复句包括问话型复句、祈使型复句和感叹型复句，但是复句的语气并不是复句的类型。他提出了与陈昌来不同的观点：构成复句的各个分句可以使用相同的语气，也可以使用不同的语气；一个复句不一定只有一种语气，有时前分句是甲语气，后分句是乙语气，复句的语气是这两种语气的组合。他还举例阐述了其中 5 种语气组合："问话＋陈述"、"祈使＋陈述"、"感叹＋陈述"、"陈述＋祈使"、"祈使＋问话"。

后来的研究者们大都赞成邢先生的观点。既然汉语是尾焦点语言，即句子的语义重心在句末，那么复句的最后一个分句往往是其重心。根据复句最后一个分句的语气来确定其语气类型有一定道理，但是复句中每个分句实际上还是保留其自身的语气。例如：

(48) a. 时间不早了。

b. 我们回家吧。

---

① 陈昌来：《现代汉语句子》，华东师范大学出版社 2000 年版，第 258 页。
② 邢福义：《汉语复句研究》，商务印书馆 2001 年版，第 22—24 页。

c. 时间不早了，我们回家吧。

　　a 和 b 都是单句，分别是陈述句和祈使句，c 是由 a 和 b 构成的因果关系复句。但我们很难根据最后一个分句的语气来认定这个复句就是一个祈使句，因为前分句陈述事实，说明推论的根据，后分句才是真正意义上的祈使句。日语中，表示发话人的发话方式和发话态度的语气不仅出现在单句中，也出现在从属句中①，这进一步说明了从句其实是有语气的，是不能忽视的。

　　朱斌、伍依兰沿着邢福义的思路，研究了"祈使＋陈述"型语气组合，指出如果复句的分句语气是一样的，就是同质语气复句；如果复句的分句具有两种或两种以上的语气，就是异质语气复句。② 曾常年进一步指出，同质语气组合有 4 种：陈述＋陈述、疑问＋疑问、祈使＋祈使、感叹＋感叹；异质语气组合有 12 种：陈述＋疑问、陈述＋祈使、陈述＋感叹、疑问＋陈述、疑问＋祈使、疑问＋感叹、祈使＋陈述、祈使＋疑问、祈使＋感叹、感叹＋陈述、感叹＋疑问、感叹＋祈使。③

　　袁明军根据传统的语气四分法——陈述、祈使、疑问、感叹，把这四类进行排列组合，列出小句与小句之间语气配合的 16 种类型，结合邢福义的三分复句语义关系，探讨了 16 种语气组合可以表达哪些语义关系，不可以表达哪些语义关系。④

　　朱斌、伍依兰⑤的研究更详尽，他们把传统的四类句类细分为各个次类：陈述句分为肯定陈述句和否定陈述句；祈使句分为肯定祈使句和否定祈使句；疑问句分为特指问、正反问、是非问；感叹句分为积极感叹、消

---

① 吴春竹：《试论日语复句中从属句节的多层立体结构》，《外语学刊》2008 年第 6 期。
② 朱斌、伍依兰：《现代汉语小句类型联结研究》，华中师范大学出版社 2009 年版，第 380—385 页。
③ 曾常年：《现代汉语因果句群研究》，华中师范大学博士学位论文，2003 年。
④ 袁明军：《小句的语气类型与小句之间语义联结类别的关系》，《汉语学习》2006 年第 3 期。
⑤ 朱斌、伍依兰：《现代汉语小句类型联结研究》，华中师范大学出版社 2009 年版，第 3—200 页。

极感叹和中性感叹。还把三种复句语义关系细分为17种语义次类，探讨了众多句类联结的语法表现形式及其所能表达的语义关系，并辅以较多例句进行分析。他们同时指出，小句的语气类型和下句之间的关系类型是相互选择、相互制约的：第一，句类联结选择联结关系。有的句类联结选择的关系多，有的选择的关系少。第二，联结关系选择句类。有的联结关系选择的句类多，有的选择的句类少。第三，句类联结的顺序影响对联结关系的选择。陈述句与祈使句联结，陈述句在前时，能表达15种联结关系，但陈述句在后时，只能表达8种联结关系。第四，句类的次类也选择联结关系。肯定祈使句与肯定祈使句联结表达的语义关系较多，但是否定祈使句与否定祈使句联结表达的语义关系较少。他们还专门探讨了"祈使＋陈述"型因果复句的特点。

曾常年[①]除了介绍不同语气组合类型导致所适配的因果配置类型的不同和所使用的语形组造手段不同之外（跟上述学者的研究相似），还分析并指出了在实际语料中，二句式因果句群的语气组合类型呈现以下使用倾向性特点：

第一，4种同质语气组合类型的出现频率由高到低排序为：陈述＋陈述＞感叹＋感叹＞疑问＋疑问＞祈使＋祈使。前三种类型是优势组合类型，使用频率较高，而"祈使＋祈使"很少用于因果句群。

第二，6种"陈述＋非陈述"的异质语气组合类型的出现频率由高到低排序为：疑问＋陈述＞陈述＋疑问＞祈使＋陈述＞感叹＋陈述＞陈述＋感叹＞陈述＋祈使。陈述与疑问的组合是优势组合，陈述与感叹的组合是非优势组合，并且"陈述"在后的使用频率高于"陈述"在前的使用频率。

第三，6种"非陈述＋非陈述"的异质语气组合类型的出现频率由高到低排序为：疑问＋感叹＞祈使＋感叹＞感叹＋疑问＞感叹＋祈使＞疑问＋祈使＞祈使＋疑问。感叹语气的使用频率最高，并且主要用在后分句；疑问语气的出现频率次之，但主要用在前分句；祈使语气的出现

---

① 曾常年：《现代汉语因果句群研究》，华中师范大学博士学位论文，2003年。

频率较低，常常用在前分句。

第四，相比较而言，同质的"陈述＋陈述"和异质的"疑问＋陈述"最容易进入因果句群的语气组合；同质的"祈使＋祈使"、异质的"祈使＋疑问"最难进入因果句群的语气组合。

曾常年还以同样的思路研究了三句式和四句式因果句群的语气组合类型，重点总结了同质语气组合类型在使用频率上的高低差别。

彭宣维[①]研究了复句内的语气组织。尽管他承认复句的语气是各分句语气的组合，但其分析思路与上述学者完全不同。他指出，语气结构是属于小句层面的，但在话语组织的过程中它会超出小句的范围。复句的语气是各分句语气结构的组合，有几个分句就有几个语气结构，复句的语气是各分句语气一个接一个的连续排列，每个分句的语气分析依照小句的语气分析来完成，即由语气成分（基轴 Axis＋定式成分 Finite）加剩余成分（Residue）构成。复句内分句的语气结构不是一个包含另一个，而是彼此独立的，各分句的语气成分只对所在分句的剩余成分负责，独自发挥信息提供的语用作用，体现信息提供方面的连续行为，复句的语气组织是"一条由多个波动周期构成的震动过程"。这种说法来自 Halliday 研究英语语气的做法，它是否适合汉语，还有待进一步的论证。

语气表达意义的主观性和使用的变化性较难以捉摸，汉语复句语气至少又是两个语气的组合，因而，复句语气的研究是一个颇具挑战的选题。尽管前人的研究为数不多，但仍给我们的研究提供了很多视角和启迪。但他们没区分复句和句群，范围过大，结论不一定适合复句的语气，我们将研究对象定为复句；同时，他们对分句语气的 16 种可能组合是粗线条的、框架性的，只谈到每种组合有哪些关系类型，再给出例句，至于这些组合有什么样的倾向性，为什么有这些类型而没有那些类型，并没有给出相应的解释，也没有分析哪些因素制约了进入复句的分句语气的组配，更未探讨汉语复句语气系统在整个人类语言系统中有什么样的位置。

这些研究极具启发意义，但还存在明显不足：

---

① 彭宣维：《英汉语篇综合对比》，上海外语教育出版社 2000 年版，第 31—36 页。

第一，缺少由定量到定性的倾向性研究。

语言规律来自具体的语言使用现象，但有些现象是孤立的、偶然的、随机的，总结的语言规律应能解释绝大多数语言事实，因此，语法研究推崇数理统计方法，从大规模的语料中找到事实，然后再做定性研究，这种思路其实是多样性基础上的倾向性研究。但是，复句中分句语气组配的研究基本上都是举例性的，到目前为止，在定量基础上的倾向性研究基本上还是空白。复句中分句语气组配的研究可以先统计，找出组配类型的优先序列，然后对此进行解释；也可以先探讨典型性程度，排出优先序列，再用统计数据加以验证。

第二，重视同类组配研究，忽视异类组配研究。

语气组配有强式、弱式之分，语气同类组配是强式，异类组配是弱式，以往研究抓住了强式现象，却忽视了特殊、少数的弱式现象。[1] 语法范畴往往是非离散的。学术研究习惯上先抓住一般的主要现象，再考虑特例，但也有"把特例研究透，再研究一般的"做法，当然还有同时研究强式现象和弱式现象的做法。本书的研究属于弱式现象研究，只关注分句语气异类的组配。

第三，对复句语气组配的描写较多，解释不够。

语法研究要做到从观察语言事实、描写语言事实到解释语言事实的全过程，而观察充分、描写充分和解释充分又是语法研究科学化的保证。观察充分需要对语言事实的观察相当敏锐，描写充分需要对语言事实的描写极尽细致，解释充分才是做到了对语言事实的深刻提炼。汉语复句中分句语气组配的研究还停留在描写层面，且描写还有待更细致，更没有解释造成这些组配使用频率差异的原因。本书侧重规律背后的原因分析。

三 研究意义

复句中分句语气异类组配的研究，不仅选题新颖，而且首次全面描写和解释汉语复句中分句语气的异类组配，重点从形式到语义再到语用到认

---

[1] 储泽祥等：《汉语联合短语研究》，湖南大学出版社2002年版，第185—186页。

知，一环扣一环逐层深入解释制约分句语气异类组配的因素，研究内容创新，具有重要的理论意义和实践意义。

（一）理论意义

本研究的理论意义主要体现在以下四个方面。

第一，丰富语法优选论的思想。

语法优选论（Optimality-theoretic Syntax, Optimality Theory in Syntax）将优选论的理论、原则和分析方法扩展到研究句法问题。优选论在20世纪90年代创立时，旨在解决音系问题，随着它在音系领域研究的成熟，一些研究者逐渐将它运用到句法领域，从词汇句法层（格、态）到句法层（管辖、照应），再到小句层（关系词、关系词缺乏），甚至到语篇层（词序）。Legendre Geraldine, Jane Grimshaw and Sten Vikner[①]介绍了优选论框架下的上述各句法现象的研究，但没有发现涉及语气（mood, modality）方面的研究。

优选论自创立以来不过20年历史，中国学者在引介这种理论（相关著作有：《OT语法的可学性研究》[②]、《优选论和天津话的连读变调及轻声》[③]、《概率性优选论》[④]、《优选论的最新发展——比较标记理论》[⑤]）的同时，还用它来研究汉语语音现象，但用优选论研究汉语语法现象的还很少。张云秋、王馥芳[⑥]用优选论解释了汉语受事标记的过度使用问题，指出"汉语V+O_N"受两个结构限制条件的层级排列体系的影响，一是"忠实性限制条件＞[⑦]标记性限制条件"，二是"标记性限制条件＞忠实性限制条件"。潘海华、梁昊[⑧]在优选论的框架下确认汉语主语，指出汉语主

---

① Legendre Geraldine, Jane Grimshaw, and Sten Vikner (eds.), *Optimality-theoretic Syntax*. Boston: the Massachusetts Institute of Technology Press, 2001, pp. xi – xviii.
② 马秋武：《OT语法的可学性研究》，《外国语》2003年第5期。
③ 王嘉龄：《优选论和天津话的连读变调及轻声》，《中国语文》2002年第4期。
④ 杨军：《概率性优选论》，《当代语言学》2007年第2期。
⑤ 王茂林、宫齐：《优选论的最新发展——比较标记理论》，《外国语》2007年第3期。
⑥ 张云秋、王馥芳：《受事标记过度使用的优选论解释》，《外国语》2005年第3期。
⑦ "＞"表示"优先于"，"＞＞"表示"极大地优先于"，全书使用这两个符号表示同样的意思。
⑧ 潘海华、梁昊：《优选论与汉语主语的确认》，《中国语文》2001年第1期。

语的确认涉及来自语义、句法和篇章3个方面的6个制约条件,这6个制约条件依照重要性排列如下:语义匹配制约/次语类制约＞＞排比制约/话题制约＞＞近距离制约/词类制约。程书秋[①]、王文格[②]和肖任飞[③]在优选论指导下研究了汉语定中短语、形谓句、因果复句的优先序列。

这些研究开辟了优选论在汉语语法范畴的研究,尽管研究方法和研究思路有待进一步修正和完善,但毕竟走出了第一步,后面的研究会越来越全面、越来越深入。本书就是运用优选论的理论和方法研究汉语复句中分句语气的一个尝试。

优选论在汉语语气范畴的研究,无疑会为优选论提供材料或理论上的帮助,有利于在占有更丰富的不同语言材料的基础上,更为科学地得出优选论的普遍性特征,这显然有利于优选论的发展。

第二,深化复句语气研究。

对复句研究,尤其是复句语气研究的进一步深化,将填补语气弱式这一语言现象的研究空白,首次解释异类语气组配使用频率差异的原因。用"连续序列"的观点探究不同语气之间的联系,对其典型性和非典型性作出判断,能更为清晰、更为透彻地把握语气组配的使用特点。

第三,倡导静态的多样性和动态的倾向性研究。

静态的多样性和动态的倾向性相结合的研究思路,为语言研究展示了一个新的视角。[④] 复句中分句语气的异类组配有12种模式,它们的语法形式特点、表达的复句语义关系类别以及语用功能的研究便是多样性的探索,在此基础上揭示组配模式在运用时的优先序列情况,并进行句法、语义、认知制约因素的研究,关注各种形式因典型性不同而体现的差异等,是动态的倾向性考察。这种研究思路适合任何一个语法问题的探讨,是研

---

① 程书秋:《现代汉语多项式定中短语优先序列研究》,中国社会科学出版社2009年版,第1—100页。
② 王文格:《现代汉语形谓句优先序列研究》,中国社会科学出版社2009年版,第1—100页。
③ 肖任飞:《现代汉语因果复句优先序列研究》,中国社会科学出版社2009年版,第1—100页。
④ 储泽祥:《在多样性基础上进行倾向性考察的语法研究思路》,《华中师范大学学报》(人文社会科学版)2011年第2期。

究视点的转向，会扩大研究领域，拓宽语法问题探究的深度。

同时，倾向性研究是建立在对语言使用频率的统计之上的，是概率性语言学研究传统的回归。以概率方法（Probabilistic Approach）为基础的语言研究是概率语言学，它主张数据的基本特征是频率，表现为概率关系，在句法学和语义学方面，概率对范畴连续性特征、句法合格与否的判断和解释起作用，比如把句子分为"经常出现"和"经常不出现"。[①]

20世纪60年代以前，语言学研究中占主导地位的是基于统计分析的概率性研究。但Chomsky[②]所倡导的生成语言学研究方法改变了这一切，提出非概率性的模块论和离散性概念的线性推导。因此，现在重提倾向性研究，重视统计方法，其实是研究语言出现概率的概率语言学研究方法的一个回归。

如果把非概率语言研究方法和概率语言研究方法结合起来，可以更清楚地看到语言使用的本质，前者是为了获得语言现象分布的最终结果，注重连续统的两端，后者则是考虑较少为人探索的、有梯度的中间地带，而静态的多样性和动态的倾向性研究正是两者的结合。

第四，为汉语语法界存在争论的地段提供新的研究视角，为已存在的语法论断提供佐证。

这些争议的语法主要有：单复句的界限问题、小句成活率的高低问题，小句成活率最高的是什么语气、印证"小句中枢说"，小句的确是中心，因为小句都有语气。

（二）实践意义

本书的实践意义主要体现在以下几个方面。

第一，有利于推动对外汉语教学的发展。

汉语语法研究的任务不是搭建理论框架，而是在较为成熟的语法框架基础上回答语法学者应该回答而没能回答的一些基本问题，并直接为汉语应用服务，如对外汉语教材要分级（初级、中级、高级），短语、句子的

---

① 桂诗春：《以概率为基础的语言研究》，《外语教学与研究》2004年第1期。
② Noam Chomsky, *Syntactic Structures*, The Hague: Mouton, 1957, pp. 1 - 100.

编排有什么依据？优先序列就能提供依据。英汉对比是国内英语教学的实际需要，也是对外汉语教学学科建设的需要，与语气相关的内容被证明是母语干扰或者负迁移的重灾区，是外语学习者较难掌握的地方。了解两种语言在语气方面的异同，尤其是复句语气组配的相似规律和个体差异，可以有效地提高学习者使用语言的正确率。很显然，本书关于英汉语气方面的对比研究，其研究结果对英语教学和对外汉语教学可以提供非常有益的帮助。另外，探讨典型性不一致的语气组配形式，寻找不同形式的差异点和制约条件，为汉语教学提供参考实据。

第二，有利于指导计算机的篇章生成和英汉翻译实践。

在众多单句中，并非任意两个都可以放在一起，除了语义上的相关之外，从语气的角度也可以进一步将不符合语气组配的复句筛出，从而使生成的复句成为更真实有效的复句。另外，对于复句语气系统同异的明确认识，会帮助译者在跨语言处理时有意识地运用汉语或英语中最恰当的语气表达手段来表现原文中说话者的观点和态度，以便准确完整地传达原文的语里意义，再现其语用效果。

第三节　研究方法和研究思路

一　研究方法

本书采取的研究方法主要包括以下几种。

第一，定量分析和定性分析相结合。

本书利用语料库的数理统计，归纳出二合复句中分句语气异类组配的使用频率，并对不同语体中、不同语气表现成分参与下、不同分句语义关系下的异类语气组配使用倾向性进行详细的描写，是定量分析。在此基础上，从语气本身的语义特点和表现特点、复句语义关系、语体、语篇和语用等诸多方面剖析制约异类语气组配倾向性的制约因素，是定性分析。定量分析与定性分析相结合，力争做到观察充分、描写充分和解释充分。

第二，形式语义互证的方法。

我们遵循"形式与语义互证"的语法研究原则。基于现有的少量关于分句语气组配的研究成果，从形式和意义相结合的角度入手，在共时层面讨论现代汉语二合复句中分句语气异类组配的使用倾向性及其制约因素。一切影响、制约形式与意义匹配规律的因素都会纳入我们的研究范围，如句法影响、语义影响、语用影响、认知影响等。在很大程度上，我们把分句语气异类组配特征的描写、使用的功能或规约与语境有机结合起来，以便在更为广阔的研究视野下聚焦复句中分句语气异类组配时的使用情况，对制约因素有更加明确的认识，揭示的分句语气组配规律有更大的适用范围。

第三，静态的多样性和动态的倾向性相结合的方法。

语言研究遵循三原则：穷尽性、一致性、经济性。穷尽一种语言的所有现象、穷尽一种规律的所有现象是语言研究者追求的目标。当语言研究进行到一定程度，除了继续进行穷尽、进行研究之外，还应该转向倾向性研究。汉语语法研究已经进行了一百多年，汉语语法学者必须知道：哪一种词是最常用的，哪一种短语是最常用的，哪一种小句是最常用的，哪一种复句是最常用的。如果能把这些句法单位的内部成员排成一个优先序列，无论对本体研究，还是对中文信息处理和汉语国际推广都具有非常重要的意义。研究句法单位的优先序列，就是倾向性研究，倾向性研究是以多样性研究为基础的。可以先统计，找出句法语义结构的优先序列，然后对优先序列进行解释；也可以首先探讨典型性程度，排出优先序列，再用统计数据加以验证。

二 研究思路

本研究采取先描写后解释，先微观后宏观的研究思路，具体归纳如下。

第一，在小说、口语、报刊和科普文章约 100 万字的语料中，以手工方式查找现代汉语二合复句中的分句语气组配，发现分句语气异类组配远远少于同类组配，并且主要集中在戏剧和小说语体中。

第二，以戏剧和小说的 50 万字语料为基点，重点探讨其中 642 例异类语气组配，从不同语气表现形式（语气助词、语气副词和助动词）和不同复句语义关系角度统计 12 种异类组配的倾向性规律。

第三，立足四种语气本身的语义特点，从趋同性理论视角出发，探讨不同语气之所以能够组配，是否因为语气与语气之间存在某些共性的因素。

第四，从语气表现形式（语气助词、语气副词和助动词）入手，分析四种语气因为语气成分的参与，其语气程度的大小，讨论语气程度在异类语气组配中的影响。

第五，语气组配后形成一个复句环境，研究这个环境里复句语义关系和形式特点对语气组配的反制约，不同语义关系和不同联结手段对异类语气组配模式和顺序的选择特点及选择机制。

第六，语气组配还需要适应一个更大的外围环境——语篇和语体，探究语篇和语体是如何管控语气组配的。另外，语气组配的产生和应用终究是人的行为，人类因素又会对异类语气组配使用产生什么样的影响，这也是本书涉及的一个方面。

第七，汉语的每个小句都有语气，形成复句后分句的语气相对独立，形成语气组配，那么英语中的每个分句是否都有语气？如果每个分句有语气，复句中分句的语气是否一定要一致，有没有异类语气组配？汉语和英语二合复句中异类语气组配有何异同？这是笔者试图在第七章回答的问题。

第四节 语料来源及相关说明

为了深入、全面考察现代汉语复句中分句语气异类组配的整体状况，笔者在研究过程中力争语料的丰富性和多样性，既有纸质文本语料，也有网络文本语料，以现代汉语作品为主，英语作品为辅，必要时以英汉/汉英作品的双语版为参考和对照，涵盖书面语和口语两大语体类别，以及报刊、科普、戏剧、小说等文体类型，尽可能涉及各种言语交际环境，建成了约100万字的二合复句语料库。现将语料构成说明如下。

一　纸质语料

1. 现代汉语作品语料

现代汉语作品包含戏剧、小说、报刊、科普四种语体。

包含语气成分较多的汉语语料以口语居多，口语性很强的书面语语料以戏剧和小说最为典型，因此笔者主要选取这两种语体类型，在选择作品时基于三点考虑：一是语料的权威性，选择著名作家的代表作；二是语料的代表性，考虑作品的时期、地域、性别、主题等各种因素；三是语料的平衡性，所选作品的长度尽可能一致，便于统计分析。基于此，笔者选取了不同时期重要作家的五部代表性作品，每部作品约 10 万字，共计 50 余万字，戏剧作品包括：曹禺《雷雨》（王佐良、巴恩斯译，外文出版社 2001 年版），吴祖光的《风雪夜归人》（简称《风雪》，人民文学出版社 1996 年版），张爱玲《情场如战场等三种》（简称《情场》，哈尔滨出版社 2003 年版）；小说作品包括：钱锺书《围城》（第一章至第四章和第九章，内蒙古人民出版社 2002 年版），余华《活着》（作家出版社 2008 年版）。

报刊语体为《人民日报》2010 年 11 月 23 日 24 版的全部内容，约 20 万字，主要是考虑到《人民日报》所用语言的权威性、规范性和鲜活性，既继承现代汉语白话文的优良传统，又顺应现当代汉语的最新发展趋势。

科普语体为胡兆量、阿尔斯朗·琼达等编著的《中国文化地理概述》（第三版）（北京大学出版社 2009 年版），约 20 万字。该书由中外学者联袂完成，内容涵盖古今中西，语言通俗易懂，被确定为普通高等教育"十一五"国家级规划教材，具有一定的权威性和代表性。

2. 英语作品语料

英语作品包括戏剧和小说。有尤金·奥尼尔的 *Beyond the Horizon*（王海若译，中国书籍出版社 2008 年版）和托马斯·哈代的 *Tess of the D'Urbervilles*（外语教学与研究出版社 1994 年版），既考虑到作品的权威性和代表性，也兼顾语料长度的平衡性。

二 网络语料

在自建的语料中没有发现语气组配的例外情况，在有相当影响的网络语料库中出现过极少数例外。为了尽可能提高研究的准确性、科学性，笔者还参考了以下网络语料库：北京大学中国语言学研究中心"现代汉语语料库"（简称 CCL，http：//ccl.pku.edu.cn：8080/ccl_corpus/index.jsp? dir=xiandai），华中师范大学"汉语复句语料库"（简称复句语料库，http：//218.199.196.96：8080/jiansuo/TestFuju.jsp)，以及 British National Corpus（简称 BNC，http：//www.natcorp.ox.ac.uk/）。

第二章　二合复句中分句语气异类组配的倾向性表现

二合复句中分句语气组配理论上讲有 16 种，同类语气的组配有 4 种：陈述＋陈述、疑问＋疑问、祈使＋祈使、感叹＋感叹；异类语气的组配有 12 种：陈述＋疑问、陈述＋祈使、陈述＋感叹、疑问＋陈述、疑问＋祈使、疑问＋感叹、祈使＋陈述、祈使＋疑问、祈使＋感叹、感叹＋陈述、感叹＋疑问、感叹＋祈使，分别举例如下：

"陈述＋陈述"　矿里罢了工，他是煽动者之一。
"疑问＋疑问"　哥哥哪点对不起您，您这样骂他干什么？
"祈使＋祈使"　别尽说话，你先给老爷倒一杯茶。
"感叹＋感叹"　我太明白她了，知道得太清楚了。
"陈述＋疑问"　爹，一张桌子有四个角，削掉一个还剩几个角？
"陈述＋祈使"　我们的事你不懂，就别再操心了。
"陈述＋感叹"　刚才我看见一株栀子花，开得真好。
"疑问＋陈述"　二少爷，您渴了吧，我给您倒一杯水喝。
"疑问＋祈使"　您还说什么，睡去吧！
"疑问＋感叹"　你难道真的不来，太可惜了！
"祈使＋陈述"　你小心照料着弟弟，我去找警察。
"祈使＋疑问"　快去罢，不怕人等得心焦么？
"祈使＋感叹"　得了，别发牢骚了，看西山的月亮多好。
"感叹＋陈述"　这事弄得太糟了，怕不容易转圆。

"感叹＋疑问"　你的手这么热，还说冷？
"感叹＋祈使"　妈就是这样啰嗦，快叫他走。

第一节　二合复句中分句语气组配的总体情况

众多的语气组配形式中，哪些组配是常用的，哪些组配是不常用的？在实际语言使用中存在什么倾向性？

一　二合复句通常要求两个分句的语气一致

首先，我们将语气组配分成两组：同类语气组配和异类语气组配，目的是看异类语气组配在整个语气组配中究竟占多大比例。

考虑到语料的平衡性，我们统计了4种语体约80万字的语料：《人民日报》2010年12月23日24版全部语料，是报刊语体，约20万字，691例二合复句；胡兆量、阿尔斯朗·琼达等编著的《中国文化地理概述》，是科普类读物，前7章约20万字，516例二合复句；《围城》和《活着》为小说语体，所采语料范围共20万字，1487例二合复句；《雷雨》和《风雪夜归人》为戏剧语体，所采语料范围共20万字，1141例二合复句。（详见表2-1）

表2-1　　　　　同类语气组配与异类语气组配对比表

	报刊（例）	科普（例）	小说（例）	戏剧（例）	合计（例）	频率（％）
同类组配	667	514	1294	824	3299	86.0
异类组配	24	2	193	317	536	14.0
合计	691	516	1487	1141	3835	100

同类语气组配4种，占所有二合复句总数的86.0%，异类组配共12种，但仅占14.0%，这说明二合复句通常要求两个分句的语气一致，分句语气同类组配是主体，异类组配是次要的。

二　"陈述＋陈述"是二合复句最基本的语气类型

同类语气组配也存在倾向性，有的组配频率高，有的组配频率低。在不同语体中，这4种组配的频率如表2-2所示。

表 2-2　　　　　　　　　同类语气组配的使用倾向性

	报刊（例）	科普（例）	小说（例）	戏剧（例）	合计（例）	频率（%）
陈述＋陈述	606	514	1260	749	3129	94.8
疑问＋疑问	6	0	11	12	29	0.9
祈使＋祈使	55	0	20	56	131	4.0
感叹＋感叹	0	0	3	7	10	0.3
合计	667	514	1294	824	3299	100

无论是何种语体，"陈述＋陈述"在二合复句语气组配类型中占绝对优势，因此，"陈述＋陈述"是二合复句最基本的语气组配类型。

三　异类语气组配主要出现在戏剧和小说语体中

异类组配主要出现在戏剧语体中（$\frac{317}{1141}=27.8\%$），其次为小说语体（$\frac{193}{1487}=13.0\%$），少见于报刊语体（$\frac{24}{691}=3.5\%$）和科普语体（$\frac{2}{516}=0.4\%$）。

由于异类语气组配极少出现在报刊和科普语体，没有统计学意义，本书的研究语料将全部来自戏剧和小说语体，我们将这两种语体的语料加大到 50 多万字，手工统计出里面的所有二合复句，检验语气组配使用的倾向性。这 50 万字的语料来自 5 本文学作品，3 本戏剧：《雷雨》、《风雪夜归人》（以下简称《风雪》）、《情场如战场等三种》（以下简称《情场》）各约 10 万字；两本小说：《活着》10 万字、《围城》（第一章至第四章和第九章）约 10 万字。得到二合复句共 3249 例，其中，同类语气组配 2607 例，异类语气组配 642 例。

第二节　二合复句中分句语气异类组配的
倾向性及其优先序列

12 种异类语气组配中，有的语气组配使用频率较高，有的使用频率很低甚至没有，说明异类语气组配在使用上有倾向性。

一 陈述语气组配的显著优先性

异类语气组配中,陈述语气具有显著优先性。也就是说,只要有一个语气是陈述语气,它与其他语气组配的使用频率都高于没有陈述语气的异类语气组配。

表 2-3 二合复句中分句语气异类组配的倾向性

	《雷雨》(例)	《风雪》(例)	《情场》(例)	《围城》(例)	《活着》(例)	合计(例)	频率(%)
陈述+疑问	60	47	34	63	14	218	34.0
陈述+祈使	32	17	11	6	14	80	12.5
陈述+感叹	16	7	10	12	3	48	7.5
疑问+陈述	5	1	8	0	3	17	2.6
疑问+祈使	1	0	2	0	1	4	0.6
疑问+感叹	0	0	0	0	0	0	0
祈使+陈述	73	12	37	18	25	165	25.7
祈使+疑问	14	1	5	3	0	23	3.6
祈使+感叹	6	0	1	0	0	7	1.1
感叹+陈述	10	5	15	22	3	55	8.6
感叹+疑问	5	3	8	4	2	22	3.4
感叹+祈使	2	0	1	0	0	3	0.5
合计	224	93	132	128	65	642	100

为了直观起见,我们根据表 2-3,把各种异类语气组配的使用频率绘制成图 2-1。

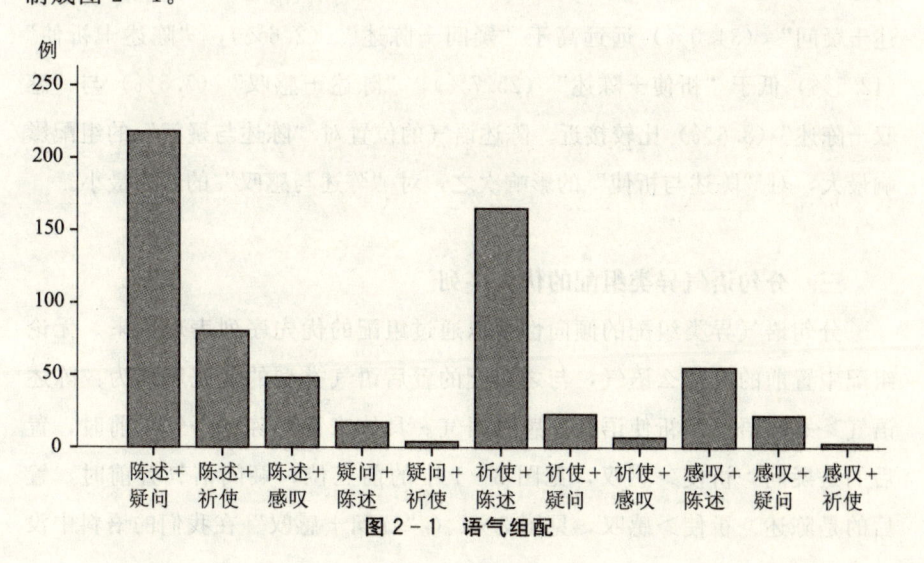

图 2-1 语气组配

有陈述语气的组配6种，没有陈述语气的组配也是6种，有陈述语气的组配使用频率都在7%以上（"疑问＋陈述"除外），在图2-1上的显示频率在50例以上（"疑问＋陈述"除外），没有陈述语气的组配使用频率都在4%以下，在图2-1上的显示频率都在50例以下，呈两极分化现象。

"陈述＋疑问"组配的使用频率最高，其次为"祈使＋陈述"，再次为"陈述＋祈使"。"疑问＋感叹"不能形成组配，除此之外，其他类型的组配都有相当的数量。

二 陈述＋疑问/祈使/感叹＞疑问/祈使/感叹＋陈述

有陈述语气的6种组配中，陈述在前的3种组配，其使用频率都远远高于陈述在后的3种组配：（陈述＋疑问）＋（陈述＋祈使）＋（陈述＋感叹）共346例，占所有异类语气组配的54%，而（疑问＋陈述）＋（祈使＋陈述）＋（感叹＋陈述）共237例，占36.9%。疑问/祈使/感叹语气在后是优势组配，并且陈述＋疑问（218例）＞陈述＋祈使（80例）＞陈述＋感叹（48例）。

另外，"陈述语气在前，其他语气在后"形成的组配，与"陈述在后，其他语气在前"形成的组配，在使用频率上呈现不平衡性。具体而言，"陈述＋疑问"（34.0%）远远高于"疑问＋陈述"（2.6%），"陈述＋祈使"（12.5%）低于"祈使＋陈述"（25.7%），"陈述＋感叹"（7.5%）与"感叹＋陈述"（8.6%）比较接近。陈述语气的位置对"陈述与疑问"的组配影响最大，对"陈述与祈使"的影响次之，对"陈述与感叹"的影响最小。

三 分句语气异类组配的优先序列

分句语气异类组配的倾向性可以通过组配的优先序列表现出来。无论组配中置前的是什么语气，与之组配的置后语气类型的优先序列为：陈述语气＞疑问语气＞祈使语气＞感叹语气。具体来说，陈述语气置前时，置后的是疑问＞祈使＞感叹，见图2-1中的前三位；疑问语气置前时，置后的是陈述＞祈使＞感叹，见图2-1（"疑问＋感叹"在我们的语料中没有发现用例,图2-1中缺失);祈使语气置前时,置后的是陈述＞疑问＞感叹,见图2-1;感叹语气置前时,置后的是陈述＞疑问＞祈使,见图2-1最后三项。为了说明这一规则,分别举例如下:

(1) 我去北京,你也去吗?＞我去北京,你也必须去。＞我去北京,你也去该多好啊!

陈述＋疑问＞陈述＋祈使＞陈述＋感叹

(2) 你难道不想去北京吗,我想去。＞你难道不想去北京吗,你必须去。＞你难道不想去北京吗,去北京该多好啊!

疑问＋陈述＞疑问＋祈使＞疑问＋感叹

(3) 去北京多好呀,我想去。＞去北京多好呀,你去吗?＞去北京多好呀,我们一起去吧!

感叹＋陈述＞感叹＋疑问＞感叹＋祈使

四 下位语气异类组配的倾向性表现

有些异类语气组配的使用频率高,有些异类语气组配的使用频率低,那么同种异类语气组配内部,是否也呈现一定的使用倾向性呢?我们从语气特征角度来观察第二层语气异类组配的特点。

(一) 分句语气的下位类型

"陈述"一词由"陈"和"述"构成,根据《现代汉语词典》,"陈"是叙说,"述"也是叙说,这种叙说可以不带有说话人的任何主观成分,也可以在说的时候带有说话人的主观情绪,这种主观情绪表现在说话人对命题的确定性上:确定性强是指说话人对过去发生的事或现在正在发生的事的肯定,确定性弱是指说话人对命题不肯定,介于强与弱之间的就是很可能。我们根据确定性强弱将陈述语气细分为三类,如下:

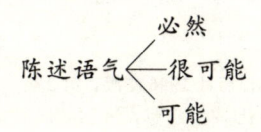

陈述语气 ← 必然 / 很可能 / 可能

"疑问"一词由"疑"和"问"构成,"疑"是句子内涵,"问"是句子形式。疑问语气必须有"问",疑问语气根据"问"的程度划分下位语气类型为"有疑有问"和"无疑有问"。"有疑有问"不仅有"问",还有"疑",比只有"问"的"无疑有问"具有更强烈的疑问语气。"有疑有问"内部根据"疑"的程度又可以分为若干疑问语气,借鉴邵敬敏[①]的研究成果,把"疑"的程度界定在1和0之间,"疑"为1的是特指问,传递特指疑问语气,"疑"为$\frac{3}{4}$的"吗"是是非问,传递的是非疑问语气,"疑"为$\frac{2}{4}$的是正反问(选择问),传递选择疑问语气,"疑"为$\frac{1}{4}$的"吧"是是非问,传递"吧"是非疑问语气。为了清晰起见,疑问语气由强到弱的下位分类如下:

```
                    ┌─ 特指疑问语气
                    │
           ┌ 有疑有问 ┼─ "吗"── 非疑问语气
           │        │
疑问语气 ──┤        ├─ 选择疑问语气
           │        │
           │        └─ "吧"── 非疑问语气
           │
           └ 无疑有问 ── 反诘疑问语气
```

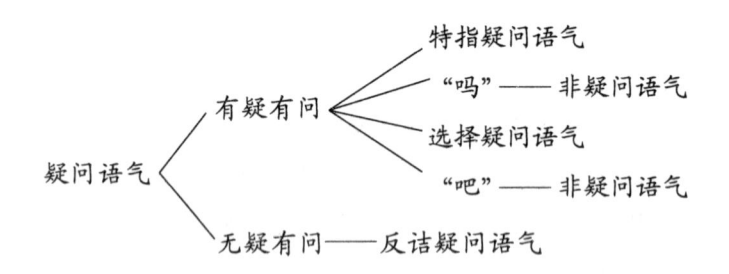

"祈使"一词由"祈"和"使"构成,"祈"和"使"都是从句子意义来说的,但它们并不一定同时存在于一个句子,有"使"的句子才是祈使句,传递祈使语气,根据"祈"的程度把"有祈有使"下分为建议句和劝阻句、请求句和乞免句[②],传递建议劝阻语气、请求乞免语气。请求乞免句的使用语境中,说话人往往在某一方面有求于听话人,为了确保听话人能够执行("使")某个行为从而实现自己的目的,说话人对听话人表现得谦卑恭敬,也就是"祈"的意味强烈。相比较而言,建议劝阻句的使用语境中,说话人并不有求于听话人,"祈"的意味弱化些,同时又认为自己没有资

[①] 邵敬敏:《现代汉语疑问句研究》,华东师范大学出版社1996年版,第2页。
[②] 袁毓林:《现代汉语祈使句研究》,北京大学出版社1993年版,第14—15页。

格或不宜采取发号施令的命令方式,"使"的语气比命令禁止要委婉些。祈使语气由强到弱的下位分类如下:

```
                无祈有使——命令禁止语气
祈使语气
                         建议劝阻语气
                有祈有使
                         请求乞免语气
```

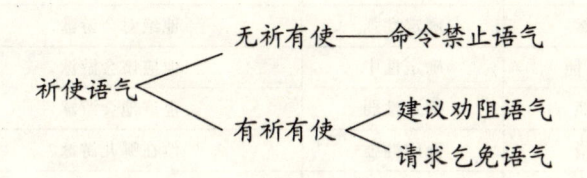

"感叹"一词由"感"和"叹"构成,根据《现代汉语词典》,"感"的释义有:①觉得,②感动,③对别人的好意怀着谢意,④情感,感想;"叹"的释义有:①叹气,②吟哦,③发出赞美的声音。"感"是句子内涵,"叹"是句子形式。任何感叹句都有"叹"有"感",只是"感"的程度不一,因此,感叹语气可以根据"感"的程度划分次类。我们在《现代汉语词典》(第5版)中找出所有感叹标记词的释义和用例,根据它们表示程度的级别归为四类:超高、极高、较高、高,感叹语气由强到弱的下位分类如下:

"太":表示程度过分(可用于肯定和否定);表示程度极高(用于赞叹,只限于肯定)。"好":用在形容词、数量词等前面,表示多或久;用在形容词、动词前,表示程度深。"真":的确;实在。"可":表示强调。"多(么)":用在感叹句里,表示程度很高。"简直":表示完全如此(语气带夸张)。"这么/这样":指示性质、状态、方式、程度等。"那么/那样":指示性质、状态、方式、程度等。

感叹语气分为四类如下:

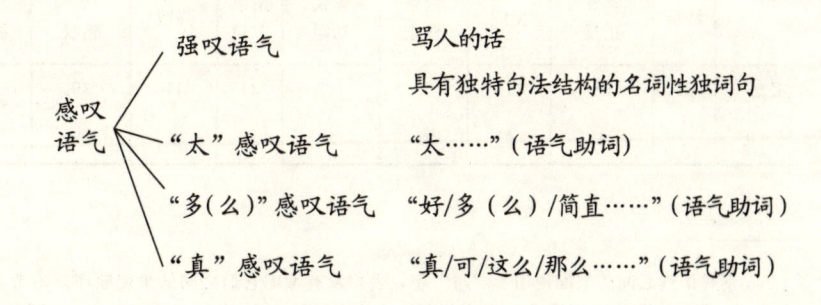

```
         强叹语气              骂人的话
                              具有独特句法结构的名词性独词句
感叹
语气     "太"感叹语气          "太……"(语气助词)

         "多(么)"感叹语气     "好/多(么)/简直……"(语气助词)

         "真"感叹语气          "真/可/这么/那么……"(语气助词)
```

表2-4　　　　　　　　　　　下位语气类型

语气类型 第一层	语气下位类型（第二层）		
	类别	特点	例句
陈述	必然	确定性强	他绝对会游泳。
	很可能	确定性中	他应该会游泳。
	可能	确定性弱	也许他会游泳。
疑问	特指	疑问性强	他在哪儿游泳？
	是非 正反	疑问性中	他会游泳吗？
			他会不会游泳？
	反问	疑问性弱	难道他还不会游泳？
祈使	命令禁止	意愿性强	今天不许游泳！
	建议劝阻	意愿性中	今天就别游泳了！
	请求乞免	意愿性弱	您今天就别去游泳了！
感叹	强叹	情感性强	鬼天气！
	"太"感叹	情感性中	太热了！
			今天多热啊！
	"真"感叹	情感性弱	今天真热！

（二）必然语气组配的显著优先性

各种语气的下位类别也可以异类组配，众多异类组配在使用上也有倾向性，列表如下（分别见表2-5、表2-6、表2-7）：

表2-5　陈述语气的下位类型与疑问/祈使/感叹的下位类型的组配[①]

（单位：例）

陈述	疑问			祈使			感叹		
	特指	是非 正反	反问	命令 禁止	建议 劝阻	请求 乞免	强叹	"太" 感叹	"真" 感叹
必然	49	68	116	30	180	31	17	39	46
很可能	0	1	0	0	3	0	0	0	0

---

① 两种语气之间的组配使用了"与"字，表明没有考虑它们之间的组配顺序，不考虑顺序就有69种，加入顺序后更加复杂，顺序问题留待后续研究，下面使用的"与"字作相同理解。

续表

陈述	疑问			祈使			感叹		
	特指	是非正反	反问	命令禁止	建议劝阻	请求乞免	强叹	"太"感叹	"真"感叹
可能	1	0	0	0	1	0	0	0	1
合计	50	69	116	30	184	31	17	39	47

表 2-6　疑问语气的下位类型与祈使/感叹的下位类型的组配　（单位：种）

	命令禁止	建议劝说	请求乞免	强叹	"太"感叹	"真"感叹
特指	0	11	1	0	0	2
是非正反	2	2	1	0	1	6
反问	1	8	1	2	1	10
合计	3	21	3	2	2	18

表 2-7　感叹的下位类型与祈使的下位类型的组配　（单位：种）

	命令禁止	建议劝说	请求乞免
强叹	2	2	2
"太"感叹	0	1	2
"真"感叹	2	0	0
合计	4	3	3

异类语气组配中只要有一个是必然语气，无论它是置前还是置后，组配的使用频率都极大地高出没有必然语气的组配。具体来说，有必然语气的组配11种（见表2-5），没有必然语气的组配58种（表2-5中22种+表2-6中24种+表2-7中12种），但是有必然语气的组配使用频率几乎都在30例以上，占89.7%；没有必然语气的组配使用频率几乎都在10例以下，仅占10.3%，呈现两极分化现象。

（三）优势组配和非优势组配

下位语气异类组配的倾向性可以用优势组配和非优势组配来概括：

绝对优势组配是必然与建议劝阻（180例）、必然与反问（116例），遥遥领先于其他组配。

陈述各次类与疑问各次类组配中,必然与反问＞必然与是非正反＞必然与特指;陈述各次类与祈使各次类组配中,必然与建议劝阻＞必然与请求乞免＞必然与命令禁止;陈述各次类与感叹各次类组配中,必然与"真"感叹＞必然与"太"感叹＞必然与强叹;祈使各次类与疑问各次类组配中,建议劝阻与特指＞建议劝阻与反问＞建议劝阻与是非正反;疑问各次类与感叹各次类组配中,"真"感叹与反问＞"真"感叹与是非正反＞"真"感叹与特指。

祈使各次类与感叹各次类的组配都在2例以下,以及表2-5、表2-6和表2-7中在2例以下的许多异类语气组配,都属于非优势组配。

第三节　语气焦点表述形式影响下的分句语气异类组配的倾向性表现

汉语语气识别有各种语法表现形式,除了句法层面的,如标点符号、句式变化、词序等,还有词法层面的,如疑问代词、语气助词、语气副词、助动词和叹词等。其中,语气助词、语气副词和助动词是表现语气的主要成分[①],我们称之为语气的焦点表述形式,它们影响分句语气异类组配。语气助词在异类语气组配中使用最多,其次为语气副词,助动词在异类语气组配中的使用频率最小。下面我们按使用频率从大到小逐一描述它们对分句语气异类组配的影响。

表2-8　　　异类语气组配中语气焦点表述形式的使用情况

语气焦点表述形式	数量（例）	比例（%）
语气助词	301	46.9
语气副词	190	29.6
助动词	103	16.0

---

① 齐沪扬和贺阳把语气助词、语气副词、助动词和叹词一起称为语气成分,但考虑到叹词可以独立成句,后面多用感叹号,有时用问号,极少与其他单句构成复句,这里暂不研究。

一 使用语气助词时的倾向性表现

考虑到不典型的语气助词使用频率不高,显示不出统计学意义,我们将研究对象限定在 6 个典型的语气助词:了、的、呢、啊、吧、吗。但是,语气助词有句末使用和句中使用两种情况,句中使用的语气助词主要表示一种停顿,而句末语气助词黏附在整个小句的后面,主要传达句子的语气,因此,我们只关注语气助词的句末使用,探讨句末语气助词表达的语气对复句中分句语气异类组配的影响。语气助词与语气基本是对应关系,"了"、"的"表达陈述语气,"吗"、"呢"表达疑问语气,"吧"表达祈使语气,"啊"表达感叹语气。

关于"了"的语气作用,需要简单说明一下:作语气助词的"了"和动词后缀的"了"同形[①],动词后缀的"了"指某事件在过去发生,是"了"的时态作用,语气助词的"了"是指从过去的一种状态转到该句所描述的状态,是"了"的语气作用。一般来说,句中的"了"是动词后缀,句尾的"了"是语气助词。我们只关注"了"的语气作用。

分句语气异类组配时,两个语气一般都不由语气助词表达(341 例),占异类语气组配的一半以上。由语气助词表达的语气在组配中,要么只有置前的一个,置后的语气没用助动词表达(100 例),要么只有置后的一个,置前的语气没用助动词表达(153 例),前后语气都由语气助词表达的情况较少(48 例),只占 7.5%。

表 2-9   异类语气组配中前后分句使用语气助词的频率

使用语气助词		数量(例)	频率(%)
前分句	后分句	—	—
+	+	48	7.5
−	+	153	23.8
+	−	100	15.6
−	−	341	53.1
合计		642	100%

说明:"+"指语气由语气助词表达,"−"指语气不由语气助词表达。

---

① 朱德熙:《语法讲义》,商务印书馆 1982 年版,第 209—210 页。

（一）前分句使用语气助词时异类语气组配的倾向性表现

语气助词表达的语气在异类语气组配中可能置前，也可能置后。异类语气组配中的两个语气也可能都用语气助词表达。不同情况下，异类语气组配有不同的使用倾向性。语气助词表达的语气置前，置后的语气不用语气助词表达，这样异类语气组配的使用倾向性见表2-10：

表2-10 前分句使用语气助词与异类语气组配频率的对应 （单位：例）

语气组配	前分句使用语气词							合计
	没有	吗	吧	啊	呢	了	的	
陈述＋疑问	167	0	0	3	2	36	10	218
陈述＋祈使	56	0	0	1	0	20	3	80
陈述＋感叹	40	0	0	1	0	6	1	48
疑问＋陈述	14	1	1	0	0	0	1	17
疑问＋祈使	4	0	0	0	0	0	0	4
疑问＋感叹	0	0	0	0	0	0	0	0
祈使＋陈述	124	0	22	2	0	17	0	165
祈使＋疑问	17	0	2	1	0	2	1	23
祈使＋感叹	6	0	0	0	0	1	0	7
感叹＋陈述	45	0	0	2	0	8	0	55
感叹＋疑问	18	0	0	0	0	3	1	22
感叹＋祈使	3	0	0	0	0	0	0	3
合计	494	1	25	10	2	93	17	642

从语气助词来看，在异类语气组配中置前的语气助词的优先序列为：了（93例）＞吧$_2$（24例）＞的（17例）＞啊（10例）＞呢$_2$（2例）＞吧$_1$（1例）＞呢$_1$（0例）＞吗（0例）。[①] 由此看来，陈述语气助词在异类语气组配中置前时最多，其次为祈使语气助词置前，再次为感叹语气助词置前，疑问语气助词一般不能置前。因此，它们所表达的语气在组配中置

[①] 朱德熙在著作中将语气助词进行了区分，"吧$_1$"、"吧$_2$"分别表示疑问和祈使，"呢$_1$"、"呢$_2$"分别表示时态和疑问，本书也采用此方法区分。参见朱德熙《语法讲义》，商务印书馆1982年版，第208页。

前时的优先序列为：陈述语气＞祈使语气＞疑问语气＞感叹语气。

从组配频率来看，置前的语气用语气助词表达时，组配中有一个语气是陈述的使用频率最高（127例），有一个语气是祈使的次之（72例），有一个语气是疑问的再次之（54例），组配中有一个语气是感叹的使用频率最低（23例），用优先序列为：陈述语气＞祈使语气＞疑问语气＞感叹语气。

从组配类型来看，语气助词表达的语气置前时，异类语气组配优先序列为：陈述＋疑问（41例）、祈使＋陈述（41例）＞陈述＋祈使（24例）＞感叹＋陈述（10例）＞陈述＋感叹（8例）＞祈使＋疑问（6例）＞感叹＋疑问（4例）＞疑问＋陈述（3例）＞祈使＋感叹（1例）＞疑问＋祈使、感叹＋祈使（0例）。

（二）后分句使用语气助词时异类语气组配的倾向性表现

语气助词表达的语气置后，置前的语气没用语气助词表达，这样的异类语气组配的使用倾向性见表2-11。

表2-11　后分句使用语气助词与异类语气组配频率的对应　　　（单位：例）

语气组配	后分句使用语气词							合计
	没有	吗	吧	啊	呢	了	的	
陈述＋疑问	137	48	5	3	13	10	2	218
陈述＋祈使	48	0	22	3	0	7	0	80
陈述＋感叹	32	0	0	3	0	12	1	48
疑问＋陈述	14	0	0	1	0	2	0	17
疑问＋祈使	3	0	1	0	0	0	0	4
疑问＋感叹	0	0	0	0	0	0	0	0
祈使＋陈述	129	0	0	1	6	23	6	165
祈使＋疑问	13	4	0	1	2	3	0	23
祈使＋感叹	5	0	0	1	0	1	0	7
感叹＋陈述	45	0	0	0	1	7	2	55
感叹＋疑问	12	6	1	2	0	1	0	22
感叹＋祈使	3	0	0	0	0	0	0	3
合计	441	58	29	15	22	66	11	642

从语气助词角度看，在异类语气组配中置后的语气助词的优先序列为：了（66例）＞吧$_2$（0例）＞的（11例）＞啊（15例）＞呢$_2$（20例）＞吧$_1$（29例）＞呢$_1$（2例）＞吗（58例）。"啊"可以表达四种语气，陈述（2例）、疑问（6例）、祈使（3例）、感叹（4例）；"了"表达四种语气：陈述（25例）、疑问（14例）、祈使（7例）、感叹（13例）；"的"表达三种语气：陈述（8例）、疑问（2例）、感叹（1例）。后分句使用疑问语气助词的最多，其次为陈述语气助词，再次为感叹语气助词，后分句一般不使用祈使语气助词。因此，它们所表达的语气在组配中置后时的优先序列为：疑问语气＞陈述语气＞感叹语气＞祈使语气。

从组配频率来看，置后的语气用语气助词表达时，组配中有一个语气是陈述的使用频率最高（178例），有一个语气是疑问的次之（105例），有一个语气是祈使的再次之（81例），组配中有一个语气是感叹的使用频率最低（38例），用公式表达为：陈述语气＞疑问语气＞祈使语气＞感叹语气。

从组配类型来看，语气助词表达的语气置后时，异类语气组配优先序列为：陈述＋疑问（81例）＞祈使＋陈述（36例）＞陈述＋祈使（32例）＞陈述＋感叹（16例）＞感叹＋陈述（10例）、祈使＋感叹（10例）、感叹＋疑问（10例）＞疑问＋陈述（3例）＞祈使＋感叹（2例）＞疑问＋祈使（1例）＞感叹＋祈使（0例）。

通过比较语气助词表达的语气置前的异类语气组配和语气助词表达的语气置后的异类语气组配，我们发现相同点是：陈述在前的组配频率大于陈述在后的组配频率，祈使在前的组配频率大于祈使在后的组配频率，感叹在前的组配频率大于感叹在后的组配频率，但是疑问在后的组配频率大于疑问在前的组配频率；"陈述＋疑问"、"祈使＋陈述"和"陈述＋祈使"都是优势组配，而"祈使＋感叹"、"疑问＋祈使"和"感叹＋祈使"都是非优势组配；有陈述语气的组配频率最高，有感叹语气的组配频率最低。不同点是：前分句使用陈述语气助词最多，后分句使用疑问语气助词最多。

（三）前后分句都使用语气助词时异类语气组配的倾向性表现

置前置后的语气都有语气助词表达时，这种异类语气组配的使用倾向性如表2-12。

表2-12　语气助词的配对使用与异类语气组配频率的对应

语气助词在前	语气助词在后	异类语气组配及频率（共48例）
了	了	陈述＋祈使2例、陈述＋感叹1例、祈使＋陈述2例
	的	祈使＋陈述2例
	吗	陈述＋疑问6例、感叹＋疑问1例
	吧	陈述＋疑问1例、陈述＋祈使5例
	呢	陈述＋疑问1例
	啊	陈述＋疑问1例、陈述＋祈使2例
的	吗	陈述＋疑问1例
	了	陈述＋疑问2例、祈使＋疑问1例、疑问＋陈述1例
	吧	陈述＋祈使1例、感叹＋疑问1例
吗	啊	疑问＋陈述1例
呢$_2$	了	祈使＋陈述7例
	的	陈述＋疑问1例
吧$_2$	呢	祈使＋陈述1例、祈使＋疑问1例
	的	祈使＋陈述2例
啊	吗	陈述＋疑问1例
	了	祈使＋陈述1例、感叹＋陈述1例
	呢	祈使＋疑问1例

由表2-12可知：前后分句都有语气助词时，异类语气组配的种类和频率都很低。

"了"在前分句，6个语气助词在后分句，各自表达的语气形成组配，使用频率在所有语气助词表达的语气组配中最高；前后分句都用语气助词表达语气时，最有可能形成"陈述"与"祈使"、"陈述"与"疑问"的组配，组配频率最高。

两个句末语气助词配对使用时，一般情况下，表陈述的语气助词"了"、"的"、"呢$_2$"在最前面，其次为祈使或感叹语气助词"吧$_2$"、"啊"

（祈使和感叹语气组配时，祈使在前），最不易置前的是疑问语气助词"吗"、"吧₁"、"呢₁"。

语气助词的主要功能就是表达语气，哪一类语气助词以及语气助词在复句中的位置影响着语气组配的种类和频率，总结见表2-13。

表2-13　　语气助词的使用与异类语气组配频率的对应　　（单位：例）

前后	陈疑	陈祈	陈感	疑陈	祈陈	感陈	疑祈	祈疑	祈感	感疑	感祈	疑感
＋＋	14	10	1	2	15	1	0	3	0	2	0	0
－＋	67	22	15	1	21	9	1	7	2	8	0	0
＋－	37	14	7	1	26	9	0	3	1	2	0	0
－－	100	34	25	13	103	36	3	10	4	10	3	0
合计	218	80	48	17	165	55	4	23	7	22	3	0

说明："前后"对应于语气组配的前分句和后分句，"＋"指分句用了语气助词，"－"指分句没有使用语气助词。"陈疑"指前分句是陈述语气、后分句是疑问语气的组配，其他依此类推。

二　使用语气副词时的倾向性表现

语气副词是表达语气的副词，起加强或减弱语气的作用。我们借鉴史金生[①]的研究结果来界定语气副词：语气副词与其他成分组合后，组合后的结构一般在小句中充当谓语、补语，不能充当宾语、主语、定语、状语成分；语气副词通常只用于"是"的前面，而不用于"是"的后面；语气副词通常位于句子的最外层，并且位置灵活，很多能够移到句尾。语气副词与语气基本形成一个对应关系。

1. 认为绝大多数语气副词都能用在陈述句中，主要有"才"、"就"、"可"、"并"、"也"、"又"、"还"（7个）。

2. 用在疑问句中的语气副词主要有：到底、究竟、难道、莫非、别、别是、何苦、何须、何妨、何不、岂、何尝、何必（13个）。

3. 用在祈使句中的语气副词主要有：万万、千万、切、切切、必须、高低、不妨（7个）。

4. 用在感叹句中的语气副词主要有：太、多、多么、怪、真、好、可（7个）。

---

① 史金生：《语气副词的范围、类别和共现顺序》，《中国语文》2003年第1期。

另外，有些语气副词如"都"、"就"、"又"、"才"、"还"、"可"等有多种义项，分属不同的词类，我们只考虑它们是语气副词的用法，例如，"都"是语气副词，但也可以是范围副词。

(4) 你都搬不动，何况这个孩子？
(5) 真是挤得个风雨不透，听戏的都上了台。

例(4)中的"都"表示强调，是语气副词，例(5)中的"都"表示全部，是范围副词，所以例(4)才是我们的研究范围。

语气副词的主要功能是表达语气，语气副词的个性及其在复句中的位置，影响异类语气组配的种类和频率，如表2-14。

表2-14　　　语气副词的使用与异类语气组配频率的对应　　　（单位：例）

语气组配	语气副词			合计
	现于前分句	现于后分句	现于前后分句	
陈述＋疑问	15	43	2	60
陈述＋祈使	4	7	3	14
陈述＋感叹	4	27	0	31
疑问＋陈述	1	0	0	1
疑问＋祈使	1	0	0	1
疑问＋感叹	0	0	0	0
祈使＋陈述	4	14	1	19
祈使＋感叹	0	4	0	4
祈使＋疑问	0	4	1	5
感叹＋陈述	28	8	7	43
感叹＋疑问	8	2	1	11
感叹＋祈使	0	1	0	1
合计	65	110	15	190

根据上表，语气副词的使用对异类语气组配倾向性的影响主要表现在以下三个方面。

第一，前分句使用语气副词时异类语气组配的倾向性表现。

异类语气组配时，我们的语料中只有 $\frac{190}{642}=29.6\%$ 的语气通过语气副词表达，其中，语气副词表达的语气置后的组配频率最大（110 例），语气副词表达的语气置前的其次（65 例），前后分句的语气都使用语气副词表达的组配频率最低（15 例）。

语气副词表达的语气置前，置后的语气不用语气副词表达，这种异类语气组配共 65 例，呈现如下倾向性：感叹＋陈述（28 例）＞陈述＋疑问（15 例）＞感叹＋疑问（8 例）＞陈述＋祈使（4 例）＞陈述＋感叹（4 例）＞祈使＋陈述（4 例）＞疑问＋陈述（1 例）＞疑问＋祈使（1 例）＞祈使＋疑问（0 例）、祈使＋感叹（0 例）、感叹＋祈使（0 例）、疑问＋感叹（0 例）。

第二，后分句使用语气副词时异类语气组配的倾向性表现。

语气副词表达的语气置后，置前的语气不用语气副词表达，这样的异类语气组配共 110 例，它们的使用呈现倾向性：陈述＋疑问（43 例）＞陈述＋感叹（27 例）＞祈使＋陈述（14 例）＞感叹＋陈述（8 例）＞陈述＋祈使（7 例）＞祈使＋疑问（4 例）、祈使＋感叹（4 例）＞感叹＋疑问（2 例）＞感叹＋祈使（1 例）＞疑问＋陈述（0 例）、疑问＋祈使（0 例）、疑问＋感叹（0 例）。

语气副词倾向于使其所表现的语气处在异类语气组配的后分句。前分句无语气副词，只有后分句有语气副词的组配共 110 例；前分句有语气副词而后分句无语气副词的组配 65 例，前后分句同时使用语气副词的组配 15 例，其中，"陈述＋疑问"组配中后分句使用语气副词的频率最高（43 例）。

第三，前后分句使用语气副词时异类语气组配的倾向性表现。

前后分句同时使用语气副词的语气组配共 15 例，呈现如下倾向性：感叹＋陈述（7 例）＞陈述＋祈使（3 例）＞陈述＋疑问（2 例）＞祈使＋陈述（1 例）＞祈使＋疑问（1 例）、感叹＋疑问（1 例）＞陈述＋感叹（0 例）、疑问＋陈述（0 例）、疑问＋祈使（0 例）、疑问＋感叹（0 例）、祈使＋感叹（0 例）、感叹＋祈使（0 例）。

因此，陈述语气副词表现的语气既可以在组配的前面，也可以在组配的后面，但前者的使用频率高于后者，祈使和感叹语气副词也有同样倾向：陈述＋疑问/祈使/感叹（105例）＞疑问/祈使/感叹＋陈述（63例），祈使＋陈述/疑问/感叹（28例）＞陈述/疑问/感叹＋祈使（16例），感叹＋陈述/疑问/祈使（55例）＞陈述/疑问/祈使＋感叹（35例）。疑问语气副词表现的分句在后面的情况高于在前面的情况，且在所有语气组配中差别最大：疑问＋陈述/祈使/感叹（2例）＜陈述/祈使/感叹＋疑问（76例）。

三　使用助动词时的倾向性表现

助动词还有其他名称：能愿动词[①]、衡词[②]、能词[③]、情态动词[④]和情态助动词[⑤]，前三种名称是中国传统语法研究上的名称，后两种名称是翻译西方语言术语（modal verbs, modal auxiliaries）而来的。

助动词具有以下特点：①只能带谓词宾语，不能带体词宾语；②不能重叠；③不能带后缀"了"、"着"、"过"；④可以放在"……不……"的格式里；⑤可以单说。[⑥] 因此，助动词包括："能、能够、会、可以、可能、得、要、敢、想、应该、应当、该、愿意、情愿、乐意、肯、许、准、（不）配、值得"等。但是，有的动词有几个不同的意义，在一个意义上是助动词，在其他意义上不是助动词，如：

(6) 我<u>要</u>一个杯子。

(7) 我<u>要</u>回家。

[①]　王力：《王力文集（第一卷　中国语法理论）》，山东教育出版社1984年版，第99页。崔希亮：《事件情态和汉语的表态系统》，载中国语文杂志社编《语法研究与探索（十二）》，商务印书馆2003年版，第333页。

[②]　陈望道：《修辞学发凡》，上海教育出版社1979年版，第71页。陈光磊：《关于衡词的考察》，《复旦学报》语言文字专辑1980年增刊。

[③]　高名凯：《汉语语法论》，科学出版社1957年版，第233页。

[④]　高增霞：《汉语担心——认识情态词"怕""看""别"的语法化》，载中国语文杂志社编《语法研究和探索（十二）》，商务印书馆2003年版，第413页。彭利贞：《现代汉语情态研究》，中国社会科学出版社2007年版，第82页。

[⑤]　徐晶凝：《现代汉语话语情态研究》，昆仑出版社2008年版，第240页。

[⑥]　朱德熙：《语法讲义》，商务印书馆1982年版，第61—66页。

(6)句的"要"单独作谓语,是实义动词,(7)句的"要"放在谓词"回家"前面,是助动词,我们只研究"要"做助动词的使用。

有的助动词有多个意义,如"要"有三种,全部纳入考察范围。

(8)我<u>要</u>出去。(表示做某事的意志)
(9)借东西<u>要</u>还。(应该、需要)
(10)<u>要</u>下雨了。(将要)

表 2-15　　助动词的使用与异类语气组配频率的对应表　　(单位:例)

	前分句有助动词	后分句有助动词	前后都有	合计
陈述+疑问	7	23	0	30
陈述+祈使	2	15	0	17
陈述+感叹	6	2	0	8
疑问+陈述	0	1	0	1
疑问+祈使	0	0	0	0
疑问+感叹	0	0	0	0
祈使+陈述	13	17	0	30
祈使+疑问	3	2	1	6
祈使+感叹	0	0	0	0
感叹+陈述	0	6	1	7
感叹+疑问	0	4	0	4
感叹+祈使	0	0	0	0
合计	31	70	2	103

异类语气组配中,助动词表达的语气通常置后($\frac{70}{103}=68.0\%$),置前的可能性较小($\frac{31}{103}=30.1\%$),前后分句同时使用助动词表达语气的组配相当少($\frac{2}{103}=1.9\%$)。

异类语气组配中,如果使用助动词,最可能形成"陈述+疑问"(30例)或"祈使+陈述"(30例)的组配,其次为"陈述+祈使"(17例),也有可能是"陈述+感叹"(8例)、"祈使+疑问"(6例)、"感叹+陈述"(7例)、"感叹+疑问"(4例),但一般不会是"疑问+陈述"(1例)、"疑问+祈使"(0例)、"疑问+感叹"(0例)、"祈使+感叹"(0例)或"感叹+祈使"(0例)。因此,使用助动词时,异类语气组配的种类主要是:陈述+祈使、祈使+陈述、陈述+疑问、祈使+疑问。在语气组配顺序上,感叹与其他语气组配时,感叹在前,另一助动词表达的语气在后,即"感叹+陈述/疑问/祈使"。

第四节 复句语义类别及关联标记影响下的分句语气异类组配的倾向性表现

两个异类语气组配实则形成了一个二合复句环境,这个环境是否作用于语气组配,对语气组配造成了什么影响?这是我们下面将考察的内容。

一 复句语义类别影响下的倾向性表现

复句语义类别是指复句所表示的语义关系,每个复句都有语义关系,语义关系表达复句内分句与分句之间的关系,分为并列、因果和转折3大类,其中并列类还可细分为并列(包括平列、对照和解注)、连贯、递进和选择[1];因果类细分为因果(说明性因果的简称)、推断、假设、条件和目的;转折类细分为转折(又称突转)、让步和假转。[2]

任何复句既有语义关系,同时又有语气组配,理论上看,语义关系和语气组配应该是互相表现、互相制约的。笔者在这里只探讨语义关系对语气组配的影响。

---

[1] 并列类复句表示广义并列关系的各类复句的总称,是复句语义关系的第一层,而并列关系表示并列类复句包含下的复句之一,是复句语义关系的第二层。同理,因果类复句和转折类复句是第一层,因果关系和转折关系是第二层。

[2] 邢福义:《汉语语法学》,东北师范大学出版社1996年版,第38—46页。

(一) 第一层语义类别影响下异类语气组配的倾向性表现

第一层语义关系是指复句根据关系聚合和标志控制粗略地分为并列类、因果类和转折类。①

表 2-16　　　复句第一层语义类别与异类语气组配使用频率　　（单位：例）

异类语气组配	并列类	因果类	转折类	合计
陈述＋疑问	128	79	11	218
陈述＋祈使	29	49	2	80
陈述＋感叹	23	23	2	48
疑问＋陈述	12	5	0	17
疑问＋祈使	4	0	0	4
疑问＋感叹	0	0	0	0
祈使＋陈述	63	101	1	165
祈使＋疑问	20	3	0	23
祈使＋感叹	5	2	0	7
感叹＋陈述	24	26	5	55
感叹＋疑问	12	10	0	22
感叹＋祈使	2	1	0	3
合计	322	299	21	642

并列类复句和因果类复句中，异类语气组配的频率差不多，分别为 322 例和 299 例，但转折类复句中，异类语气组配的频率很低，只有 21 例。

有一个语气是陈述语气时，表并列时主要与疑问语气组配，还与感叹语气组配，表因果时主要与祈使语气组配，也与感叹语气组配。

并列类复句中异类语气组配的使用频率从高到低排列为：陈述＋疑问（128 例）＞祈使＋陈述（63 例）＞陈述＋祈使（29 例）＞感叹＋陈述（24 例）、陈述＋感叹（23 例）＞祈使＋疑问（20 例）＞疑问＋陈述（12 例）、感叹＋疑问（12 例）＞祈使＋感叹（5 例）＞疑问＋祈使（4 例）＞感叹＋祈使（2 例）。

因果类复句中异类语气组配的使用频率从高到低排列为：祈使＋陈述

---

① 邢福义：《汉语语法学》，东北师范大学出版社 1996 年版，第 8—9 页。

(101例)＞陈述＋疑问（79例）＞陈述＋祈使（49例）＞感叹＋陈述（26例）＞陈述＋感叹（23例）＞感叹＋疑问（10例）＞疑问＋陈述（5例）＞祈使＋疑问（3例）＞祈使＋感叹（2例）＞疑问＋祈使（0例）、疑问＋感叹（0例）。

转折类复句中异类语气组配的使用频率很低，相比较而言，"陈述＋疑问"（11例）和"感叹＋陈述"（5例）稍高一些。表转折关系的二合复句有一个语气是陈述语气。

（二）第二层语义类别影响下异类语气组配的倾向性表现

第二层语义关系是第一层语义关系的细化。并列类细分为并列、连贯、递进和选择4种；因果类细分为因果、推断、假设、条件和目的5种；转折类细分为转折、让步和假转3种。

表 2-17　　　　复句第二层语义类别与异类语气组配使用频率　　　（单位：例）

异类语气组配	并列类				因果类					转折类		
	并列	选择	递进	连贯	因果	推断	假设	条件	目的	转折	让步	假转
陈+疑	39	×	3	86	51	10	14	2	2	11	√	√
陈+祈	6	√	×	23	37	1	11	√	√	2	√	√
陈+感	8	×	5	10	20	×	3	√	√	1	√	1
疑+陈	5	×	1	6	5	×	×	×	×	×	×	×
祈+陈	13	×	1	49	96	×	2	×	3	√	×	1
感+陈	15	×	3	6	24	2	×	×	×	4	1	√
疑+祈	×	×	×	4	×	×	×	×	×	×	×	×
疑+感	×	×	×	×	×	×	×	×	×	×	×	×
祈+疑	8	√	√	12	3	√	×	×	×	×	×	√
祈+感	√	×	×	5	2	×	×	×	×	×	×	×
感+疑	8	×	×	6	10	√	×	×	×	√	×	×
感+祈	1	×	×	×	1	×	×	×	×	×	×	×
合计	103	0	13	207	248	13	30	2	5	18	1	2

说明：数字显示我们语料中的频率，"√"表示语料中没有例句，但在语料外的语言使用中可以找到；"×"表示语料中没有，语料外的语言使用中也未发现。数字频率是我们要研究的，"√"和"×"只作参考。

第一，并列类复句中，表并列关系、连贯关系的复句的异类语气组配种类最多、频率最高，其次为递进关系的复句，选择关系的复句无异类语气组配；因果类复句中，表因果关系的复句的异类语气组配种类最多、频率最高，其次为表假设关系和推断关系的复句，表目的关系和条件关系的异类语气组配最少；转折类复句中，表转折关系的复句的异类语气组配稍多，表假转关系和让步关系的组配最少。

第二，相同语义关系选择异类语气组配的顺序不对称。

不对称是有无问题。就异类组配来说，两种语气组配时的顺序与语义类别有关。如：陈述与感叹的组配，在平列关系和假设关系复句中可以是"陈述＋感叹"，但不可能是"感叹＋陈述"，在推断关系和让步关系的复句中可以是"感叹＋陈述"，但"陈述＋感叹"只能表达让步关系。又如：陈述与疑问的组配，在平列、推断、假设、条件、目的和突转关系的复句中可以是"陈述＋疑问"，但不能是"疑问＋陈述"。陈述与祈使的组配，在推断和突转关系的复句中可以是"陈述＋祈使"，但不能是"祈使＋陈述"，"祈使＋陈述"的组配可以表递进和目的，但"陈述＋祈使"不能表递进和目的。

第三，相同语义关系选择异类语气组配频率的不平衡。

不平衡指多少问题。除去"感叹"与"陈述"的组配相对平衡外，其他所有语义关系拥有的异类语气组配都呈现不平衡性。比如：因果关系复句中的分句语气组配，"陈述＋疑问"有 50 例，但"疑问＋陈述"只有 4 例。在并列大类内部"陈述＋疑问"的语气组配，表连贯的有 86 例，表条件和目的各 2 例，不表选择、让步。在因果大类内部，因果、推断、假设、条件和目的 5 种小类都可以用"陈述＋疑问"表示，但表说明的最多，表条件和目的的最少。在转折大类里，"陈述＋疑问"只能表突转，不能表让步和假转。

几乎所有语义关系的分句语气组配都表现出一种倾向性：都优选陈述语气与另外三种语气的组配，并且陈述在前的最多。

二 关联标记影响下的倾向性表现

关联标记也称关系标志，起着联结分句和标示复句语义关系的作用。关联标记主要包括 4 大类：句间连词，它们连接分句但不充当句子成分，如"因为、所以、虽然、但是"等；关联副词，它们既联结分句又充当句子成分，如"就、又、还、也"等；助词"的话"，用在假设分句句末，表明两分句之间的假设和结果关系；超词形式，它们的单位比词大，如"如果说、不但不、正因为"等①。本研究的关联标记包括所有这四种形式。

关联标记有很多特点：是否能省略、是否能扩展、是否能嵌套、是否后面可以加逗号造成停顿、是否在主语前面管控能力大、是否能一对多配对使用、合用的关联标记是否可以换位，等等。

汉语是意合语言，表现在形式上是少用关联标记。绝大多数情况下，两个分句放在一起构成复句，分句与分句之间用逗号（偶用破折号、分号）。我们 642 例异类语气组配中，只有 35 例使用了关联标记，占 5.5%。

尽管关联标记在我们的语料中极少，但它们的使用还是对异类语气组配产生了影响，如：

(11) a. 我走得太远了，<u>虽然</u>找到了几位好兄长。
　　 b. *我走得太远了，<u>但是</u>找到了几位好兄长。②
　　 c. <u>虽然</u>找到了几位好兄长，<u>但是</u>我走得太远了。

例（11）a 的二合复句中，"虽然"联结前后两个分句，分句的语气形成异类组配"感叹＋陈述"；同样是转折关系，在相同的位置上替换为另一转折关联标记"但是"，如 b，二合复句不成立，分句语气组配也不成立；如果两个分句使用配对的关联标记"虽然……但是……"联结，分句的位置调换后，如 c，二合复句成立，此时的分句语气组配成了"陈述＋感叹"。

---

① 邢福义：《汉语复句研究》，商务印书馆 2001 年版，第 26—29 页。
② *表示该句不成立。

因此，探讨关联标记影响异类语气组配是有必要的，下面将从关联标记出现的位置和关联标记的表义类别两个方面展示它们对异类语气组配的影响，详见表 2-18、表 2-19。

表 2-18　　关联标记的位置与异类语气组配使用频率对应表　　（单位：例）

异类语气组配	关联标记			合计
	在前分句	在后分句	前后分句都有	
陈述＋疑问	9	5	4	18
陈述＋祈使	3	3	4	10
陈述＋感叹	4	2	0	6
疑问＋陈述	0	0	0	0
疑问＋祈使	0	0	0	0
疑问＋感叹	0	0	0	0
祈使＋陈述	0	0	0	0
祈使＋疑问	0	0	0	0
祈使＋感叹	0	0	0	0
感叹＋陈述	0	1	0	1
感叹＋疑问	0	0	0	0
感叹＋祈使	0	0	0	0
合计	16	11	8	35

表 2-19　　关联标记的语义类别与异类语气组配使用频率对应表　　（单位：例）

异类语气组配	关联标记			合计
	并列类	因果类	转折类	
陈述＋疑问	0	12	7	19
陈述＋祈使	0	6	3	9
陈述＋感叹	0	5	1	6
疑问＋陈述	0	0	0	0
疑问＋祈使	0	0	0	0
疑问＋感叹	0	0	0	0
祈使＋陈述	0	0	0	0
祈使＋疑问	0	0	0	0
祈使＋感叹	0	0	0	0

续表

异类语气组配	关联标记			合计
	并列类	因果类	转折类	
感叹＋陈述	0	0	1	1
感叹＋疑问	0	0	0	0
感叹＋祈使	0	0	0	0
合计	0	23	12	35

关联标记出现的位置和关联标记的表义类别对异类语气组配的影响表现为以下几个特点。

第一，二合复句中，如果有关联标记，分句语气很少是异类组配。

第二，关联标记影响的异类语气组配主要是"陈述在前，疑问/祈使/感叹在后"的组配：陈述＋疑问、陈述＋祈使、陈述＋感叹，对"疑问/祈使/感叹在前，陈述在后"的组配影响不大，对"陈述＋疑问"、"陈述＋祈使"影响最大；关联标记还影响"感叹＋陈述"的组配。

第三，前分句使用关联标记的话，前分句一般是陈述语气，极少是疑问/祈使/感叹语气；后分句使用关联标记的话，主要是陈述语气，也可以是疑问/祈使/感叹语气。

第四，因果类关联标记影响异类语气组配较多，转折类关联标记次之，并列类关联标记几乎不出现异类语气组配，构不成什么影响。

第五节 小结

本章借助语料统计了二合复句中分句语气异类组配的使用倾向性，主要表现在：

第一，陈述语气具有显著的组配优先性，陈述与疑问/祈使/感叹之间的组配使用频率高，而疑问、祈使、感叹之间的两两组配使用频率低，并且陈述语气置前的组配高于陈述语气置后的组配，这是第一层。

陈述、疑问、祈使和感叹语气根据各自语气强度划分的下位类别，是第二层，必然语气具有组配的显著优先性，绝对优势组配是必然与建议劝阻、必然与反问，非优势组配是祈使各次类与感叹各次类的组配。

第二，语气助词表达的语气构成异类语气组配时，"吗"和"呢"所表达的疑问语气倾向于在后，"吧"表达的祈使语气倾向于在前，"啊"和"了"、"的"表达的语气没有很强的位置倾向。

语气副词表达的语气在异类语气组配中倾向于在后；助动词表达的语气在异类语气组配中也倾向于在后。

第三，并列类和因果类复句中异类语气组配频率高，而转折类复句中异类语气组配频率低，这是复句语义关系的第一层。并列类下的第二层语义关系中，连贯关系里异类语气组配种类和频率都最多，其次为并列关系，再次为递进关系，选择关系不能有异类语气组配；因果类下的第二层语义关系中，因果关系里异类语气组配数量最多，假设关系、推断关系、目的关系和条件关系里异类语气组配都较少。

使用关联标记的二合复句中，异类语气组配数量很少，主要集中在"陈述＋疑问"、"陈述＋祈使"、"陈述＋感叹"和"感叹＋陈述"四种组配，以"陈述＋疑问"和"陈述＋祈使"频率最高；关联标记所在分句倾向于用陈述语气。

本章是后面各章节论述的基础，第三章至第七章分别从不同的角度论述异类语气组配使用倾向性的原因；第三章和第四章从分句语气的语义表现特征和句法表现特征两个分句语气本身的特点角度来揭示倾向性的原因；第五章从分句语气组配的复句环境剖析倾向性的原因；第六章从更外部的语用和认知两个宏观因素分析倾向性的原因。第七章对比研究汉语和英语分句语气异类组配倾向性的异同点，其中汉语部分的组配情况也是源于这一章的统计结果。

第三章　分句语气的典型性程度对分句语气异类组配的影响

为了寻求制约二合复句中分句语气异类组配的因素,我们首先从语义分析入手。在这一章里,我们将考察语气本身的语义特征,回答一个问题:为什么陈述语气与疑问/祈使/感叹语气的组配频率显著高于疑问/祈使/感叹①之间的两两组配?

第一节　典型性程度的判定标准

连绵性②承认事物有典型成分和非典型成分,非典型成分是以不同程度出现的,所以很多事物与事物之间并不是非此即彼的,而是一个渐变的、逐渐过渡的、非离散的连续状态。语气之间也有连绵性,语气的连绵性是指甲语气和乙语气之间的连续过渡状态,具体而言,甲语气与乙语气之间的界限是模糊的,从甲到乙,甲语气的特征越来越不典型直到消失,同时乙语气的特征开始显现,并且越来越典型,直到乙语气的特征全部出现为止。语气的典型性程度可以在语义和句法上找到判定标准。

一　语气的内在特征

语义上的典型性程度判定标准,应该像语音的区别性特征一样,是能

---

① "/"表示任选其一,其他各处都作相同解释。
② 屈承熹:《汉语认知功能语法》,黑龙江人民出版社2005年版,第9—10页。

把四种语气区别开来的内在特征。我们根据现代汉语句类系统在句法特征上的表现①，归纳出语气的三个内在特征：（＋确定性）、（＋意愿性）和（＋情感性）。

（一）确定性

确定性是指说话人对句子命题是否确信的态度，判定其是否真实、可信。一个小句动词前能添加"一定/的确/确实/就/千万"等表示肯定的词语，句子的确定性就强，不能添加的，句子的确定性就弱。

（1）他是学生。　　　　　　他一定/的确/确实是学生。
（2）他是干什么工作的？　　？② 他一定/的确/确实是干什么工作的？
（3）把窗户关上。　　　　　一定/千万要把窗户关上。
（4）这儿太冷了！　　　　　这儿的确/确实/就太冷了！

例（1）、（3）、（4）分别是陈述句、祈使句和感叹句，句中都可以添加表示肯定的词语，说明这三种句类的语气确定性强，而例（2）是疑问句，不能添加肯定词语，其确定性弱。

（二）意愿性

意愿性是指说话人通过言语传达的一种要求或希望。一个小句前面如果能添加"要求/希望"等表示祈使意义的词语，句子的意愿性就强，否则，句子的意愿性就弱。

（5）他是学生。　　　　　　？他要求/希望是学生。
（6）他是干什么工作的？　　？他要求/希望是干什么工作的？
（7）把窗户关上。　　　　　要求/希望把窗户关上。
（8）这儿太冷了！　　　　　？这儿要求/希望太冷了！

---

① 邵敬敏：《现代汉语疑问句研究》，华东师范大学出版社1996年版，第3—20页。袁毓林：《现代汉语祈使句研究》，北京大学出版社1993年版，第7—17页。杜道流：《现代汉语感叹句研究》，安徽大学出版社2005年版，第34—46页。

② "？"表示可接受度低。

例(5)、(6)、(8)虽然都能添加词语"要求/希望",但是"要求/希望"加入小句后,小句表达的不是说话人要听话人去做某件事,而是说话人的一种心理活动,因此,陈述句、疑问句和感叹句表达的语气意愿性弱。而例(7)是祈使句,能添加祈使意义的词语"要求/希望",其意愿性强。

(三)情感性

情感性是指说话人的心理情状,极端表现为爱或憎的感情。一个小句中有表示感叹的语气副词"多(么)/这么/那么/好/真/可/太"等,其情感性就强,反之就弱。

(9) 他是学生。　　　　　？他这么/太是学生。
(10) 他是干什么工作的？　？他这么/太是干什么工作的？
(11) 把窗户关上。　　　　？这么/太把窗户关上。
(12) 这儿太冷了！　　　　这儿真是/可太冷了(啊)！

例(9)、(10)、(11)分别是陈述句、疑问句和祈使句,句中都不能加进"太",情感性都弱,只有例(12)感叹句中能添加表示感叹的语气副词,说明感叹句的情感性强。

这三个特征是每种语气同时具备的,只不过各种语气具备的强弱程度不同。我们把四种语气和三个特征列为表3-1。

表3-1　　　　四种语气类型和三个内在特征的强弱情况对比

	确定性	意愿性	情感性
陈述语气	强	弱	弱
疑问语气	弱	弱	弱
祈使语气	强	强	弱
感叹语气	强	弱	强

根据表3-1,四种典型语气类型被区分开来:典型陈述语气的特征是(+强确定性,+弱意愿性,+弱情感性),典型疑问语气的特征是(+弱

确定性，＋弱意愿性，＋弱情感性），典型祈使语气的特征是（＋强确定性，＋强意愿性，＋弱情感性），典型感叹语气的特征是（＋强确定性，＋弱意愿性，＋强情感性）。

二 语气的外在表现

四种语气的典型性语义特征在韵律、句法、功能上分别有外在的表现形式，借助已有的关于句类的研究成果，总结见表3-2。

表3-2　　　　　　　典型语气在句法和功能上的表现

	陈述语气	疑问语气	祈使语气	感叹语气
韵律	句号、降调	问号、升调	感叹号、降调	感叹号、降调
表现的句类	陈述句	疑问句	祈使句	感叹句
主语人称	他、我、你	他、你、我	你、我们	他、我、你
句法标记	—	吗、疑问代词、疑问格式（VP不VP、……还是……）	别、甭；动词具备（＋自主）、（＋可控）语义特征	多（么）、这么/那么、好、真、可、太
时体标记	—	—	将来时、非进行体	
初始用途	说话人说出某个命题	说话人向听话人询问一些事情	说话人提议听话人实施某行为	说话人表达强烈感情

典型陈述语气通过陈述句表现出来，读成降调，句末用句号，陈述句主语可以是第一人称、第二人称或第三人称，在说话人说出某个命题的时候使用；典型疑问语气通过疑问句表现出来，读成升调，句末用问号，疑问句的主语一般是第二人称或第三人称，很少用第一人称，句子有疑问标记如"吗"、"VP不VP"、"……还是……"或者疑问代词，在说话人向听话人询问一些事情的时候使用；典型祈使语气通过祈使句表现出来，读成降调，句末用感叹号或者句号，主语一般是第二人称或者第一人称复数，谓语动词具有（＋自主）和（＋可控）的语义特征，多用来表达将来事件，在说话人提议听话人实施某行为时使用；典型感叹语气通过感叹句表现出来，读成降调，句末用感叹号，句中有感叹语气副词如"多（么）、好、真、可、太"或者指示代词"这么/那么"，在说话人表达强烈感情时使用。

第二节 典型性程度高的语气在异类组配时的低频表现

根据典型性程度的判定标准,有的语气非常接近典型语气的句法和语义特征,称为典型性程度高的语气;有的语气在语义和句法特征上只是符合典型语气的某些特征,称为典型程度低的语气;居于二者之间的典型程度不高不低的语气,归入典型程度中等的语气进行考察。

一 典型性程度高的语气异类组配的可行性

从语气的特征看,不同类别的语气不能一刀切,它们并非毫无联系,它们之间总是存在或多或少相同的特征,严格地说,主要是具有某个或某两个特征的程度不同。

陈述无论与疑问、祈使、感叹中的哪一种语气相比较,都有两项特征相同,一项特征不同。具体而言,陈述与疑问的意愿性和情感性都弱,但陈述的确定性强而疑问的确定性弱;陈述与祈使的确定性都强、情感性都弱,但陈述的意愿性弱而祈使的意愿性强;陈述与感叹的确定性都强、意愿性都弱,但陈述的情感性弱而感叹的情感性强。

但是,在疑问、祈使和感叹三个语气中,两两相比,都有一项特征相同,两项特征不同。具体来说,疑问与祈使的情感性都弱,但是确定性一弱一强,意愿性一弱一强;疑问与感叹的意愿性都弱,但是确定性一弱一强,情感性一弱一强;祈使与感叹的确定性都强,但意愿性一强一弱,情感性一弱一强。

语气之间共享某些特征或者共享程度不同的特征造成了语气间的连绵性,这在一定程度上模糊了语气之间的区别,为语气的异类组配提供了"求同"条件。

二 疑问、祈使、感叹两两异类组配的低频表现

疑问与祈使、疑问与感叹、祈使与感叹的组合只共享一项特征,语气组配的使用频率较低。疑问语气与祈使语气组配时,无论是"祈使+

疑问"[例 (13)]还是"疑问＋祈使"[例 (14)],分句中都没有表示感叹的语气副词,情感性都弱。祈使句前都能添加"我要求/我希望",而疑问句前都不能添加,表明祈使的意愿性强,疑问的意愿性弱;祈使句动词前都能添加"一定",而疑问句不行,表明祈使的确定性强,疑问的确定性弱。

(13) 快去吧,不怕人等的心焦么?
(14) 妈,您别瞎说啦,您怎么来过?

同理,感叹与祈使、感叹与疑问组配,无论是"祈使＋感叹"[例 (15)]、"感叹＋祈使"[例 (16)],还是"疑问＋感叹"[例 (17)]和"感叹＋疑问"[例 (18)],根据分句是否存在或者添加语气副词,可以得出这四种语气组配都只共享一项特征。具体来说,祈使和感叹共享的特征是"确定性强",祈使和疑问共享的特征是"情感性弱"。

(15) 得了,别发牢骚了,看西山的月亮多好。
(16) 嗬,真热!
(17) 你还出去呀,天都这么晚了!
(18) 这位太太真怪,她要见我干什么?

三 陈述语气与疑问/祈使/感叹语气组配的较低频表现

陈述语气与疑问/祈使/感叹语气均共享两项特征,其组配的使用频率比疑问、祈使和感叹之间的组配高。二合复句中,陈述语气和祈使语气组配,要么是"陈述＋祈使",如例 (19);要么是"祈使＋陈述",如例 (20)。下面复句中的分句动词前能添加语气副词"一定/就"等词语,确定性都强,句中都没有语气副词如"多(么)、这么/那么、好、真、可、太"等,情感性都弱。祈使句的前面可以添加"希望",而陈述句的前面不能添加,祈使的意愿性强,而陈述的意愿性弱。

(19) 啊，大少爷，这不是你的公馆，你饶了我吧。
   这（一定）不是你的公馆，你（就）饶了我吧。
   ＊（希望）这不是你的公馆，（希望）你饶了我吧。
(20) 您留几句回家说吧，这是人家周公馆。
   您（就）留几句回家说吧，这（一定）是人家周公馆。
   （希望）您留几句回家说吧，＊（希望）这是人家周公馆。

陈述语气和感叹语气的组配，要么是"陈述＋感叹"，如例（21）；要么是"感叹＋陈述"，如例（22）。这些复句中的分句前都不能添加"要求/希望"，意愿性都弱，分句动词前都能添加语气副词"确实"，确定性都强。但是感叹句中有表示感叹的语气副词"多么、太"，而陈述句中没有这类词，感叹的情感性强，陈述的情感性弱。

(21) 那时你就回来，那时候我该多么高兴。
(22) 纬芳，你太好了，处处替我打算。

陈述语气和疑问语气的组配，要么是"陈述＋疑问"，如例（23）；要么是"疑问＋陈述"，如例（24）。两例中的分句前都不能增加"我要求/我希望"，意愿性都弱，都没有表示感叹的语气副词，情感性都弱。陈述句中都能添加"一定"，而疑问句不能，陈述的确定性强，疑问的确定性极弱。

(23) 她遇人都很不如意，老爷想帮一帮她么？
(24) 想起来了是不是，想不到他会回来了。

这部分解释了陈述语气组配的显著优先性。陈述语气与疑问/祈使/感叹语气之间都共享两项特征，而疑问、祈使和感叹两两之间都只共享一项特征，共享的语气特征越多，两种异类语气越容易组配，因此有陈述语气的组配的使用频率远远高于无陈述语气的组配。

第三节　典型性程度低的语气在异类组配时的高频表现

语气兼容①，是说一个小句兼有两种或两种以上的语气，实际运用中一个小句最多只能兼有两种不同的语气。一个小句带有一种语气是普遍的，一个小句兼有两种语气是特殊的，两种语气能在一个小句里共存，这两种语气应该都比较弱，理想上各占一半。兼容的语气是两种语气中间的过渡地带，是语气连绵性上比较特殊的中间点。这个中间点就是典型性程度低的语气。

一　典型性程度低的语气类别及其特征

从陈述到疑问，陈述语气（确定性）逐渐减弱，疑问语气逐渐增强，反之，疑问语气逐渐减弱，陈述语气逐渐增强。介于陈述和疑问中间区域的是陈（述）疑（问）语气②。陈疑语气通过陈疑句表现，在句法形式和功能上既有陈述又有疑问的一般特征，如：我不知道他还要不要我的书？其中，"我不知道……"是陈述句的形式，说话人"不知道"某件事，是陈述一个信息，同时，"他还要不要我的书"是疑问句的形式，希望听话人对"他还要不要我的书"给予答案，是询问一个信息。陈述语气与疑问语气之间的连绵性表现如例（25），越往左陈述语气越强，越往右疑问语气越强，中间画线的是兼容语气（下同）。

（25）他不要你的书。他不可能要你的书。我不知道他还要不要我的书？他会不要我的书？他还要不要我的书？

必然　　可能　　陈疑　　反问　　正反

---

① 储泽祥：《语气兼容与句末点号的连用》，《语文建设》1998年第1期。
② 为保持行文一致，除"问叹语气"因为名称已经存在不需要另外命名外，其他两语气之间的过渡语气都取语气的第一个汉字放在一起命名。

表 3-3　　　　　　　　　陈疑语气的句法语义特征

内在特征	语气	句类、韵律	句法标记	例句
确定性强	典型陈述语气	陈述句、句号	—	例：他回来了。
确定性中	陈述疑问语气	陈述句、句号/问号	疑问形式包孕句	例：我不知道他回来了没有。
确定性弱	典型疑问语气	疑问句、问号	吗、疑问代词、疑问格式	例：他回来了吗？

从陈述到感叹，陈述语气逐渐减弱，感叹语气逐渐增强；反之，感叹语气逐渐减弱，陈述语气逐渐增强。学界一致认为，陈述语气语言平实，鲜有感情色彩；感叹语气带有强烈感情色彩。带有些许感情的句子介于陈述句和感叹句之间，如：我不要你的钱！形式上是陈述句，但句末用感叹号，显示了说话人加进了感情，可是感情还没达到强烈的程度；从功能上说，说话人"不要钱"，给出了一个信息，同时传达了自己生气的情绪，这种兼有陈述和感叹的语气称为陈感语气。陈述和感叹语气之间的连绵性表现如例（26），越往左陈述语气越强，越往右感叹语气越强。

（26）他没有钱。我不要你的钱！你的钱真脏！我才不稀罕你的那几个臭钱！

←――――――――――――――――――→
　　必然　　　陈感　　　"真"感叹　　　强叹

表 3-4　　　　　　　　　陈感语气的句法语义特征

内在特征	语气	句类、韵律	句法标记	例句
确定性强、情感性弱	典型陈述语气	句号	很、十分	这小姑娘很漂亮。
确定性强、情感性中	陈感语气	句号	多（么）、这么/那么、好、真、可、太	这小姑娘真漂亮。
确定性强、情感性强	典型感叹语气	感叹号	多（么）、这么/那么、好、真、可、太＋语气助词	这小姑娘真漂亮啊！

从陈述到祈使，陈述语气逐渐减弱，祈使语气逐渐增强；反之，祈使

语气逐渐减弱，陈述语气逐渐增强。但有一类句子形式上是陈述句，同时具有向听话人发出指令或要求的意义和功能，主要特点是主语是第一人称，谓语动词有"希望、要求"等祈使的含义，我们称之为"陈祈句"，表现陈祈语气。陈述语气与祈使语气之间的连绵性表现如例（27），越往左陈述语气越强，越往右祈使语气越强。

（27）他要她走。我要你走。你该走了！走！

◄───►

　　必然　　　　陈祈　　　　建议　　　　命令

表3-5　　　　　　　　陈祈语气的句法语义特征

内在特征	语气	主语	谓语动词	时体	韵律	例句
确定性强、意愿性弱	典型陈述语气	他	任何动词	任何	句号	他帮助过我。
确定性强、意愿性中	陈述祈使语气	我、我们（你/你们）	自主可控	将来	句号/感叹号	我要帮助你。我要求你帮助我！
确定性强、意愿性强	典型祈使句	你	自主可控	将来	感叹号	你帮助我！

　　从疑问到感叹，疑问语气逐渐减弱，感叹语气逐渐增强；反之，感叹语气逐渐减弱，疑问语气逐渐增强。疑问句的句末标点通常是问号，感叹句的句末标点通常是感叹号，但有一种问号和感叹号连用的情况，储泽祥[①]认为，问号和感叹号的连用显示了疑问语气和感叹语气的兼容，我们简称为问叹语气。疑问语气与感叹语气之间的连绵性表现如例（28），越往左疑问语气越强，越往右感叹语气越强。

　　（28）这满街的人都成了工程师了？这满街的人不都成了工程师

---

① 储泽祥：《语气兼容与句末点号的连用》，《语文建设》1998年第1期。

了？这满街的人不都成了工程师了?！这满街的人真神了！

$\longleftrightarrow$

　　　　是非问　　　反问　　<u>问叹</u>　　"真"感叹

表3-6　　　　　　　　问叹语气的句法语义特征

内在特征	语气	句类、韵律	句法标记	例句
确定性弱、情感性弱	典型疑问语气	问号	吗、疑问代词、疑问格式	今天热吗？
确定性中、情感性中	感叹疑问语气（问叹语气）	问号	疑问代词＋多（么）、这么/那么、好、真、可、太	这天气怎么这样闷热？
确定性强、情感性强	典型感叹语气	感叹号	多（么）、这么/那么、好、真、可、太＋语气助词、骂人的话语	这天气真是闷热呀！

　　从祈使到感叹，祈使语气逐渐减弱，感叹语气逐渐增强；反之，感叹语气逐渐减弱，祈使语气逐渐增强。有些表示命令的祈使句带有强烈的感情色彩，主要由光杆动词表现，兼有祈使和感叹语气。祈使语气与感叹语气之间的连绵性表现如例（29），越往左祈使语气越强，越往右感叹语气越强。

　　（29）你出去一下！你出去！出去！滚出去！

$\longleftrightarrow$

　　　　建议　　　命令　　<u>祈感</u>　　强叹

表3-7　　　　　　　　祈感语气的句法语义特征

内在特征	语气	例句
意愿性强、情感性弱	典型祈使语气	你去！
意愿性中、情感性中	祈使感叹语气	新年快乐！
意愿性弱、情感性强	典型感叹语气	新的一年太好了！

从祈使到疑问，祈使语气逐渐减弱，疑问语气逐渐增强；反之，疑问语气逐渐减弱，祈使语气逐渐增强。有一类句子形式上看是疑问句，实质上带有祈使的意义，袁毓林称之为边缘祈使句[①]，徐晶凝称之为施为疑问句[②]，毫无疑问，它是介于疑问和祈使之间的，是祈使语气和疑问语气的兼容，称为祈疑语气。祈使语气与疑问语气之间的连绵性表现如例（30），越往左祈使语气越强，越往右疑问语气越强。

(30) 你把箱子拎上楼！请你把箱子拎上楼。你可以把这箱子拎上楼吗？你把这箱子拎上楼了吗？

    建议   请求   祈疑   是非问

表 3-8   祈疑语气的句法语义特征

内在特征	语气	韵律	例句
确定性弱、意愿性弱	典型疑问语气	问号	你什么时候把门打开的？
确定性中、意愿性中	祈使疑问语气	问号	你可以把门打开吗？
确定性强、意愿性强	典型祈使语气	感叹号	把门打开！

根据上面的分析，陈述、疑问、祈使和感叹四种典型性程度高的语气和众多数量典型性程度低的语气见图 3-1。

四个圆圈里的陈述、疑问、祈使、感叹是第一层的四类语气，是上位概念，是典型语气，每个类再分下位类别，伸向不同的方向。离圆圈越近，表达圆圈里的语气越强烈，典型性程度越高；离圆圈越远，表达圆圈里的语气越弱化，典型性程度越低。框内是兼容语气，是两语气之间的过渡点，居于每条线的中央部分。[③] 图 3-1 之所以把陈述语气放在三角形的

[①] 袁毓林：《现代汉语祈使句研究》，北京大学出版社 1993 年版，第 9—10 页。
[②] 徐晶凝：《现代汉语话语情态研究》，昆仑出版社 2008 年版，第 125 页。
[③] 兼容的语气在实际使用中不一定处在正中央，中央区域更准确些，如：你能把门打开吗？根据语感它更靠近疑问一些，也可以通过语音设备检验出来。

正中间，主要考虑到语言运用中陈述语气的使用频率本身远远高于疑问、祈使和感叹语气。"必然"又是陈述中的主力，"很可能"和"可能"极少使用①，因此陈述周围只标上了"必然"。

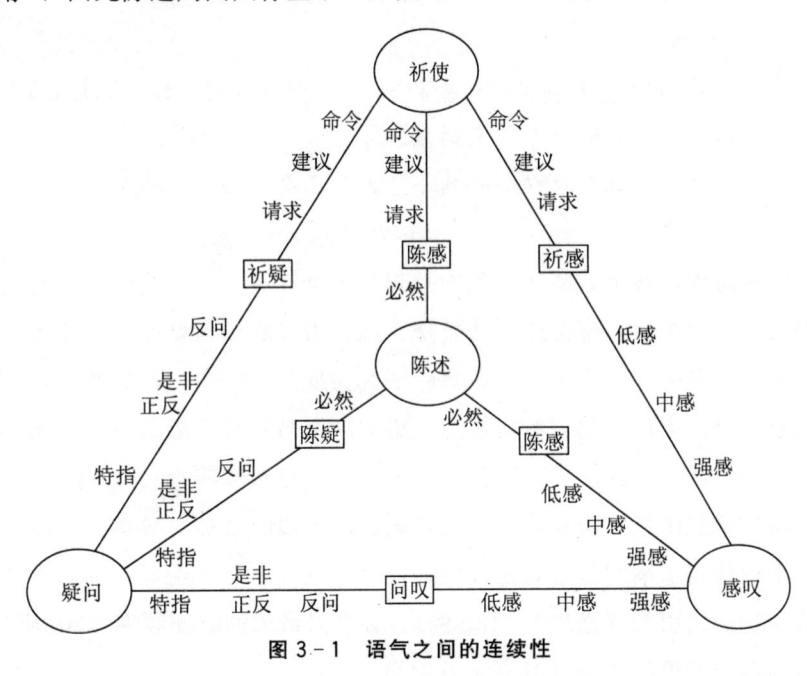

图 3-1 语气之间的连续性

二 典型性程度越低的异类语气组配频率越高

为了直观起见，我们引入距离的概念。距离，是指图 3-1 的每条边上，兼容语气左边的一个语气和右边的一个语气之间的距离。越靠近兼容语气的左右两边的语气，距离越近，典型性程度越低。离兼容语气越远的左右两边的语气，典型性程度越高。

（一）陈述语气次类与感叹语气次类的组配

图 3-1 中，陈述和感叹所在的这条线上，以陈感语气为参照，左边的必然为异类语气组配之一，右边的"真"感叹距离它最近，"太"感叹

---

① "必然"指说话人对句子命题确信的态度，判定其真实、可信，这符合合作原则中"质的准则"：不要说自知是虚假的话和不要说缺乏足够证据的话，而陈述语气的另外两类，"很可能"和"可能"都因说话人缺乏足够证据而极少使用，"必然"在陈述语气中占有绝对优势。

距离较远、强叹距离最远,组配起来,必然与"真"感叹组配的使用频率最高(46例),必然与"太"感叹的组配频率其次(39例),必然与强叹的组配频率最低(17例)。

(31)把它扛到六楼,你真了不起!＞把它扛到六楼,你太牛了!＞把它扛到六楼,好一个忠义的黑三郎!

必然＋"真"感叹＞必然＋"太"感叹＞必然＋强叹

三角形内的线上,陈述语气次类与祈使语气次类、陈述语气次类与疑问语气次类组配时,都按此方法类推。陈述语气次类与疑问语气次类组配时,必然为异类语气组配之一,另一语气为反问/是非正反/特指,反问离它最近,是非正反较远,特指最远,组配频率与距离远近成反比:必然与反问(116例)＞必然与是非正反(68例)＞必然与特指(49例)。

陈述语气次类和祈使语气次类组配时,下边的必然为异类语气组配之一,上边的请求离它最近,建议较远,命令最远,但组配起来时,必然与建议组配的使用频率最高①(180例),必然与请求的组配频率(30例)和必然与命令的组配频率(31例)次之。

因此,陈述疑问的连绵性线上,必然与反问是优势组配;陈述祈使的连绵性边上,必然与建议劝阻是优势组配;陈述感叹线上,必然与反问是优势组配。非优势组配,或者在我们语料中不存在的组配,往往是左右两边离兼容语气都很远的组配。三角模型图中的疑问感叹边上,特指和强叹类二者距离最远,没有组配;特指和太感叹较远,也没有组配。

(二)疑问语气次类与感叹语气次类的组配

疑问和感叹所在这条边上,以问叹句为参照,左边的反问为异类语气

---

① 说话人提议听话人实施某行为时,为了能保证达到目的,说话人一般都很有礼貌,做到礼貌原则中的"友好相待,即双方建立起一种平等的关系",祈使中的"命令禁止"太粗鲁,"请求乞免"又太谦卑,只有"建议劝阻"遵循了礼貌原则,因此在祈使语气中占绝对优势。语气的连绵性是异类语气组配的基础,也制约着异类语气组配的倾向性,但影响异类语气组配的因素,绝不限于语气的连绵性,首当其冲的是,语言的使用要遵循人类言语活动的基本原则——礼貌原则。

之一,右边的"真"感叹距离它最近,"太"感叹类距离较远,强叹距离最远;组配起来,反问与"真"感叹组配的频率最高(10例),反问与"太"感叹,反问与强叹组配的频率都较低。反过来,"真"感叹为异类语气其一,反问、是非正反、特指从前到后距离它越来越远,"真"感叹与它们的组配频率也就越来越低:10例>6例>2例。

(32) 下这样大的雨,你出去走?>下这样大的雨,你还出不出去走?>下这样大的雨,你什么时候出去走?

"真"感叹+反问>"真"感叹+正反>"真"感叹+特指

(33) 下这样大的雨,你出去走?>雨下得太大了,你出去走?>你个糊涂东西,现在出去走?

"真"感叹+反问>"太"感叹+反问>强叹+反问

图3-1三角形的外边上,疑问和祈使、祈使和感叹组配时,都按此方法类推。因此,疑问和感叹的边上,反问和"真"感叹类是优势组配,但是疑问和祈使的边上,类推时出现了异常,下面专门讨论这种特例。

(三) 特例

祈使和疑问边上,建议劝阻和特指距离最远,建议劝阻和是非正反距离较之稍近,建议和反问距离最近,按理说,建议劝阻与反问组配的频率>建议劝阻与是非正反组配的频率>建议劝阻与特指组配的频率。但事实上,建议劝阻与特指(11例)>建议劝阻与反问(8例)>建议劝阻与是非正反(2例)。我们发现,建议劝阻与特指的组配,一般都是"建议劝阻"在前,并且"建议劝阻"所在的小句有"言说"类动词,如:

(34) 您就直说吧,究竟要多少钱?(曹禺《雷雨》)
(35) a. 不要胡言乱语的,你刚才究竟上哪儿去了?(曹禺《雷雨》)
   b. 不要胡言乱语的,(你说)你刚才究竟上哪儿去了?

例(34)直接用"说",例(35)用有言说意义的短语"胡言乱语",

短语后面可以加上"(你)说",那么后分句的特指问在逻辑意义上都是前分句"说"的宾语,但是因为前分句有语气助词"吧"和"的",形式上不好直接作"说"的宾语,一般不把它当作一个单句,而是处理为两个独立的单句,这里对"句"的处理造成了上面类推的特例。

三 典型性程度高的语气与典型性程度低的语气组配频率居中

图 3-1 三角模型上距离越近的语气,典型性程度越低,特征越不稳定,越容易受其他语气的影响。两个程度都很低的语气,互相受影响的空间更大,在语气意义或语气功能上容易和谐一致,更容易组配。而程度都很高的两个语气,都要保持自己的特征,都不肯低头与对方和谐,组配就难得多。

(一)低+低>低+中>中+中/低+高>中+高>高+高①

(36)您还说什么,睡去吧。

这是《雷雨》中的原句,是"反问+建议劝阻"的组配,属于"低+中",以此为基础,我们通过改变语气的强弱来看组配的可接受性。

(37) a. 您还说什么,请您回房休息吧。
　　　　反问(弱)+请求(弱)
　　 b. *您还说什么,去睡!
　　　　反问(弱)+命令(强)

前分句疑问语气弱,不改变,通过改变后分句的语气,我们发现往弱的方向走,如例(37)a,语气组配可接受,但往强的方向,如例(37)b,语气组配的可接受性差,说话人在前分句很礼貌地建议让"您"不要

---

① "低"指典型性程度低的语气,"中"指典型性程度不高也不低的语气,"高"指典型性程度高的语气。

说了，后分句突然以命令的方式让听话人"去睡"，态度相冲突，语气不趋同，组配困难。

如果后分句表建议的祈使语气不变，增加前分句的语气强度，语气组配的可接受性也差，前分句的是非问［如例（37）c］和特指问［如例（37）d］都要求听话人回答，但又没有给听话人机会回答，因为后分句马上又要听话人执行"去睡"的行为，语气功能相冲突。

(37) c. ＊您有事吗，睡去吧。
　　　　是非（中）＋建议（中）
(37) d. ＊您说什么，睡去吧。
　　　　特指（强）＋建议（中）

同理，下面的组配可接受性也差。

(37) e. ＊您说什么，去睡！
　　　　特指（强）＋命令（强）
(37) f. ＊您说什么，请您回房休息吧。
　　　　特指（强）＋请求（弱）

再来看有陈述语气下位类别的组配。

(38) 她遇人都很不如意，老爷想帮一帮她么？
　　a. 她遇人都很不如意，老爷难道不想帮帮她？
　　　　"必然"类＋反问（弱）
　　b. ？她遇人都很不如意，老爷想怎样帮帮她？
　　　　"必然"类＋特指（强）

这是"必然类＋是非正反"的组配，属于"必然＋中"，我们改变疑问语气的强弱，发现变弱的疑问语气与"必然"类可以组配，如例（38）a，变强的疑问与"必然"类组配，如例（38）b，可接受性差，因为说话人都还不知道"老爷"是否帮"她"，直接问"怎样帮"，语气意义的跳跃性太大。

（二）抽象公式

我们把下位异类语气组配的规律进一步抽象为公式，便于中文信息处理复句的语气。对于两种异类语气甲和乙，根据语气程度的强、中、弱，各分为三个次类：$甲_1$、$甲_2$、$甲_3$和$乙_1$、$乙_2$、$乙_3$，它们的组配遵循下面的优先序列：$甲_3+乙_3>甲_2+乙_3/甲_3+乙_2>甲_2+乙_2/甲_1+乙_3/甲_3+乙_1>甲_2+乙_1/甲_1+乙_2>甲_1+乙_1$。如果甲是陈述或者祈使的一个次类，甲类就只有一个$甲_1$，上面公式简化为：$甲_1+乙_3>甲_1+乙_2>甲_1+乙_1$。其实，它们是按照下标数字之和从大到小排列的。

第四节　趋同性：分句语气的典型性程度影响异类语气组配的总体规律

达尔文的进化论认为生物之间存在着生存斗争，适应者生存下来，不适应者则被淘汰，这是自然的选择。凡是生存下来的生物都是适应环境的，而被淘汰的生物不适应环境，这是适者生存。适应就是认同自然界、趋同于自然界。自然界的万物以趋同为主流，趋异为少数，人类的语言交际也遵循这个原理。

一　接近性

在人类社会中，交际主体之间在语言表达或话语选择中也要"相似吸引"（similarity-attraction）。Giles，Powesland和Coupland等学者于20世纪70年代初提出了"适应论"（accommodation theory）[①]。双方之间的话语越相似，说话人的话语就越具有吸引力，就越容易被对方所理解或接受，就越体现语言的适应性。说话人的话语信息越倾向于听话人，或从听

[①]　冉永平：《冲突性话语趋异取向的语用分析》，《现代外语》2010年第2期。

话人的视角进行语言选择等，他们之间就越容易相互吸引，成为"趋同取向"（convergence orientation）。反之，交际双方之间的话语差异越大，对听话人来讲，说话人的话语就越不具有吸引力，越不容易被接受，就会出现交际双方之间的相互排斥与对立，称为"趋异取向"（divergence orientation）。趋异取向表现交际双方之间的对立与对撞，往往给人的关系带来负面效应，解构人际关系。

以本书的研究对象来说，同类语气组配是因为类型完全一致，比异类语气组配的频率高出许多。两个典型性程度都高的异类语气之间差异较大，组配频率较低；两个典型性程度都低的异类语气之间相同较多，组配频率较高；一个典型性程度高的语气和一个典型性程度低的语气在异同点居于上面两种情况中间，组配频率介于中间。

典型性程度高的陈述、疑问、祈使和感叹语气两两异类组配，也是因为存在一定的相同特征。陈述语气与疑问/祈使/感叹语气组配时，语气的内在特征有两项相同，而疑问、祈使、感叹语气两两组配时，只有一项特征相同，因此，陈述语气与疑问/祈使/感叹语气更接近，更趋同，它们的组配是优势组配。

二 整体性

两个或两个以上成分因为接近才能组合在一起，组成后的对象必须保持整体性，内部成员之间要和谐相处，否则就会分崩离析，失去了组合的意义。Spencer-Oatey[①]使用术语"和谐取向"（rapport orientation），认为和谐取向是人际交往的一个基本取向，并影响语言形式、交际策略等的选择，因为交际的目的通常在于实现人际和谐。Ting-Toomey 和 Cocroft 使用术语"相互支持"（mutual support）[②]，提出相互支持是人际交往的又一大取向，即在多数情况下，说话双方会相互支持，共同维护话语持续直至其完整充分。这些观点表明：和谐是人类交际获得成功的必须，和谐的

---

① Spencer-Oatey, Helen eds., *Culturally Speaking: Cultures, Communication and Politeness Theory*. Continuum international Publishing Group, 2008, p. 31.

② Ibid., pp. 31 – 32.

交际促成和谐的语言，就是语言和谐。冯广艺[①]指出语言和谐中的"和谐"有五个方面的内容：语言人——文明和善、语言体系——规范纯洁、语言关系——平等互惠、语言发展——井然有序、语言运用——恰当有效。我们这里只涉及其中之一——平等互惠的语言关系，冯广艺认为，不同种类的语言之间平等接触，语言使用者对语言平等公正选择，将这种观点运用到复句研究，则是指复句内分句之间的冲突性较少，平等相似性较多。

分句之间冲突性少的一个方面，可以表现为分句语气尽量一致，复句更稳定。分句语气组配时优先考虑分句语气一致的情况，不一致的语气组配较少。典型性程度低的语气比典型性程度高的语气更容易与其他语气组配，正是因为典型性程度低的语气形式语义特征都不太突出，更靠近与它组配的语气，容易和谐相处；典型性程度高的语气的形式语义特征非常明显，放在一起时不一致程度高，冲突也就多，不利于复句稳定，组配起来比较困难，是非优势组配。

总之，任何附载在小句上的语气单独使用是没有限制的，但是两种语气放在一起构成一个语气组配是有选择的，形成的语气组配的使用频率也一样，使用频率高的语气组配往往是因为两种语气有较多的相同特征。

第五节　小结

语气根据语义特征和句法表现可以分为典型性程度高的语气和典型性程度低的语气。不同语气之间之所以可以组配，是因为它们有或多或少的相似之处。典型性程度高的语气之间组配频率低，是因为语气之间在特征上差别较大。（＋确定性）、（＋意愿性）和（＋情感性）是陈述、疑问、祈使和感叹四种语气都有的三个内在特征，但是这三个特征在每种语气里表现的强弱程度不同。语气与语气之间在特征的强弱等级上相同数量越多，语气组配的频率就越高。陈述语气无论与哪一种语气组配，都共享两项特征，而没有陈述语气的疑问、祈使、感叹两两组配时都只共享一项特

[①]　冯广艺：《语言和谐论》，《修辞学习》2006年第2期。

征，因此，有陈述语气的组配优先于没有陈述语气的组配。

确定性、意愿性和情感性的程度被中等化以后，形成典型性程度低的语气，以陈疑、陈祈、陈感、祈疑、疑感、祈感为代表，它们的特征因为与所组配语气更接近，优先于对应的典型语气与其他语气的组配。比如说，陈述语气的意愿性弱，增强意愿性后使意愿性变成中等强度，成了典型性程度低的陈祈语气，陈祈语气与祈使语气的组配优先于陈述语气与祈使语气的组配。

陈述语气根据确定性程度、疑问语气根据疑问程度、祈使语气根据意愿性程度、感叹语气根据情感性程度，可分为各自的典型性程度高、典型性程度中和典型性程度低的下位类别。典型性程度都低的语气在特征上更接近，优先组配，而典型性程度都高的语气要保持自己典型的特征，组配比较困难。

所有语气组配都表现出一个特点：不同语气之间的组配一定要建立在语气间拥有某些相同特征的基础之上，相同特征越多，组配起来就越容易，语言使用频率就越高。

第四章 分句语气的焦点表述形式对分句语气异类组配顺序及频率的制约

前一章从分句语气的语义特征分析了语气典型性程度对异类语气组配的影响，这一章将从分句语气的句法表现形式分析语气焦点表述形式对分句语气异类组配的影响。在定量统计的基础上对前一章的结论进行验证和补充。

分句语气的表现形式主要是语调，因语调要借助语音实验设备完成，目前还有难度，因此，分句语气的焦点表述形式如语气助词、语气副词和助动词就成为重要的句法表现。本章的研究主要基于小说和戏剧20多万字的语料，642例异类语气组配中使用这些成分的情况，分析使用了这些语气成分的异类语气组配中，各语气成分对所表达的语气在语气组配中造成的影响。另外，对于我们语料库里没有用例的异类语气组配，还扩大至北京大学现代汉语语料库，以增加研究结果的可信度，但仅是少数。

第一节 语气助词对分句语气异类组配顺序及频率的制约

一 语气助词相关研究回顾

语气助词是汉语语气的重要表现形式，一直受到学界的重视，越来越多的学者从不同角度研究语气助词，取得了丰富的研究成果。

（一）语气助词的多角度研究

语气助词的研究包括语气助词的来源研究[①]，语气助词的英译研究[②]，语气助词的语音研究[③]，对外汉语教学中语气助词的研究[④]，方言或少数民族语言中的语气助词研究[⑤]，语气助词的功能研究[⑥]，几种语言中语气助词的对比研究[⑦]，古汉语中的语气助词研究[⑧]等，这些都是以语气助词为研究对象，但是语气助词与其他语法范畴的互动研究较少，主要包括：语气助词与语气副词的共现规律[⑨]、广东话句末语气助词对句子表述性的作用[⑩]等。本章研究的是语气助词对所表达语气形成异类语气组配的影响，这方面的参考文献很少，希望研究结论能深化对语气助词的认识。

尽管语气助词的研究角度多样，研究成果丰富，但是在我们将语气助词与其他语法范畴结合起来研究时，还是必须得从语气助词本身的句法语义特点出发。下面我们回顾一下这方面已经取得的成果。

（二）语气助词的语气意义研究

语气助词有句中和句末两种使用位置，位置不同，语气意义稍有不同。句中语气助词的语气意义以张伯江、方梅[⑪]的研究为代表，他们指出：

[①] 江蓝生：《疑问语气词"呢"的来源》，《语文研究》1986年第1期。钟兆华：《论语气词"吗"的形成与发展》，《语文研究》1997年第1期。孙锡信：《近代汉语语气词》，语文出版社1999年版，第140—160页。齐沪扬：《语气词与语气系统》，安徽教育出版社2002年版，第69—138页。

[②] 黄忠廉、焦鹏帅：《汉译：捕捉原作的生命气息——以〈死魂灵〉汉译语气助词为例》，《外语教学》2011年第1期。

[③] 李明：《语气助词的音高分析》，《世界汉语教学》1996年第4期。张彦：《陈述语气的语气词实验分析》，《语言文字应用》2006年第4期。

[④] 李顺喜：《对外汉语口语教学中的语气助词》，《北京第二外国语学院学报》1999年第4期。

[⑤] 林天送、范莹：《闽南话的语气助词》，《汉语学报》2011年第1期。张邱林：《河南陕县方言表将然的语气助词"呀"构成的祈使句》，《中国语文》2007年第4期。张定京：《哈萨克语知情语气助词》，《民族语文》2001年第6期。

[⑥] 屈承熹：《汉语认知功能语法》，黑龙江人民出版社2005年版，第128—174页。

[⑦] 綦甲福、邵明：《德语情态小品词与汉语语气词对比分析》，《解放军外国语学院学报》2010年第6期。戴昭铭：《汉语语气助词的类型学价值》，《汉藏语学报》2010年第4期。

[⑧] 高列过：《东汉佛经疑问句语气助词初探》，《古汉语研究》2004年第4期。龙国富、叶桂郴：《中古译经中的假设语气助词"时"》，《古汉语研究》2005年第2期。

[⑨] 齐春红：《现代汉语语气副词研究》，华中师范大学博士学位论文，2006年。

[⑩] 方小燕：《广州句末语气助词对句子表述性的作用》，暨南大学博士学位论文，2002年。

[⑪] 张伯江、方梅：《汉语功能语法研究》，江西教育出版社1996年版，第36—42页。

"啊"、"吧"是主位标记,不带语气意义,"嘛"、"呢"并不总是主位标记,有时还带有语气意义。鉴于我们的研究对象是分句语气,只涉及句末语气助词,下面就重点回顾句末语气助词的语气意义的研究。

吕叔湘总结了语气助词在不同句法分布中的不同意义,如"啊"用在陈述句末,表示解释或提醒对方;用在祈使句句末,表示请求、催促、命令、警告;用在有疑问代词的问句或选择问句中,缓和语气。[①]

胡明扬使用添加或去掉语气助词的方法,研究了语气助词的语气意义,认为现代汉语的七个主要语气助词(啊、吗、吧、呢、嚜、的、了)的语气意义可以归为4大类:陈述、疑问、祈使和感叹,其中陈述又分为肯定、不肯定、强调、当然。[②]

储诚志使用最小差异对比法分析了带"啊"的例句以及对应的不带"啊"的例句,归纳了"啊"的语气意义只有一个"缓和"。[③]

许多学者深入研究了个别语气助词的语气意义[④],但是语气助词的语气意义在不同语境中是不同的,很难用一个意义进行归纳。徐晶凝[⑤]则从原型理论出发,找出语气助词的原型意义,在不同语境中的意义都是从原型意义引申而来的。比如,将"啊"、"吧"、"呢"、"嘛"、"呗"这几个语气助词放在陈述句、疑问句、祈使句、感叹句末环境中,考察语气助词的原型意义,发现"啊"是强传信式告知求应,"呢"是说话人在双方共享预设的基础上点明某一点,提请听话人注意,"吧"是说话人对语句内容作出的弱传信式推量,并交由听话人确认,"嘛"是强传信式论理劝求,并暗示听话人应当接受,"呗"是述唯弃责。

齐沪扬[⑥]则把语气助词看作一个整体,研究单个语气助词语义的同时,还兼顾语气助词之间的关系。他认为,语气助词的表义功能是传信和传

---

① 吕叔湘:《现代汉语八百词》,商务印书馆1999年版,第46—47页。
② 胡明扬:《语气助词的语气意义》,《汉语学习》1988年第6期。
③ 储诚志:《语气词语气意义的分析问题——"啊"为例》,《语言教学与研究》1994年第4期。
④ 徐晶凝:《语气助词"呗"的情态解释》,《语言教学与研究》2007年第3期。卢英顺:《"吧"的语法意义再探》,《世界汉语教学》2007年第3期。
⑤ 徐晶凝:《现代汉语话语情态研究》,昆仑出版社2008年版,第136—200页。
⑥ 齐沪扬:《语气词与语气系统》,安徽教育出版社2002年版,第190—191页。

疑，并且传信和传疑之间可以建立一个连续统，如果语气助词的传信功能在连续统的左边，传疑功能在连续统的右边，典型语气助词的表义功能将呈离散状态分布在连续统上。

(三) 语气助词的句法特点研究

语气助词的句法分布问题。语气助词有两种位置，句中位置和句末位置。所有语气助词都能位于句末，黏附在它前面整个句子之后，并赋予这个句子一定的语气作用，而句中语气助词只表示句中停顿，并且不是所有的语气助词都能位于句中。张谊生认为，句中语气助词主要包括"啊、呢、吧、么、嘛、哪、啦"几个[1]，而实际上主要是四个："吗、呢、吧、啊"[2]。齐沪扬根据句中语气助词停顿时间的长短不同，进一步将句中语气助词分为三类：句中位置$_1$、句中位置$_2$、句中位置$_3$，并探讨了它们出现的句法环境。[3]

语气助词的连用问题。朱德熙把语气词分为三组：第一组，表示时态的语气词"了、呢$_1$"；第二组，表示疑问或祈使的语气词"呢$_2$、吗、吧$_1$、吧$_2$"；第三组，表示说话人的态度或情感的语气词"啊"。进而指出：语气词连续出现时，总是第一组在最前边，第二组次之，第三组在最后；当中可以有缺位，但次序不能颠倒。[4] 丁恒顺讨论了"的、了、么、吧、呢、啊"六个语气助词的连用，更细致观察了"的了"、"的么（吗）"、"的呢"、"的吧"、"的啊"、"了么（吗）"、"了呢"、"了吧"、"么啊"、"呢啊"、"的么"、"了吧"的使用。[5] 他们的研究结论互为补充，结论可靠。

本节尝试把语气助词的研究结果运用到复句领域，重点分析语气助词的句法语义特点对二合复句中分句语气异类组配的显著影响。

---

[1] 张谊生：《现代汉语虚词》，华东师范大学出版社2000年版，第281页。
[2] 张伯江、方梅：《汉语功能语法研究》，江西教育出版社1996年版，第36—42页。
[3] 齐沪扬：《语气词与语气系统》，安徽教育出版社2002年版，第145页。
[4] 朱德熙：《语法讲义》，商务印书馆1982年版，第208—209页。
[5] 丁恒顺：《语气词的连用》，《语言教学与研究》1985年第2期。

二 语气助词的语义特点对分句语气异类组配顺序及频率的制约

（一）语气助词的传信传疑对异类语气组配顺序及频率的制约

齐沪扬研究了语气助词的表义功能，指出语气助词可以"传信"和"传疑"，6个语气助词呈离散状态分布在从传信到传疑的连续统中：的、了、呢$_2$、啊、吧、呢$_1$、吗；越是左边的语气助词，传信度越高、传疑度越低；越是往右边的语气助词传信度越低、传疑度越高。[①] 他对语气助词的语义解释很有说服力，值得借鉴。既然"吧"主要用于祈使语气，其次用于疑问语气，那么它也可分成表疑问的"吧$_1$"和表祈使的"吧$_2$"，加入到传信、传疑的连续统中即为：的、了、呢$_2$、吧$_2$、啊、吧$_1$、呢$_1$、吗。

1. 传疑度高的语气助词所表达的语气前置的频率很低

将带有传信和传疑语气助词的语气分别替换在前分句时，前者大多可以接受，而后者的接受度很低。如：

(1) a. 后悔没有用，谁愿意尽做没有用的事情呢？

　　b. 后悔没有用的/了，谁愿意尽做没有用的事情呢？

　　c. *后悔没有用吧$_1$/吗，谁愿意尽做没有用的事情呢？

(2) a. 我还摸不着头脑，能写出来吗？

　　b. 我还摸不着头脑呢，能写出来吗？

　　c. *我还摸不着头脑吗/吧$_1$，能写出来吗？

例（1）a 和例（2）a 句中，前分句的陈述语气中没有语气助词。如果替换成由传信语气助词"的"和"了"表达的语气，句子也是合法的，如例（1）b 和例（2）b 句。如果替换成由传疑语气助词"吧$_1$"和"吗"表达的语气，则句子不合法，如例（1）c 和例（2）c 句。这是因为传信是已知信息，传疑是未知信息，而信息总是按照从已知到未知的顺序加以组织。

[①] 齐沪扬：《语气词与语气系统》，安徽教育出版社2002年版，第191页。

传疑语气助词表达的语气，即使可用在前分句，也只能是传信成分多的"吧₁"或者"啊"，如例（3）a 和 b，而不能是传信极少的"呢₁"和完全不传信的"吗"，如例（3）c 和 d。

(3) a. 你很冷吧，我去给你拿件毛衣。
　　b. 你是不是很冷啊，我去给你拿件毛衣。
　　c. *你怎么会冷呢，我去给你拿件毛衣。
　　d. *你很冷吗，我去给你拿件毛衣。

传疑语气助词"呢₁"和"吗"表达的语气一般不用在前分句，用在后分句却很自然。如例（1）和例（4）。

(4) 你就知道说我，你自个儿不也是光棍儿一个人吗？

另外，语气助词的传疑度越高，所在分句在语气组配中越靠后。三个或更多异类语气组配时，传疑度最高的语气助词所在的分句通常出现在句末。如：

(5) 我一听就傻了，我可不是什么名模呀，这样的演出不是欺世盗名吗？

例（5）有三个语气助词，第一分句用语气助词"了"，第二分句用"呀"，第三分句用"吗"。从传疑特点上看，"了"不传疑，"呀"是"啊"的变体，基本不传疑，"吗"传疑度最高，它们的组合格局是：不传疑＋基本不传疑＋传疑。

2. 传信度高的语气助词所表达的语气组配频率高

传疑语气助词所表达的语气一般只能在后分句，如例（1），而传信语气助词所表达的语气，既可以在组配的前分句，也可以在组配的后分句。如：

(6) 哥总是瞎说八道的——他跟您说了什么？

(7) 爸爸，您别又穷疯了，胡说乱道的。

传信语气助词所表达的语气有时可以和另一语气调换顺序，如例（8）和例（9），说明它所表达的语气在位置上受限的可能性较小。

(8) a. 爹，你快躲起来，爷爷要来揍你了。

　　b. 爹，爷爷要来揍你了，你快躲起来。

(9) a. 你别犯愁啦，我儿子会光宗耀祖的。

　　b. 我儿子会光宗耀祖的，你别犯愁啦。

传信度越高的语气助词，所表达的语气前置的频率越高。我们检验了301例二合复句，发现前分句使用语气助词的异类语气组配频率从高到低依次为：陈述＋疑问/祈使/感叹（83例）＞祈使＋陈述/疑问/感叹（48例）＞感叹＋陈述/疑问/祈使（14例）＞疑问＋陈述/祈使/感叹（3例）。分析后可知，这个顺序其实是语气助词传信度从高到低的顺序：表陈述的语气助词"了"、"的"、"呢$_2$"传信度最高，在前分句的频率最高；表疑问的语气助词"吗"、"吧$_1$"、"呢$_1$"传信度最低，在前分句的使用频率最低。

传信义语气助词表达的语气在后分句的使用频率也较高，和传疑义语气助词在后分句的频率基本持平。在301例语气助词的异类语气组配中，后分句使用传信语气助词的有100例：疑问/祈使/感叹＋陈述（49例）＞陈述/疑问/感叹＋祈使（33例）＞陈述/疑问/祈使＋感叹（18例），使用传疑语气助词的有101例：陈述＋疑问（81例）＞祈使＋疑问（10例）＞感叹＋疑问（10例）。

（二）语气助词的强化弱化对异类语气组配顺序及频率的制约

大多语气助词对所在小句的语气可以起到强化作用，如疑问语气助词"吗"、"呢"可以加强疑问程度，感叹语气助词"啊"可以加强感叹程度，陈述语气助词"了"、"的"可以加强肯定程度，这些语气助词具有强化小句语气的功能，属于强化语气助词，而祈使语气助词"吧"具有缓和祈使的功能，属于弱化语气助词。

  （10）a. 他回来了？
     b. 他回来了吗？
  （11）a. 这小姑娘真漂亮！
     b. 这小姑娘真漂亮啊！
  （12）a. 他肯定会回来。
     b. 他肯定会回来的。
  （13）a. 把衣服穿上！
     b. 把衣服穿上吧！

  语气助词加强语气程度的大小，可以根据听话人的反馈来判断。如果听话人必须对说话人的话语作出反应，表明语气强度较大；如果听话人不必作出反应，表明语气程度较小。例（10）a"他回来了？"可以是自问自答，但例（10）b"他回来了吗？"是向听话人询问，要求给出答案。这就是说，"吗"的使用加强了疑问，疑问程度最大。例（13）a"把衣服穿上！"是命令，听话人必须执行；例（13）b"把衣服穿上吧！"是建议或乞求，听话人不一定执行，这就是说，"吧"的使用弱化了祈使语气。语气助词按照加强语气作用的大小可以依序排列为：吗＞呢$_1$＞吧$_1$＞啊、呢$_2$、了、的＞吧$_2$，越往左，语气助词的强化功能越强，越往右，语气助词的弱化功能越强。

  1. 弱化语气的语气助词所表达的语气在组配中的前置频率高

  考察发现，只有弱化语气的语气助词，其后才可以用逗号，这为其所表达的语气在组配中前置创造条件。祈使句中的"吧"表建议劝阻语气，比命令禁止的语气弱，前者句末通常用逗号，后面紧跟一个分句，构成前果后因的异类语气组配，如例（14），而后者虽说句末没有语气助词，但因命令禁止语气强烈，后面几乎不能用逗号，只能用感叹号，因而与后分句构成的是句群，如例（15）。就疑问语气而言，"吗"的疑问语气最强，后面多用问号构成句群，如例（16）；"呢"和"吧"的疑问语气较弱，可见使用逗号，如例（17）。

(14) 好，你走吧，我也想睡了。
(15) 滚出去！我恨你！
(16) 你找长军吗？他上县城了。
(17) 你找长军吧，他上县城了。

同一语气助词，弱化语气的作用越强，见于前分句的频率越高。"吧$_1$"表疑问，强化语气，"吧$_2$"表祈使，弱化语气，因而"吧$_2$"表达的语气前置的频率（14例）高于"吧$_1$"前置的频率（0例）。同理，"呢$_1$"表疑问，强化疑问语气；"呢$_2$"用在陈述语气中表夸张，强化陈述语气，两者相比，前者比后者更强化，也就是说，后者弱化成分多些。我们的语料显示，它们在前分句的使用频率都较低："呢$_2$"1例，"呢$_1$"0例，但在CCL中我们也只找到"呢$_2$"在前分句的例子，没有找到"呢$_1$"在前分句的例子。

(18) 全世界除了闹灾荒，剩下的人就都在闹离婚呢，多么幼稚的人们啊！
(19) 我还摸不着头脑呢，能写出来吗？

弱化语气助词所表达的语气，在异类组配中也可以后置，但通常情况下，弱化语气助词后置时，前分句不再有语气助词，如：

(20) 那，那我也不知道，你来说吧！

弱化语气助词前置的频率高于强化语气前置的频率，这符合人类情绪的发展规律。先是缓和的语气，随着情绪的高涨，后面还可能有语气，这种缓和的语气慢慢加强，达到顶峰；一旦语气特别强烈，到达顶峰之后，相应的话语就终结了，这种强烈的语气就成了最后位置。

2. 强化语气的语气助词所表达的语气在组配中的后置频率高

强化语气的语气助词，所表达的语气不能靠前，如例（2）c 和 d，而是通常居后，如例（1）a 和（3）。我们的语料也显示：异类语气组配中，前分句无语气助词、后分句有语气助词的用例共有 153 例，用得最多的语气助词是最具强化功能的"吗"（40 例），其他强化疑问语气的语气助词的置后频率为"呢"（8 例）和"吧"（4 例），但因为它们强化程度不如"吗"，因而频率较低，这说明语气助词的强化作用越大，所表达的语气越容易在语气组配中后置。

两个或多个语气助词出现在语气组配中时，最具强化功能的语气助词往往出现在最后。如：

（21）人家有王寿南的儿子了，还要你吗？
（22）你说的对极了，干这行是真苦啊。

例（21），"吗"的强化作用大于"了"，因而出现在"了"之后；例（22），"啊"的强化作用大于"了"，出现在"了"后。这正好印证了齐沪扬的观点："如果句子中有两个句末语气助词，一般来说表示疑问和感叹语气的语气助词居末。"但是，表疑问和感叹的语气助词同时出现时，疑问语气助词因为强化作用大而居后，如例（23）。最有说服力的是"啊"在"感叹＋疑问"组配中同时出现时，表感叹的"啊"在前，表疑问的"啊"在后，顺序不能颠倒，如例（24）。

（23）多少年锲而不舍的奋斗啊，难道就这样放弃吗？
（24）多好的工人啊，这可咋办啊？

三 语气助词的句法特点对分句语气异类组配顺序及频率的制约

（一）语气助词的完句能力对异类语气组配顺序及频率的制约

一个不能独立的句子，通过添加句末语气助词，变成独立的句子，语气助词在其中所起的作用即为完句功能。如：

(25) a. *他回家。
　　　b. 他回家了。
(26) a. ? 莲生你十点钟还有事情。/?
　　　b. 莲生你十点钟还有事情吧？

语气助词的完句功能有两种：时间完句功能和感情完句功能。如例（25）a 不自足，添加语气助词"了"后，成了自足的例（25）b，"了"的这种完句功能与时间因素有关，表现动作在时间上的变化，称为语气助词的时间完句功能。例（26）a 自足性较差，即使勉强接受，也存在两种解释：一为祈使，告诉听话人还有事情要做，句末用句号；二为疑问，询问听话人是否还有事情要做，句末为问号。而例（26）b 增加了语气助词"吧"，不仅句子自足了，语气也变得单一，表疑问，"吧"的这种完句功能表明了说话人对说话内容的一种估计态度或感情，称为语气助词的感情完句功能。

齐沪扬[①]认为，具有时间完句功能的语气助词有"了、呢、的、吧"，具有感情完句功能的语气助词有"呢（夸张）、吧（揣测）、啊、啦、哪、呗"。我们通过分析认为，语气助词都有感情完句功能，不过程度不同："了"的时间完句功能最大，感情完句功能最小；"呢$_1$"、"的"、"吧$_2$"的感情完句功能较"了"大；"呢$_2$"、"吧$_1$"、"啊"的感情完句功能最大，时间完句功能最小。

(27) 走得慢吞吞的，怕我们听见，是不是？
(28) 你说吧，你预备怎么样呢？

例（27）中语气助词"的"针对正在发生的事情，主要起时间完句功

[①] 齐沪扬：《语气词与语气系统》，安徽教育出版社 2002 年版，第 202—204 页。

能,同时还表达对动作行为的肯定,具备感情完句功能;例(28)中语气助词"吧"减缓了祈使语气,体现对听话人的尊重,"呢"表达了一种挑衅态度,它们的主要功能是感情完句。

1. 时间完句功能强的语气助词所表达的语气组配频率高

在我们的语料中,时间完句功能最强的"了"在前分句的有93例,在后分句的有66例,其表现的语气在组配中频率最高;时间完句功能居中的"吧$_2$"在前分句的有25例,在后分句的有29例,其组配频率居中;时间完句功能最弱的"啊"在前分句的有10例,在后分句的有15例,组配频率最低。

当多个语气助词出现时,时间完句功能越强的语气助词,表现的语气越是靠前。如:

(29)这事是我答应下来<u>的</u>,由我负责<u>吧</u>!
(30)同志们,山上不能停留,坐下去就起不来<u>了</u>,不活动就会冻僵<u>的</u>,加油<u>啊</u>!

例(29)中语气助词"的"的时间完句功能强于"吧",所以"的"所在分句在前,"吧"所在分句在后。例(30)中三个语气助词"了、的、啊"也是按照时间完句功能的强弱依次排列的。

时间完句功能的语气助词所表现的语气置后时,前分句一般没有语气助词,如例(31)。即使有,也是表示弱化语气的"吧"、"啊",如例(32),此时两个分句可以调换顺序。

(31)我好心交个朋友,难道又是我错<u>了</u>?
(32)听爸爸的话<u>吧</u>,爸爸的脾气你是知道<u>的</u>。

2. 感情完句功能强的语气助词所表达的语气在组配中一般置后

使用感情完句功能的语气助词,既是完整句子的需要,更是表达强烈感情的需要。感情完句功能越强的语气助词越倾向于出现在组配的后分句。如：

(33) 一件事做错了，你难道不后悔吗？
(34) 你们给我找啊，我的大儿子呢？

两个语气助词连用时的感情完句功能比单用时表达的感情更强，其所在分句同样居后。如：

(35) a. 听说你们中间党员不少啊，公开了吗？
　　　b. 听说你们中间党员不少啊，公开了？
(36) a. 咱们先走吧，没看见爸爸正忙着呢吗？
　　　b. 咱们先走吧，没看见爸爸正忙着吗？

例（35）和例（36）的 a 句句末都是两个语气助词连用的例子，其疑问语气都比 b 句强烈，是话语的终结。在特定语境中，b 句中的两个语气可以换位，但 a 句中的两个语气无论如何都不能换位，语气助词连用的分句必须居后。

语气助词和语气副词或/和特定表达语气的句式连用时，表达的语气或感情也相当强烈，所表现语气的分句也往往是在后位。

(37) a. 我们的事你不懂，就别再操心了。
　　　b. 我们的事你不懂，别操心了！
　　　c. ? 就别再操心了，我们的事你不懂。
　　　d. 别操心了，我们的事你不懂。

例（37）a 句中使用了语气助词"了"，同一分句里还有副词"就"和"再"，祈使的语气或感情较 b 句要强得多，传达了说话人非常厌烦的情绪，即强烈要求听话人不要"操心"。因此，带有祈使感情完句功能的语气助词表现的祈使语气居后，如果祈使语气置前，句子的可接受度会大大降低，如例（37）c。比较而言，没有语气副词的例（37）b，只用了语气助词"了"的例（37）d，就能较自然地出现在组配的前分句。

（二）语气助词的单用和配对使用对异类语气组配频率的制约

语气助词在小句中可以单用，也可以连用。① 二合复句中，语气助词只出现一个在分句句末，是语气助词的单用；出现两个或两个以上的语气助词，如果一起置于分句句末，称作连用；如果分开位于不同分句的句末，各自传达所在分句语气，称作配对使用。

(38) 别走，话还没完呢。
(39) 您留几句回家说吧，这是人家周公馆。
(40) 凤霞死了也有些日子了，能忘就忘掉她吧。
(41) 急坏了，咱们心里不就消停了吗？

例（38）和例（39）都是语气助词的单用，其中例（38）中的语气助词在后分句，例（39）中语气助词在前分句。例（40）和例（41）是语气助词的配对使用，其中例（40）中每个分句句末都只有一个语气助词；例（41）前分句是语气助词的单用，后分句是语气助词的连用。

1. 单用的语气助词，所表达的语气组配频率高

单用的语气助词在语气组配的前后位置都大量存在，但是居后位的多于居前的。50万字语料中异类语气组配的使用频率是：前分句无、后分句有语气助词的用例153个；前分句有，后分句无语气助词的用例100个。在这153个置后语气助词中，"吗"、"呢$_1$"、"吧$_1$"共74例，"吧$_2$"14例，"啊"11例，"了"和"的"共54例，疑问语气助词置后的用例最多。在100个置前的语气助词中，"了"和"的"有79例，"吧$_2$"14例，"啊"6例，"吗"、"呢$_1$"、"吧$_1$"只有1例，陈述语气助词置前的用例最多。

---

① 朱德熙：《语法讲义》，商务印书馆1982年版，第208—209页。

2. 语气助词配对使用顺序对异类语气组配频率的影响

表 4-1　　语气助词的配对使用对异类语气组配的选择

语气助词在前分句	语气助词在后分句	异类语气组配及频率（共48例）
了（24例）	了	陈述＋祈使2例、陈述＋感叹1例、祈使＋陈述2例
	的	祈使＋陈述2例
	吗	陈述＋疑问6例、感叹＋疑问1例
	吧	陈述＋疑问1例、陈述＋祈使5例
	呢	陈述＋疑问1例
	啊	陈述＋疑问1例、陈述＋祈使2例
的（7例）	吗	陈述＋疑问1例
	了	陈述＋疑问2例、祈使＋疑问1例、疑问＋陈述1例
	吧	陈述＋祈使1例、感叹＋祈使1例
吗（1例）	啊	疑问＋陈述1例
呢$_2$（8例）	了	祈使＋陈述7例
	的	陈述＋疑问1例
吧$_2$（4例）	呢	祈使＋陈述1例、祈使＋疑问1例
	的	祈使＋陈述2例
啊（4例）	吗	陈述＋疑问1例
	了	祈使＋陈述1例、感叹＋陈述1例
	呢	祈使＋疑问1例

从上表可以看出，语气助词配对使用时，表示陈述的语气助词置前最多。当"了"在前时，6个语气助词都可以与之组配，使用频率最高，其中，"了……吗"、"了……吧"配对使用频率相对较高，表达的语气更容易形成相应的组配模式。具体而言，"了"表陈述，"吗"表疑问，"吧"表祈使，"陈述＋疑问"、"陈述＋祈使"组配模式的使用频率相对较高。"吧$_2$"、"啊"、"呢$_2$"表达祈使或感叹的语气在前后分句的频率大致相同，"吗"、"吧$_1$"、"呢$_1$"表达的疑问语气通常在后分句。表中的数据显示，配对语气助词表达的语气遵循着"前弱后强"的规律，也就是说，后面分

句的语气强于前面的分句。

(42) 我听到你的笑了,风沙,来吧!(陈述+祈使)
(43) 全世界除了闹灾荒,剩下的人就都在闹离婚呢,多么幼稚的人们啊!(陈述+感叹)
(44) 你怎么又躺下了,你快去把他找回来吧。(疑问+祈使)
(45) 说些别的吧,况且这样吵来吵去有意思吗?(祈使+疑问)
(46) 以后千万别这样了,多危险啊。(感叹+疑问)

异类语气组配没有遵循上述规律的,分句的顺序基本可以调换,使语气按"前弱后强"的规律在复句中组配。如:

(47) a. 您留着自己用吧,我走了。
     b. 我走了,您留着自己用吧。
(48) a. 好热的天啊,别热着了。
     b. 别热着了,好热的天啊。
(49) a. 你俩都去租别人家的地吧,我的地不够种了。
     b. 我的地不够种了,你俩都去租别人家的地吧。
(50) a. 下场雨多好呀,不然,庄稼都旱死了。
     b. 庄稼都旱死了,要是下场雨多好呀。

同一语气助词可以表达多种语气意义时,前分句一般表陈述,只有少数表祈使或感叹,后分句多表疑问。如:

(51) 吓得我冷汗都冒出来了,这太可怕了!
(52) 你太贫了,你是不是喝多了?

例(51)中前后分句都使用了语气助词"了",但前一个"了"表陈述,后一个"了"表感叹;例(52)中的语气助词"了",前一个"了"

表感叹，后一个"了"表疑问。同样，例（24）中前后两个语气助词"啊"，前一个"啊"表感叹，后一个"啊"表疑问。

语气助词的这种配对顺序显示了它们所表现的语气在 301 例异类语气组配中的使用倾向性："陈述"在前的组配（187 例）＞"祈使"在前的组配（78 例）＞"感叹"在前的组配（31 例）＞"疑问"在前的组配(5 例)。

第二节 语气副词对分句语气异类组配顺序及频率的制约

一 语气副词相关研究回顾

语气副词的概念是王力首次提出的："'难道'既是常居末品的，本身也就是副词的性质，所以在字典里它该是一种语气副词。"[①] 他还按照语气副词的意义将其分为八类：诧异语气（只、竟）；不满语气（偏）；轻说语气（倒、却、可、敢）；顿挫语气（也、还、到底）；重说语气（又、并、简直、就）；辩驳语气（才）；慷慨语气（索性）；反诘语气（岂、难道）。此后，学者们都谈到了语气副词的定义、范围、分类等问题[②]，但对语气副词的认识都比较模糊，分歧也较大。

直到 20 世纪八九十年代以后，语气副词的研究才取得了突破性的进展，我们重点回顾一下近年来语气副词研究的主要成果。语气副词的句法特点有：一些双音节语气副词可以单独成句[③]，语气副词之间可以连用和配合使用[④]，语气副词分布在不同句类和句型中以及不同分布的语用功能不同[⑤]。语气副词的语用功能有：语气副词最明显的特点是突出焦点、指明预设或限定指称[⑥]，语气副词具有高位表述和低位表述功能、评价功能和强调功能[⑦]。这些结论是从不同研究角度得出的，被后来的研究

---

① 王力：《中国现代语法》，商务印书馆 1985 年版，第 169 页。
② 吕叔湘：《中国文法要略》，辽宁教育出版社 2002 年版，第 234—257 页。
③ 陆俭明：《现代汉语副词独用刍议》，《语言教学与研究》1982 年第 2 期。
④ 史金生：《语气副词的范围、类别和共现顺序》，《中国语文》2003 年第 1 期。
⑤ 段业辉：《语气副词的分布及语用功能》，《汉语学习》1995 年第 4 期。
⑥ 张谊生：《现代汉语虚词》，华东师范大学出版社 2000 年版，第 48—52 页。
⑦ 齐沪扬：《语气副词的语用功能分析》，《语言教学与研究》2003 年第 1 期。

者所认同并大量引用。

也有学者对语气副词进行了聚类研究，某一类语气副词的研究：或然类语气副词[①]、"侥幸"类语气副词[②]、反诘类语气副词[③]、价值判断类语气副词[④]；某一部著作中全部语气副词的研究，如：《世说新语》中的语气副词[⑤]，《全宋词》中的语气副词[⑥]；某一个语气副词的全方位研究，如："毕竟"的语义语用分析[⑦]，语气副词"明明"的主观性和主观化[⑧]，语气副词"到底"的多角度研究[⑨]，语气副词"毕竟"的语义分析[⑩]。

这些研究不同程度地深化了人们对语气副词的认识，但是还没有发现把语气副词和复句相结合的研究。本书基于语气副词的前期研究成果，探讨语气副词的使用对所表达的语气在分句语气异类组配中的影响。

二 语气副词对分句语气异类组配频率的制约

语气副词和语气助词、助动词一起构成语气成分，表达语气并影响分句语气的异类组配，语气副词的功能影响异类语气组配的频率。

（一）语气副词表达语气的作用度对异类语气组配频率的制约

语气可以通过语气助词、语气副词、代词、叹词、情态动词、词序、句式变化、标点符号等形式表达在表层结构中。就语气副词表达语气而言，有时是必不可少的，有时又是可有可无的，形成了语气副词表达语气的作用度。

---

① 姚杰：《或然类语气副词研究》，上海师范大学硕士学位论文，2005年。
② 方红：《"侥幸"类语气副词》，上海师范大学硕士学位论文，2003年。
③ 曲红艳：《反诘语气副词的功能考察》，延边大学硕士学位论文，2004年。
④ 朱宁：《价值判断语气副词表达功能中的锚定效应》，北京语言大学硕士学位论文，2005年。
⑤ 贺菊玲：《"世说新语"语气副词研究》，陕西师范大学硕士学位论文，2001年。
⑥ 赖慧玲：《"全宋词"四川词人作品中的语气副词研究》，四川师范大学硕士学位论文，2005年。
⑦ 董付兰：《"毕竟"的语义语用分析》，《首都师范大学学报》（社会科学版）2002年第3期。
⑧ 匡鹏飞：《语气副词"明明"的主观性和主观化》，《世界汉语教学》2011年第2期。
⑨ 孙杏丽：《语气副词"到底"的多角度研究》，河南大学硕士学位论文，2010年。
⑩ 张秋杭：《语气副词"毕竟"的语义分析》，《汉语学习》2006年第4期。

1. 语气副词表达陈述、疑问、祈使、感叹语气的作用有大有小

感叹语气副词是感叹语气表达的必备条件，因为感叹语气的表达必须有形式标记，可以是指示代词"这么、那么"，也可以是特殊句式，如名词性独词句。如果这些都没有，就必须有语气副词。如：

(53) a. 这件衣服我穿大了。
　　 b. 这件衣服我穿<u>太</u>大了。

例（53）a 句客观描述，不带任何感情色彩，是陈述语气；例（53）b 句增加了语气副词"太"，感情加重，是感叹语气。

语气副词表达疑问语气有两种情况：一是有些疑问语气不用疑问语气副词表达，但是加入语气副词后的疑问强度大于无语气副词表达的疑问语气；二是有些疑问语气必须借助疑问语气副词来表达。如：

(54) a. 你想怎么样？
　　 b. 你<u>究竟</u>想怎么样？
(55) a. *您强迫她呢？
　　 b. 您<u>何必</u>强迫她呢？

例（54）a 句本身就是疑问语气，b 句增加了语气副词"究竟"，疑问程度加强了。例（55）a 句的可接受度低，增加语气副词"何必"后，b 句完全可接受了。

陈述语气和祈使语气的表达一般不需要语气副词的参与。如：

(56) a. 他走了。
　　 b. <u>或许</u>他走了。
　　 c. 他<u>或许</u>走了。
(57) a. 你不要来。
　　 b. 你<u>千万</u>不要来。

例 (56) a 句是一个客观的陈述语气,增加语气副词"或许",无论"或许"出现在主语前面,如 b 句,还是主语后面,如 c 句,都只是增加了各自小句语气的主观性,形成主观的陈述语气,并不像感叹语气那样必须有语气副词不可。例 (57) a 句是一个命令形式的祈使语气,增加语气副词"千万"构成 b 句,突出了命令的强制性,仍然是祈使语气。

因此,根据语气副词表达语气的必要性强弱来判断语气副词表达语气的作用,这种作用从大到小呈现这种连续性:感叹语气副词>疑问语气副词>祈使语气副词、陈述语气副词。

2. 语气副词表达语气的作用越大,所在分句在异类语气组配中的频率越高

我们语料统计的结果显示:感叹+陈述/疑问/祈使的组配与陈述/疑问/祈使+感叹的组配(90 例)>疑问+陈述/祈使/感叹的组配与陈述/祈使/感叹+疑问的组配(80 例)>祈使+陈述/疑问/感叹的组配与陈述/疑问/感叹+祈使的组配(44 例)。因此,有语气副词表达的感叹语气在组配中的频率最高,有语气副词表达的疑问语气在组配中的频率次之,有语气副词表达的祈使语气在组配中的频率最低,这种频率顺序正好是语气副词表达语气作用由大到小的顺序。当然,陈述+疑问/祈使/感叹的组配与疑问/祈使/感叹+陈述的组配频率比上面的组配都高(168 例),主要是因为陈述语气在实际使用中远远超过疑问、祈使和感叹语气而占绝对优势。①

另外,感叹语气副词在异类语气组配的前、后分句的频率都较高,以与陈述语气(基本语气)为参照:陈述+感叹有 27 例,感叹+陈述有 28 例。疑问语气副词还强烈要求所在分句在组配中靠后,如陈述+疑问有 43 例,而疑问+陈述是 0 例。比较而言,祈使语气副词对所在分句的位置无特殊要求,陈述+祈使和祈使+陈述一样,都为 4 例。

(二)语气副词的完句能力对异类语气组配频率的制约

自足是指小句语义完整,提供了足够的信息量,完成了交际目的;反

---

① 万光荣、储泽祥:《现代汉语二合复句中分句语气异类组配的倾向性研究》,《华文教学与研究》2011 年第 4 期。

之,语义不完整,信息量不足,没有完成交际目的的句子是非自足句。非自足句通过添加语气副词可以变成自足句,这类语气副词具有完句功能。

1. 语气副词的完句能力有大有小

有些语气副词必须出现,小句才能自足,自足了的小句可以单独使用,也可以和其他小句组合使用。如:

(58) a. * 您强迫她呢?
  b. 您<u>何必</u>强迫她呢?
  c. 妈不愿意,您<u>何必</u>强迫她呢?
  d. 这儿条件<u>太</u>艰苦,您<u>何必</u>强迫她留下来呢?

对比例(58)a和b,语气副词"何必"必须出现在疑问句中,疑问句才能合法,说明"何必"的完句能力相当大。带有"何必"的疑问小句可以单独使用,如例(58)b,也可以与其他小句组合使用,如例(58)c和d,例(58)c句的前分句没有其他语气副词,例(58)d句的前分句有另一语气副词"太"。其中类似的其他语气副词还有表达疑问语气的语气副词"何不、何苦、何须、何妨、何不、岂、何尝、何必、岂"等,称为A类语气副词。

有些语气副词表达的语气强烈要求另一语气与之组配。也就是说,没有语气副词的小句是自足的,加了语气副词后小句不自足了,只有当另一小句与之组合成复句,这个不自足的小句才能合法存在。如:

(59) a. 你搬不进去。
  b. *你<u>还/都</u>搬不进去。
  c. 你<u>还/都</u>搬不进去,何况我呢?
(60) a. 凤儿在这儿没有事。
  b. *凤儿在这儿<u>又</u>没有事。
  c. 凤儿在这儿<u>又</u>没有事,我为什么不带她走?

例(59)和例(60)的a句没有语气副词,小句是自足的,但是例

(59) a 句增加语气副词"还"或者"都",例(60) a 句增加语气副词"又",对应形成的 b 句都不自足,只有当不自足的小句后面紧跟一个疑问句,形成二合复句,如例(59)和例(60)的 c 句,整个句子则合法成立。类似的语气副词还有"并、根本、才、明明、诚然、敢情、毕竟"等,称为 B 类语气副词,它们的完句能力比 A 类小。

有些语气副词无论出现还是不出现,都不影响小句的自足性,也不影响小句的独用和与其他小句的组合使用。如:

(61) a. 她十九岁,是不是?
　　 b. 她<u>才</u>十九岁,是不是?
　　 c. 四凤的年纪很轻,她<u>才</u>十九岁,是不是?
(62) 雪下得<u>太</u>大,车厂的房子塌了。

例(61)和例(62)中的语气副词"才"和"太"使用自由度较大,说明它们的完句能力较小,汉语中绝大多数语气副词都属于这一类,称为 C 类语气副词。

因此,根据语气副词使用的自由度大小,语气副词的完句能力从大到小呈现以下连续性:A 类语气副词>B 类语气副词>C 类语气副词。

2. 语气副词的完句能力越大,所在分句在异类语气组配中的频率越低

A 类和 B 类语气副词因为语义和功能上的限制,数量较少,加上对所在分句位置的限制,表达的语气在语气组配中的频率非常低:A 类语气副词完句能力最大,数量最少,所在分句在组配中必须后置,表达的语气在组配中频率最低;B 类语气副词完句能力次之,所在分句在组配中前置多于后置,表达的语气在组配中频率次低;C 类语气副词的使用自由度最大,数量最多,对所在分句在组配中位置的约束性不强,表达的语气在组配中频率最高。

(三)语气副词的焦点突出功能对异类语气组配频率的制约

焦点是一个句子的语义重心,可以通过一系列的语法手段来表现,

语气副词即为其一，最常用的语气副词是"是……（的）"，还有相当数量的其他语气副词："果然、难怪、原来、大概、一定、必须、务必、只、仅、才、光、单、只是、也、还、甚至、偏偏、还是、连、难道、就"等。如：

(63) a. 四凤走不动了。
   b. 四凤<u>大概</u>走不动了。

例（63）a 句是"主语＋谓语＋补语"的句式，句子重心是动补结构"走不动"，在动词前面增加了语气副词"大概"形成 b 句，b 句中"大概"被重读，"大概"成了句子重心。

1. 使用了语气副词的分句后置频率高

(64) 我是个废人了，<u>还</u>有什么指望？

语气组配中只有一个分句用了语气副词，这个分句置后的频率高。例（64）使用了语气副词"还"的分句是复句的焦点，焦点句后置是由汉语句子尾焦点的特点决定的。在我们的语气组配语料统计中，前分句没有语气副词，后分句有一个语气副词的用例较多，达到 65.8%。

另外，一个分句中出现两个或多个语气副词，这个分句一定置后，如：

(65) 我知道他死了，天<u>都</u>黑了<u>还</u>不来领我？
(66) 人家真瞧见了，<u>难道还</u>把我们怎么样？

例（65）中使用了两个语气副词"都"和"还"，隔开使用，例（66）中也使用了两个语气副词"难道"和"还"，前后连用，无论是隔开使用还是前后连用，两个语气副词同现在一个分句中，这个分句的语气强烈，肯定是复句焦点，只能置后，不能与前分句颠倒顺序。

2. 焦点突出功能强的语气副词所在分句后置频率高

语气组配中的两个分句都使用了语气副词，焦点突出功能强的语气副词所在分句往往在后。齐沪扬认为，语气副词的焦点表述功能并不完全一样：料悟语气（由"果然、难怪、原来"表达）＞可能语气（由"大概、一定"表达）＞允许语气（由"必须、务必"表达）＞能愿语气（由"能够、可以"表达）。① 如：

（67）我想这<u>可能</u>是凯瑟，一问<u>果然</u>不错。

（68）<u>务必</u>不能放松警惕，<u>一定</u>要坚持不懈地把反走私斗争进行下去。

例（67）中的语气副词"可能"表达可能语气，"果然"表达料悟语气，"果然"的焦点表述功能强一些，所在分句置后。例（68）中"务必"传达允许语气，"一定"传达可能语气，"一定"的焦点表述功能更强，所在分句在组配的后位。

语气组配中一个分句使用单个语气副词，另一个分句使用了连用的语气副词，连用语气副词的焦点突出功能比单用的语气副词强，因此连用的语气副词所在分句后置。如：

（69）你这人<u>太</u>糊涂，撒了谎<u>当然也</u>应该和我打个招呼。

例（69）的前分句只有一个语气副词"太"，后分句有连用的语气副词"当然"和"也"，连用的语气副词表达的语气更强烈，是复句的焦点，在异类语气组配中后置。

三　语气副词对分句语气异类组配顺序的制约

语气副词与其他副词相比，有其突出的句法和语义特点，这些特点影

---

① 齐沪扬：《语气词与语气系统》，安徽教育出版社 2002 年版，第 220 页。

响着分句语气异类组配的顺序。

（一）语气副词的管辖范围越大，所在分句在组配中越靠前

语气副词的管辖范围与其在小句中的位置有关，语气副词的位置概括起来有三种：语气副词（,）＋NP＋VP；NP＋语气副词＋VP；NP＋VP＋（,）语气副词。① 语气副词位于NP之前，修饰或限制全句，管辖范围最大，此类常见的语气副词有："难道、大约、幸亏、偏偏、就、也许、难怪、幸而、反正、明明、恰恰、只好、不妨、索性。"语气副词位于NP之后，修饰或限制谓语，管辖范围次之，此类常见的语气副词有："简直、何尝、何必、可、岂、究竟、到底、果然、居然、竟然、反倒、未免"。

1. 句首语气副词所在分句在语气组配中置前

（70）<u>也许</u>记得，不知道老爷说的是哪一件？

（71）<u>也许</u>方大哲学家在讲解人生哲理里的乐观主义，所以唐小姐听得那么乐！

（72）<u>反正</u>我每天晚上回家，您叫她到这儿来干什么？

（73）<u>反正</u>你常到我家里来玩儿，可不是一样？

例（70）、（71）、（72）和例（73）复句中都只有一个句首语气副词，"也许"和"反正"两个语气副词来自不同作家的不同著作，但使用情况一样，所表达的语气都在异类语气组配的前位，因为居首语气副词的管辖范围大。

2. 句首语气副词所在分句在前，句中语气副词所在分句置后

（74）<u>反正</u>你放心，<u>就</u>管你自己好好地养病。

---

① NP为名词短语，VP为动词短语。参见段业辉《语气副词的分布及语用功能》，《汉语学习》1995年第4期。

例（74）中的"反正"用在主语"你"前，辖域最大，而"就"尽管处在句首，其实它前面省掉了一个主语"你"，"就"用在主语后，辖域小些，管辖范围大的语气副词所在分句在组配的前位。例（69）也可以用辖域来解释：两个分句都用了语气副词，其中"太"用在主语后，辖域不大，"当然也"出现在一个紧缩复句的后分句，相对来说辖域更小，它们的组配顺序还是符合"辖域大在前，辖域小在后"的规律。

3. 两个句中语气副词出现在不同分句中，位置靠前的语气副词所在分句置后

　　（75）我自己对自己都恨不够，我还配说厌恶别人？
　　（76）我知道早晚是有这么一天的，可今天晚上你千万不要来找我。

例（75）中的两个分句都使用了句中语气副词，但是前分句"都"放在主语和状语后，管辖域较小，而后分句"还"放在主语后，"还"在句中的位置比"都"靠前，管辖域大些，因此，"还"所在分句位于语气组配的后一个。例（76）中两个分句都使用了语气副词，其中"是"在"知道"后的宾语从句中，"千万"在谓语前，比较来说，"千万"靠前些，因此"千万"所在的分句位于组配的后一个。

如果两个分句都有句中语气副词，辖域相当，如："你还欠我们一条命，你就拿自己的命来还吧。"这个规律就不起作用了，但可以用下一节的规律来解释。

（二）语气副词表达的传信度越大，所在分句在组配中越靠前

一般而言，陈述、祈使和感叹语气副词主要是传信，包括："一定、必须、必然、确实、诚然、的确、根本、万万、真正、怪不得、原来、难怪、本来、果然、果真"；传疑的语气副词根据信疑比例分为两组：传达疑大于信的真性疑问消息的是A组，有语气副词"难道、究竟、到底、莫非、倒是、岂、倒、竟"；传达信疑参半的带有揣测意味的假性疑问消息的是B组，有语气副词"大概、大约、多半、还是、也许、或

许、怕"。① 这些语气副词的传信度从大到小依次排列为：传信语气副词＞B组传疑语气副词＞A组传疑语气副词。

1. 传信义大的语气副词所在分句置前

如果两分句中只有一个分句使用了语气副词，且该语气副词表达传信义，那么其所在分句在组配中靠前，如例（77），这也是语料中前分句有语气副词65例的原因。

(77) <u>也</u>只有这样，有什么法子呢？

如果两分句都使用了传信义的语气副词，传信义大的语气副词所在分句置前。如：

(78) 你<u>还</u>欠我们一条命，你<u>就</u>拿自己的命来还吧。

例（78）中语气副词"还"暗示既成事实——"你欠了我们一条人命"，是一种确信，而"就"暗示了一种可能——"你可能拿自己的命来还"，但还没有实现，因此"还"传信义更大，其所在分句在异类语气组配置前。

2. 传信义语气副词所在分句置前，传疑义语气副词所在分句置后

(79) 曹先生眼光<u>真</u>厉害，你老实说，那诗<u>还</u>过得去么？
(80) <u>的确</u>有这么一个人，使贫僧甚感奇异，不知他<u>到底</u>为了什么事情？

例（79）句中的语气副词"真"传信，"还"用在疑问句中加强疑问语气，传疑，"真"所在分句在前，"还"所在分句在后。例（80）违反了"语气副词的管辖范围越大，所在分句在组配中越靠后"的原则，

---

① 齐沪扬：《语气词与语气系统》，安徽教育出版社2002年版，第226—227页。

但符合"传信语气副词所在分句在前,传疑语气副词所在分句在后"的原则,前者是句法限制,后者是语义限制,如果二者发生冲突,前者让位于后者。

一个既可以传信又可以传疑的语气副词,传信时所在分句在前,传疑时所在分句在后。

(81) 你要是还有点良心,你不能可怜可怜我?
(82) 亲上加亲,我还有什么不愿意的?
(83) 爸爸就是真结婚了也是应当的,我们凭什么不许爸爸结婚?
(84) 你是爱我的,为什么把我们的感情就这么扔了?

例(81)和例(82)中的语气副词"还"出现在同一部作品中,例(81)中的"还"表达传信义,所在分句在组配中置前,例(82)中的"还"表达传疑义,所在分句在组配中置后。例(83)和例(84)中"就"出现在同一部作品中,例(83)中的"就"传信,所在分句置前,例(84)中的"就"传疑,所在分句置后。

3. 信疑参半的语气副词所在分句在前,疑大于信的语气副词所在分句在后

(85) 这首诗也许是我牵强的联想,难道不也是于伶终生的写照么?

例(85)带有两个传疑语气副词,"也许"表达信疑参半,"难道"表达疑大于信,"也许"所在分句在前,"难道"所在分句在后。

疑问语气与各种语气组配时,使用疑问语气副词的分句置后的比例远远大于疑问语气副词所在分句置前的比例:陈述/祈使/感叹+疑问(76例)>疑问+陈述/祈使/感叹(2例),因为疑问语气副词的传信度低,所在分句倾向于在后,这种"传信在前,传疑在后"的组配顺序其实是由信息表达的规律所决定,即信息的安排总是从已知到未知。

（三）语气副词表达语气的程度越强，所在分句在组配中越靠后

语气副词表达语气的程度大小是语义强度。齐沪扬认为，语气副词表示主观祈使语气时，语义强度上是有区别的，且分布在一个连续统中。①

1. 语气副词表达各种语气的程度

祈使语气的祈使程度从强到弱依次排列为：命令禁止类＞建议劝阻类＞请求乞免类，表达相应祈使语气的语气副词也形成这样一个语义强度，如：你<u>一定</u>要好好读书。＞你<u>还是</u>要好好读书。

根据邵敬敏对疑问程度的划分②：特指问＞正反问＞是非问，特指问中的语气副词，在语义强度上大于正反问，又大于是非问，如：你<u>到底</u>要多少钱？＞你<u>还</u>回不回来？＞<u>莫非</u>他不来了？

根据感叹语气副词在《现代汉语词典》（第 5 版）的释义和例子，语气副词表示感叹的语义强度可排序为："太"（表示程度过分或极高）＞"多（么）、好、简直"（表示程度很高或很深）＞"真、可"（仅仅表示达到了一种较高程度），如：今天<u>太</u>热了！＞今天<u>好</u>热啊！＞今天<u>真</u>热！

陈述语气副词表达陈述的语义强度主要看其传信的程度，表"一定"义＞表"很可能"义＞表"可能"义。③

2. 语义强度大的语气副词所在分句往往后置

语气副词表达语义强度大，所在分句置前时可接受度低，置后时可接受度高，如：

(86) a. 这妞儿的本领<u>真</u>大，咱们俩都给她玩弄得七颠八倒。
　　　b.？这妞儿的本领<u>太</u>大，咱们俩都给她玩弄得七颠八倒。

(87) a. 您<u>别</u>是受凉了吧，我去给您倒一杯水喝。
　　　b.？您<u>究竟</u>是不是受凉了，我去给您倒一杯水喝。
　　　c. 不要胡言乱语的，你刚才<u>究竟</u>上哪儿去了？

(88) a. 你<u>还是</u>好好读书，家里的事不用你管。

---

① 齐沪扬：《语气词与语气系统》，安徽教育出版社 2002 年版，第 222—223 页。
② 邵敬敏：《现代汉语疑问句研究》，华东师范大学出版社 1996 年版，第 11—12 页。
③ 徐晶凝：《现代汉语话语情态研究》，昆仑出版社 2008 年版，第 83—85 页。

b. ? 你千万要好好读书，家里的事不用你管。

c. 要是没有灯，那你千万不要来。

例（86）a 句的前分句使用了语义强度相对较小的语气副词"真"，句子的可接受度高，如果换成语义强度相对较大的语气副词"太"，如 b 句，句子的可接受度降低。例（87）a 句的前分句使用了语义强度相对较小的语气副词"别是"，句子的可接受度高，如果换成语义强度相对较大的语气副词"究竟"，如 b 句，句子的可接受度降低，但是如果将"究竟"所在分句置后，如 c 句，句子完全可以接受。例（88）与例（87）作同样解释，所不同的是：例（87）与例（88）中的语气组配类型不一样。

语义强度大的语气副词所在分句在组配中倾向于靠后，这一点毋庸置疑，书中所涉及的例子都是如此，不作详述。这个规律是由人类情感发展规律决定的，是情感发展规律在语言中的表现，情感有起始、发展、高潮、结束的完整过程，语言表现的顺序就是从无语气副词表达的语气，到有一个语气副词表达的语气，再到两个或多个语气副词表达的语气，具体而言，有语气副词的小句置于无语气副词的小句之后，而语气副词连用的小句处在复句的最后。

第三节　助动词对分句语气异类组配顺序及频率的制约

一　助动词相关研究回顾

传统的助动词研究，主要集中在范围、语法特点和句法功能上。助动词是相对比较封闭的一个类，但到底包括哪些词语，不同的标准判断下助动词有不同的数量，丁声树列举了 15 个[①]，朱德熙列举了 27 个[②]，孙德

[①] 丁声树：《现代汉语语法讲话》，商务印书馆 1980 年版，第 89—93 页。
[②] 朱德熙：《语法讲义》，商务印书馆 1982 年版，第 61—66 页。

金列举了41个①,马庆珠列举了58个②。对于助动词用在动词或形容词前的用法,学界没有争议,但是对于助动词在句中充当的成分,看法不一,有的人认为它作状语,有的人认为它作谓语,有的人干脆说一部分助动词作状语,另一部分助动词作谓语③,这些分歧的产生是因为对助动词自身语法特点的认识不一样。也许解决的一个好办法便是把助动词看成典型成员和非典型成员,典型助动词具备所有助动词的语法和语义特点,非典型助动词只具备其中一些语法和语义特点。这里不加讨论,留待以后研究。

当今助动词的研究更加注重语义,并已纳入人类语言情态的研究范围。Palmer 对英语情态助动词的研究比较详尽、系统和权威,他根据情态助动词表达的情态义,把情态分为认识情态、道义情态和动力情态三种,进而分析三种情态里情态动词的语义和形式特征,从而把助动词分为认识情态的助动词、道义情态的助动词和动力情态的助动词。④ 后来学者如 Perkins,Coats,Papafragou 和 Palmer 沿着他的思路,把助动词与其他范畴相结合,做了很多拓展性的研究。⑤ 汉语情态助动词的研究也从借鉴国外的情态理论开始,首先研究汉语助动词的是大陆以外的学者,贡献突出的主要有 Tiee、汤廷池、汤至真、黄郁纯和朴正九。⑥ 近几年来,大陆学者开始较多地关注情态范畴下的汉语助动词研究,研究比较深入的有徐晶凝和彭利贞。他们都采纳了 Palmer 的研究框架,认为汉语的助动词也可以分为三类:认识情态的助动词有"可能、应该、会"等;道义情态的助动词有"可以、必须、要、许"等;动力情态的助动词有"肯、愿意、必得"等;每类又下分不同的维度,如可能性、必然性。尽管目前还

---

① 孙德金:《汉语助动词的范围》,胡明扬主编《词类问题考察》,北京语言文化大学出版社1997年版,第297—299页。
② 马庆珠:《能愿动词的连用》,《语言研究》1988年第1期。
③ 胡裕树、范晓:《动词研究》,河南大学出版社1995年版,第248—263页。
④ Palmer F. R., *Mood and Modality*. Cambridge: Cambridge University Press, 2001, pp. 100-103.
⑤ 彭利贞:《现代汉语情态研究》,中国社会科学出版社2007年版,第23—31页。
⑥ 徐晶凝:《现代汉语话语情态研究》,昆仑出版社2008年版,第201—206页。

停留在 Palmer 的基础研究范式里，但是这些研究深化了对汉语助动词的认识。

助动词连用是汉语助动词研究不可忽视的一个方面，也是研究较深入的一个方面，主要原因是英语助动词不能连用，汉语助动词的研究有可能帮助建立汉语的特点。助动词的连用问题以马庆珠的研究最为深入，他指出助动词自相组合时有一定的顺序，其连续连用只能是顺向的，不能是逆向的[①]：可能动词 A＞必要动词＞可能动词 B＞愿望动词＞估价动词＞许可动词，对应的具体助动词就是："可能"＞"该、得、要、应当、应该、会"＞"可以、能够、会、能"＞"要、肯、敢、愿意、情愿"＞"善于、宜于、有助于、值得"＞"许可、容许、准许"。Her 认为汉语助动词连用遵循"说话人取向＞主语取向"的顺序，表示可能和义务的助动词是说话人取向，表示意愿和能力的助动词是主语取向。[②] 彭利贞认为现代汉语助动词的连用规则遵循"认识情态＞道义情态＞动力情态"[③]，认识情态的助动词表示说话人对命题为真的可能性与必然性的判断，道义情态的助动词表示说话人对某行为的必要性与可行性的判断，动力情态的助动词表示说话人的功能或意愿。齐沪扬注意到助动词的连用按照这样的顺序排列：肯定语气＞否定语气＞反诘语气＞询问语气＞祈使语气[④]；在政论语体和其他书面语体中的助动词连用要多于文学语体和口语语体中助动词的连用。这些规则是从不同研究角度得出的，具体到每个助动词连用时，与马庆珠的结论差不多。

助动词与其他语法范畴的互动研究刚刚起步，如彭利贞考察了助动词和体、否定等语法范畴的互动关系[⑤]，但暂时还未发现助动词与其所表现的语气之间的互动研究。笔者将在这一节探讨这种互动关系，即助动词如何表达语气，并影响所表达的语气与其他语气之间的异类组配。

---

① 马庆珠：《能愿动词的连用》，《语言研究》1988 年第 1 期。

② Her, One-soon, *Grammatical functions and Verb Subcategorization in Mandarin Chinese* (revised edition). Taipei: Crane Publishing, 2008, p. 159.

③ 彭利贞：《现代汉语情态研究》，中国社会科学出版社 2007 年版，第 215 页。

④ 齐沪扬：《语气词与语气系统》，安徽教育出版社 2002 年版，第 255 页。

⑤ 彭利贞：《现代汉语情态研究》，中国社会科学出版社 2007 年版，第 177—178 页。

二　助动词的使用数量对异类语气组配顺序及频率的制约

（一）助动词表达语气

助动词具有表达语气的作用，并且有些助动词主要表达陈述语气、有些助动词主要表达疑问语气或祈使语气[①]，如：

(89) 我不在这儿，你会和谁一起玩？
(90) 你现在就可以去了，会议八点开始。
(91) 你走吧，我自己能够照顾自己。

例（89）中的助动词"会"表示疑问语气，一般不用在祈使句中，例（90）中的"可以"表示祈使语气，例（91）中的"能够"表示陈述语气，"可以"和"能够"一般不能表达疑问语气。

感叹语气里不出现助动词，因为感叹句很难加进"可能、愿意、能力"之类意义的词。助动词表达语气以及与语气的对应关系，主要表现在以下三个方面。

第一，表达陈述语气的助动词表示说话人对说话内容的断言或推测。从可能性程度出发，把助动词分成三个等级：可能性、或然性、不可能性。这类助动词有：会、应该、应当、可能、能、能够、准、得、要、应、该当，属于认识情态。

第二，表达祈使语气的助动词表示说话人的意愿被执行。这类助动词有：必须、得、应该、要、会、能、可以、准、许，属于道义情态。

第三，表达疑问语气的助动词表示主语的意愿或能力。这类助动词有：会、能、肯、要、想、愿意、敢，属于动力情态，也用在陈述句中。

陈述、疑问、祈使语气里都使用助动词表达，但出现频率有倾向性，表达陈述语气的助动词最多，表达疑问语气的次之，表达祈使语气的最

---

①　[英] 利奇·斯瓦特维克：《交际英语语法》，张婉琼、葛安燕译，北京出版社1987年版，第353—357页。

少。3 种语气依靠助动词来表达的频次呈现这样一种连续性：陈述语气＞疑问语气＞祈使语气。① 因此，助动词影响异类语气组配发生在陈述、疑问、祈使 3 种语气的两两组配中。

（二）使用助动词的分句在组配中居后

语气组配的载体是复句，一个二合复句中只有一个分句使用了助动词，另一个分句没有使用助动词，那么使用了助动词的分句一般置后。如：

你连人家有钱的人都当着面骂了，我敢骂你？　　（陈述＋疑问）
我知道早晚是有这么一天的，可今天晚上你千万不要来找我。
　　　　　　　　　　　　　　　　　　　　　　（陈述＋祈使）
你说吧，我也许可以帮你的忙。　　　　　　　　（祈使＋陈述）
这还是你的妈太糊涂，我早该想到的。　　　　　（感叹＋陈述）
我这么老了，谁家会雇我？　　　　　　　　　　（感叹＋疑问）

这些例子是不同的异类语气组配，也使用了不同的助动词，但是都符合一个规律：助动词表达的语气在组配中后置。

（三）助动词连用的分句在组配中居后

汉语助动词的连用现象被广泛关注，这是汉语区别于英语的一个特殊现象，但并不说明这是一个很常见的语言现象。齐沪扬研究了助动词的连续叠加，"连续叠加是指两个以上不同助动词连续使用后造成的语气叠加"②，指出连续叠加是一种理论上的分析，实际语言运用中助动词的连续叠加是很少见的。他还检验了 220 万字的真实文本，只发现了 4 例连续叠加的例子，我们引证如下：

（92）那你也应该可以意会，你头这么大。
（93）李建平与刘丽珠有近期交往……现场很可能要遭到破坏。

---

① 齐沪扬：《语气词与语气系统》，安徽教育出版社 2002 年版，第 238 页。
② 同上书，第 252—253 页。

(94) 就是找到原籍是河南那个县的人，人家又怎么<u>会愿意</u>离开北京回到原籍呢？

(95) 照理，他有二十五个儿子，其中包括才华横溢的曹丕和曹植，<u>应该可以</u>放心地延续一代代的曹氏基业了。

上面4句中都有连用的助动词，其中3句里连用助动词所在分句居后，显示了助动词表达的语气叠加在语气组配中靠后的倾向。如果两个异类语气组配时，一个语气由单个助动词表达，另一个语气由连用的助动词表达，连用助动词表达的语气也居后。可惜，这种例子没有发现，但是我们的语料显示：前分句无助动词、后分句有助动词的组配占 68.0%，前分句有助动词、后分句无助动词占 30.1%，前后分句都有助动词的占 19.4%，基本印证了有助动词的分句通常居后的规律。

如果两个语气都使用了助动词，并且都是单用的语气助词，那么助动词又是如何影响所表达的语气与其他语气的组配的？下节将详细论证。

三　助动词的语义强弱对异类语气组配顺序及频率的制约

（一）助动词的语义强弱

助动词的语义有强弱之别。这儿说的强弱包括两个方面：一是助动词本身对所表达命题的确信度的强弱，二是使用者主观承诺的强弱。英语助动词有语义强弱之分，Halliday 将其分成了强、中、弱三级[①]，如表 4-2。

表 4-2　　　　　　　英语助动词语义强弱等级

弱	中	强
can, may, could, might	will, would, should, is to, was to	must, ought to, need, has to, had to

Palmer 也将助动词划为三类，可能性（may, can）、必然性（must）和

[①] M. A. K. Halliday, "Dimensions of Discourse Analysis: Grammar". in Teun Adrianus van Dijk (eds.). *Handbook of Discourse Analysis Vol. 2 Dimensions of Discourse*. London: Academic Press, 1985, pp. 28-56.

包括 will 与 shall 的一类，分别与 Halliday 的"弱"、"强"、"中"对应。①

汉语助动词的语义有强弱之分。徐晶凝根据助动词的句法特征，列出了它们的情态梯度，情态梯度相当于语义强弱，汉语助动词的语义强弱如表 4-3② 所示。

表 4-3　　　　　　　　汉语助动词语义强弱等级

情态类梯度		认识情态		道义情态	
低	可能性	可能、能 4	许可与禁止	能 3、可以、许、准	
中	应然性	应该 2、该 2	义务	应该 1、该 1、得 2	
高	必然性		命令		
	将然性	会 2、要 5、得 3	祈愿	要 4	

注：助动词后的数字用以区别该助动词的几个不同义项。

彭利贞也注释了助动词的语义强弱③，将认识情态和道义情态两类助动词分为强、中、弱三级，得出的结果与徐晶凝基本一致，至于动力情态助动词，他认为也存在强弱等级，比如表能力的"要"和"可以"处于高级，但是"想、愿意、肯"处于哪个级别还不清楚，目前还没有足够的形式根据证明它们属于哪个级别。这些学者关于助动词语义强弱的思想和论述为我们所借鉴。

（二）语义弱的助动词所在分句置前，语义强的助动词所在分句置后

根据助动词表义的强弱，语义强的助动词主要有：表必然的"准、得、要"，表命令的"必须、得"，表意愿的"要、敢"；语义弱的助动词主要有：表推测的"可能、能（够）"，表许可的"能、可以、准、许"，表意愿的"愿意"；语义强弱居中的助动词主要有：表推断的"会、应该、应、该、当"，表义务的"应该、要"，表意愿的"肯"。如表 4-4 所示。

---

① F. R. Palmer, *Mood and Modality* (2nd ed.). Cambridge university press, 2001, p. 100.
② 徐晶凝：《现代汉语话语情态研究》，昆仑出版社 2008 年版，第 85 页。
③ 彭利贞：《现代汉语情态研究》，中国社会科学出版社 2007 年版，第 159—160 页。

表 4-4　　　　　　　　　助动词的语义强弱

语义强弱	语义	助动词	例句
强	必然性	准、得、要	礼拜天我准来。
	命令	必须、得（děi）	你今天必须把作业完成了。
	意愿（强）	要、敢、会	你敢打我?
中	推断	会、应该、应、该、当	儿子和母亲的关系应当亲密些。
	义务禁止	应该、要	你太累了，要注意身体。
	意愿	肯	他不肯回来。
弱	推测	可能、能（够）	他可能有点害羞。
	许可	能、可以、准、许	你可以走了。
	意愿（弱）	愿意	我不愿意回家。

(96) a. 她不应当这样容易受伤，她该熬住不叫痛。

　　　b. *她该熬住不叫痛，她不应当这样容易受伤。

"弱＋中"顺序①。例（96）a 句中"应当"表示推断，是助动词的弱式语义，"该"表示一种指令，是助动词的中等强度语义，表达的语气构成"感叹＋陈述"组配，不可以颠倒顺序，如例（96）b。

(97) 你等一会儿可以去听莲生的《思凡》，你不是还要跟他学戏吗?

(98) 我要找家剃头店洗头发去，你肯陪么?

"弱＋强"顺序。例（97）中的"可以"表示许可，是弱式语义，"要"表示意愿，是强式语义，表达的语气组配成"祈使＋疑问"；例

---

① "弱"指动词表达的语气程度弱，"中"指助动词表达的语气程度中等，"强"指助动词表达的语气强。

(98)中的"要"表示意愿,是弱式,"肯"表示意愿,是强式,表达的语气组配成"陈述+疑问"。

(99)你<u>不要</u>怕,你以为我<u>会</u>用这种关系来敲诈你么?
(100)你<u>不要</u>这样说话,现在的世界是<u>不该</u>存在的。

"中+强"顺序。例(99)和例(100)两句都使用了助动词"要"的否定形式"不要",表示禁止,是中等语义强度,例(99)后分句里"会"表示强烈的主观意愿,复句是"祈使+疑问"语气组配;例(100)后分句里使用了"该"的否定形式"不该",表示强烈的主观断定,是强式语义,复句是"祈使+陈述"语气组配。

应该说明的是,上面两点关于助动词影响异类语气组配的规律,只是总体上的、倾向性明显的规律。助动词影响异类语气组配的影响力较小(见第二章第三节),于是有一些"不听话"的例子。

(101)你<u>必须</u>趴在地上,身体才<u>不会</u>失去平衡。
(102)你<u>应该</u>想到,他还是<u>可能</u>来的。

例(101)中的"必须"是命令,属于强式语义助动词,"会"的否定形式"不会",表示可能,属于弱式语义助动词,是一个"强+弱"的组配。例(102)"应该"表示义务,为中等强度,"可能"表示推测,是弱式语义,表达的语气构成"中+弱"的组配。

(103)你<u>不要</u>同我摆架子,你难道不知道我是谁么?
(104)你<u>不能</u>放弃夜校,太可惜了。
(105)你<u>必须</u>得同叶桑好好谈谈,她有些不太正常。

例(103)和例(104)两个复句中,都只有一个分句使用了助动词,按照本节第二部分(二)的规律推理,带有助动词的分句应该在后分句,而它们实际上在前分句。尤其是例（105）中，助动词"必须"和"得"连用，连用的助动词应该是在复句的后分句（见第二章第三节），但连用的助动词所在分句还是在前分句。

这些反例再一次说明，助动词影响异类语气组配的作用较小，它往往与其他语气成分包括语气助词和语气副词协同作用，共同对异类语气组配发挥作用，详见下节。

第四节　前弱后强：分句语气的焦点表述形式制约异类语气组配的总体规律

任何小句都有语气，语气通过语调显示，语调书面上以标点符号出现。如果语气的表达除了语调，还有句法或词法形式，这种语气往往比只用语调表达的要强烈些。本节只讨论使用语气助词、语气副词和/或助动词表达的语气，它们如何单独或协同影响异类语气组配，使之按"前弱后强"的规律组配。

一　使用了语气焦点表述形式的语气在组配中居后

我们讨论的是两种异类语气的组配，如果只有一个语气使用了语气焦点表述形式（语气助词、语气副词和/或助动词）表达，另一个语气没有使用任何语气焦点表述形式表达，那么使用了语气焦点表述形式表达的语气置后。语气焦点表述形式可以只有一个语气助词，或一个语气副词，或一个助动词，也可以是两个或两个以上焦点表述形式的连用或配合使用。无论是什么情况，有语气焦点表述形式表示的语气在组配中倾向于后置。

（一）使用了一个语气焦点表述形式

复句中只有一个分句使用了一个语气助词或语气副词/助动词，这个分句倾向于在后。如：

（106）四凤，你等着我，我就回来。　　　　　（祈使＋陈述）
（107）你看看你的父亲，你难道想象不出？　　（祈使＋疑问）

(108) 四凤，你来，老爷的雨衣你给放哪儿啦？　　（祈使＋陈述）

(109) 我们想听，怎么办呢？　　（陈述＋疑问）

(110) 天下有千千万万没饭吃的人，你能碰见几个？（陈述＋疑问）

(111) 这是没法子的事，——可是您得哭哭。　　（陈述＋祈使）

例（106）和例（107）中只有一个语气副词，例（108）和例（109）中只有一个语气助词，例（110）和例（111）中只有一个助动词，这些词所表达的语气在后分句，而单独通过语调表现的语气在前分句，语气按照从弱到强进行组配。

（二）使用了两个或两个以上语气焦点表述形式

复句中只有一个分句使用了语气助词、语气副词和/或助动词，并且这些语气焦点表述形式要么自身连用，要么一起配合，再和语调共同表达语气，这种语气的主观性更强，在组配中一般居后。如：

(112) 你出去叫一辆洋车，四凤大概走不动了。

(113) 现在这时代，男女交朋友是最普通的事，难道不许爸爸交朋友？

(114) 后悔没有用，谁愿意尽做没有用的事情呢？

(115) 我好心交个朋友，难道又是我的错了？

例（112）使用了语气副词"大概"和语气助词"了"，二者出现在一个分句表达陈述语气，这个语气置后。例（113）使用了语气副词"难道"和助动词"许"，二者出现在一个分句表达疑问语气，疑问语气置后。例（114）使用了助动词"愿意"和语气助词"呢"，二者出现在一个分句表达疑问语气，疑问语气置后。前分句没有任何语气焦点表述形式，形成"0＋2"[①] 的组配模式。

[①] "0"指没有使用语气焦点表述形式表达的语气，"2"指使用了两个语气焦点表述形式表达的语气，"0＋2"表示没有使用语气焦点表述形式表达的语气置前，用了两个语气焦点表述形式表达的语气置后。这一节中的类似公式可以类推。

"0+3"组配模式。例（115）使用了两个语气副词"难道"和"又"，一个语气助词"了"，三者出现在一个分句共同表达疑问语气，而另一分句没有这些语气焦点表述形式，只能在前分句，不可以调换顺序。

二 语气焦点形式表述程度强的语气在组配中居后

组配中的两个语气都有语气助词、语气副词、助动词参与表达，且在表达每个语气时，参与的语气焦点表述形式数量越多，所表达的语气越是靠后。

（一）每个语气使用了一个语气焦点表述形式

"1+2"组配模式。两个语气中，一个语气由语气助词或语气副词/助动词表达，另一个语气由一个以上的语气焦点表述形式表达。由一个以上的语气焦点表述形式表达的语气置后。前文提到的"不听话"的例子，就有这种情况，重新列举如下：

（116）你必须趴在地上，身体才不会失去平衡。
（117）你应该想到，他还是可能来的。

如果每个分句都使用助动词，按照助动词的强式和弱式语义来判断，例（116）"必须"表示命令，是助动词的强式语义，"会"的否定形式"不会"表示可能，是助动词的弱式语义，所表达的语气呈"强+弱"的组配；例（117）"应该"表示义务，是助动词的中等强度，"可能"表示推测，是助动词的弱式，所表达的语气形成"中+弱"的组配，都与"前强后弱"规律相悖。但是从整个小句的语气强度来看，例（116）"会"所在分句还使用了语气副词"才"，例（117）"可能"所在分句还使用了语气副词"还是"和语气助词"的"，两种或三种语气焦点表述形式的联合使用，在语气上强于单独使用语气焦点表述形式表达的语气。因此，语气因为不同数量的语气焦点表述形式参与表达，还是遵循"前弱后强"的组配规律。

"1+2"组配模式最多,"1+3"组配模式也常见,而"1+4"或者"1+5"的组配模式理论上是存在的,但是目前没有找到相关例句。

如果出现"2+1"的组配模式,如:

(118) 你<u>必须</u><u>得</u>同叶桑好好谈谈,她有些不<u>太</u>正常。

例(118)中,一个分句是助动词"必须"和"得"的连用,另一个分句只有语气副词"太",如果按数量来判断语气强弱的话,它们的组配有违"前弱后强"的模式,个中原因,留待下一章的复句语义关系中讨论。

(二) 两个语气都使用了两个及两个以上语气焦点表述形式

两个语气都有语气助词、语气副词、助动词联合使用来表达,语气程度都很强,如:

(119) 鲁奶奶,你无论如何<u>不要</u>再固执<u>哪</u>,<u>都</u>是我的错<u>了</u>。
(120) 这<u>还</u>是你的妈<u>太</u>糊涂,我早<u>该</u>想到<u>的</u>。
(121) <u>不要</u>胡言乱语<u>的</u>,你刚才<u>究竟</u>上哪儿去<u>了</u>?
(122) 你<u>不要</u>把一个失望的女人逼得<u>太</u>狠<u>了</u>,她是什么事<u>都</u>做得出来<u>的</u>。

例(119)中一个分句使用了助动词"要"和语气助词"哪"表达语气,另一个分句使用了语气副词"都"和语气助词"了"表达语气;例(120)中一个分句使用了语气副词"还"和"太"表达语气,另一个分句使用了助动词"该"和语气助词"的"表达语气;例(121)中一个分句使用了助动词"要"和语气助词"的"表达语气,一个分句使用了语气副词"究竟"和语气助词"了"表达语气。都是"2+2"的组配模式,那么哪个分句表现的语气强烈,仅从数量上没法判断。特别是例(122),前分句的语气表达形式有助动词"要"、语气副词"太"和语气助词"了",后分句有语气副词"都"和"是……的"表达，更没法衡量分句的语气强弱了。

如果两个语气要么都由语气助词表达，要么都由语气副词表达，要么都由助动词表达，可以根据语气助词的语义强度、语气副词的语义强度、助动词的语义强度从弱到强排列。但是，如果一个语气由语气副词表达，一个语气由助动词表达；或者一个语气由助动词表达，一个语气由语气助词表达；后者一个语气由语气助词表达，一个语气由语气副词表达，形成"1+1"的组配模式，就没法衡量分句的语气强弱。

(123) 我不该到这儿来，可是我又到这儿来干什么？
（助动词＋语气副词）
(124) 您还说什么，睡去吧。　　　（语气副词＋语气助词）
(125) 今天下午的话我说错了，你不要怪我。（语气助词＋助动词）

这些问题再一次说明，复句中分句异类语气按"前弱后强"的规律组配，只是总体上的、倾向性明显的规律，语气助词、语气副词、助动词尽管影响异类语气组配，但不是唯一因素，影响异类语气组配的因素是多种多样的，需要综合考察。

第五节　小结

本章主要探讨了分句语气焦点表述形式（语气助词、语气副词、助动词）对分句语气异类组配的制约，它们的制约力度大小不一，制约特点也不一样。

汉语复句中，当分句语气异类组配时，语气助词发挥着一定的制约作用。6个典型句末语气助词的句法语义特点呈连续性状态，从时间完句功能（同时也是感情完句功能）的角度看，6个典型句末语气助词从大到小排列为：了＞呢$_1$、的、吧$_2$＞呢$_2$、吧$_1$＞啊＞吗；从传信度来看，6个典型句末语气助词从高到低排列为：的、了＞呢$_2$＞吧$_2$＞啊＞吧$_1$＞呢$_1$＞吗；

从强化分句语气的作用的角度来看，6个典型句末语气助词从大到小可以排列为：吗＞呢$_1$＞吧$_1$＞啊、呢$_2$、了、的＞吧$_2$。总的来说，语气助词"了"、"的"、"呢$_2$"的时间完句能力、传信度及强化分句语气的作用都在最前面，"吧$_2$"、"啊"为其次，"吗"、"吧$_1$"、"呢$_1$"在最后面；传信度高、能弱化分句语气、时间完句功能强的语气助词，所表现的语气在异类组配时频率高，传疑度高、能强化分句语气、感情完句功能强的语气助词，所表现的语气置前频率低；语气助词位置使用的倾向性导致了它们所表现的语气在组配使用上的倾向性："陈述"在前的组配（187例）＞"祈使"在前的组配（78例）＞"感叹"在前的组配（31例）＞"疑问"在前的组配（5例），使异类语气按"前弱后强"的规律组配。

　　语气副词对分句语气异类组配的制约并不大，但是制约最突出的特点是语气副词所在分句在组配中置后，并且语气副词的使用倾向于形成有一个语气是陈述的异类组配，不倾向于形成有一个语气是祈使的组配。语气副词对分句语气异类组配的频率和顺序制约具体表现在：语气副词表达语气的作用越大，所在分句在组配中的频率越高，但是完句功能越大，所在分句在组配中的频率越低；语气副词表达语气的程度越大，或者焦点突出功能越强，所在分句在组配中越靠后；但是语气副词的辖域越大，或者传信义越大，所在分句在组配中越靠前。语气副词对分句语气异类组配的制约主要是由语气副词本身的句法、语义和功能特点决定的，并且三者往往和谐一致地制约异类语气的组配，如语气副词越是连用，表达的语义强度越大，焦点突出功能也越强，所在分句在组配中越靠后。语气副词的句法因素制约异类语气组配最为直观，语气副词的语义特点制约异类语气的组配最为深刻，但归根到底还是由语气副词的语用功能选择所致。

　　助动词对分句语气异类组配的制约力度较小，并且仅影响陈述、疑问、祈使三种语气间的两两组配。有助动词表达的语气在相同情况下比没有助动词表达的语气要强烈，因此没有助动词表达的语气居前，有助动词表达的语气居后。助动词是相对封闭的一个词类，有限的助动词里语义强弱不一，语义弱的助动词和语义强的助动词表达语气时，语义弱的助动词表达的语气居前，语义强的助动词表达的语气居后。

语气助词、语气副词和助动词分别影响异类语气组配之外，它们还两两结合，甚至三个一起影响异类语气组配，但都呈现一种特点：语气表达得越强烈，在组配中越靠后。

第五章 复句的语义类别和关联标记对分句语气异类组配的选择

汉语复句里,每个分句都有语气,分句组合才能形成语气的组配,分句间还存在着一定的语义关系,因此分句间的语义关系和分句语气的组配应该是互相表现、互相制约的。本章不探讨分句语气的组配对分句间语义关系的制约,只探讨分句间的语义关系对分句语气异类组配的制约。分句间的语义关系就是复句的语义类别,主要通过关联标记标示出来,因此复句的语义类别和关联标记都会影响异类语气的组配,下面分别论述。

第一节 相关研究成果综述

一 复句语义类别与语气的互动研究

关于汉语复句语义类别的研究成果非常多,但是最近几年才将复句和复句中分句语气结合起来进行研究。李艳霞在探讨祈使句与祈使句的联结方式时,认为关联词语是祈使句联的有标联结,此外还有辞格联结、语气联结和语序联结等非关联词语联结。[①] 语气联结祈使句联指的是一致的说话语气贯穿几个祈使句,使它们一气呵成,形成一个有机的整体。但是她指的语气实际上是口气,"坚决强硬的命令、平静缓和的吩咐、疾言快语

---

① 李艳霞:《现代汉语祈使句联》,华中师范大学硕士学位论文,2007年。

的催促、细心周到的提醒、疾言厉色的禁止、耐心细致的劝阻",尽管如此,她的研究已经注意到复句或句群里的分句语气。

朱斌、伍依兰研究了表示因果关系的"祈使+陈述"语气组合类型①,认为祈使前分句表果,陈述后分句表因,联结两句的常用关系词语是"因为",不能用"由于"或者"之所以"。他们的研究细致深入,是单一异类语气组合类型研究的典范。除此之外,他们还提出了基于句子语气数量的句类划分,把汉语句子分为单纯语气句和复合语气句,尽管暂时看不出这种句类划分的意义所在,但复句内部分句语气的研究得到了重视。

曾常年考察了二句式和三句式因果句群的组合类型②,并分析了语气组合表达的语义连接类型和语形组造方法。因为限制在因果关系内,因果配置和组造手段相对简单。她指出同质语气组合在实际语料中出现频率的高低依次是:陈述+陈述(+陈述)>感叹+感叹(+感叹)>疑问+疑问(+疑问)>祈使+祈使(+祈使)。她还指出二句式句群异质语气组合时,"陈述+非陈述"的6种类型按出现频率高低依次排序是:疑问+陈述>陈述+疑问>祈使+陈述>感叹+陈述>陈述+感叹>陈述+祈使,"非陈述+非陈述"的6种类型按出现频率高低依次排序是:疑问+感叹>祈使+感叹>感叹+疑问>感叹+祈使>疑问+祈使>祈使+疑问,但是没有讨论三句式句群的异质语气组合。她第一次研究了句群的语气组合,但是她提出的关于复句语气就是最后一个分句的语气的观点值得进一步论证。另外,她第一次使用倾向性的思路研究语气组合,但没有一个相对全面的语料,这种倾向性规律带有主观性色彩。

袁明军探讨了16种语气组合可以表达哪些语义关系,不可以表达哪些语义关系。③ 在并列、选择、递进、因果、转折、假设、连贯、注解、

---

① 朱斌、伍依兰:《"祈使+陈述"型因果复句》,《汉语学报》2008年第3期。
② 曾常年:《现代汉语因果句群研究》,华中师范大学博士学位论文,2003年。
③ 袁明军:《小句的语气类型与小句之间语义联结类别的关系》,《汉语学习》2006年第3期。

补充、条件和目的这11种语义关系中,"陈述+陈述"可以表达所有关系;"疑问+疑问"可以表达并列、选择、递进、因果、转折和假设关系;"祈使+祈使"可以表达并列、选择、递进、条件和转折关系;"感叹+感叹"可以表达并列、连贯、递进、补充和因果关系。"陈述+疑问"可以表达并列、连贯、递进、因果、条件、转折和假设关系;"陈述+祈使"能够表达因果、条件、假设和目的关系;"陈述+感叹"能表达注解、连贯、递进、因果、转折和假设关系;"祈使+疑问"能表达并列和因果关系;"祈使+感叹"只能表达因果关系;"祈使+陈述"可以表达连贯、因果和目的的关系;"疑问+陈述"表达注解、选择、因果和假设关系;"疑问+祈使"可以表达连贯和因果关系;"疑问+感叹"可以表达并列和注解关系;"感叹+陈述"可以表达注解和因果关系;"感叹+疑问"可以表达补充、因果和条件关系;"感叹+祈使"只能表达因果关系;其他没提到的关系都是不能表达的。

　　袁明军的研究是粗线条的、框架性的、纯描写性的,朱斌、伍依兰的研究思路与袁明军大致相同,但是研究更详尽,他们几乎穷尽了复句语义关系,达到17种,不仅探讨了众多句类联结所能表达的语义关系,还归纳了句类联结表现的语法形式。更重要的是,他们指出小句的语气类型和小句之间的关系类型是相互选择、相互制约的:有的句类联结表达的语义关系多,有的句类联结表达的语义关系少,最多的是"陈述+陈述"组配,可以表达17种语义关系,最少的是"感叹+祈使"组配,但也可以表达6种语义关系;17种语义关系中,"平列、解注、连贯、说明因果、突转"选择的语气配置最多,"假转、对照、推断因果、递进、假设、目的、条件、选择"选择的语气配置数量依次递减,"实让、需让、忍让、总让"选择的语气配置数量最少。朱斌、伍依兰找到的语气配置所能表达的语义关系种类比袁明军的研究多,许多袁明军认为不能表达的语义关系,他们都找到了例句。尽管如此,这些学者对17种语气组合是描述性的,他们只谈到了每种语气组合有哪些语义类型,并给出相应的例句,至于为什么会有这些类型而没有其他类型,并没有给出相应的解释。

　　在研究对象上,袁明军和朱斌、伍依兰关注两个单句语气的组合,两个单句有时构成二合复句,有时构成二合句群。① 笔者关注的只是二合复句内两个分句的语气类型,以及哪些异类分句语气经常组配在一起,哪些异类分句语气不经常组配在一起,解释为什么会有这种使用倾向性的原因。

二 复句关联标记与语气互动研究的可行性

汉语复句关联标记的研究成果非常多,但是把关联标记和分句语气结合起来的研究却比较少见。关联标记的主要作用是标明复句的语义关系,于是研究关联标记的论文或著作多是探讨各种复句中关联标记的模式和特征②,关联标记的位置③,跨语言对比关联标记的异同④。我们注意到,关联标记与语气存在诸多共性,主要表现在:

第一,语气是附载在分句之上的,而关联标记也是添在分句之上的,二者与分句紧密相连,不直接与复句相关。

第二,语气不充当分句的成分,与分句里的成分也没有句法语义关系,是分句之外的范畴,关联标记也不充当分句成分,与分句里的成分也没有句法语义关系,也在分句之外,关涉整个分句的范畴。

第三,任何二合复句都有一个语气组配,也都有关联标记,即使没有关联标记,也可以添加上,语气组配和关联标记都以复句为依托。如果没有复句,就没有语气组配,也不存在使用关联标记的必要。

既然语气(语气组配)与关联标记有这么多相联系的地方,它们之间一定存在某些关系,这些关系使得关联标记影响异类语气的组配。

---

① 语气组合是两个及两个以上的语气组合在一起,有语义上的限制,而语气组配是两个及两个以上的语气匹配在一起,有包括语义在内的诸多限制。

② 姚双云:《复句关系标记的搭配研究》,华中师范大学出版社 2008 年版,第 62—99 页。丁志丛:《有标转折复句的关联标记模式及相关解释》,《求索》2008 年第 12 期。

③ 李晓琪:《现代汉语复句中关联词的位置》,《语言教学与研究》1991 年第 2 期。储泽祥、陶伏平:《汉语因果复句的关联标记模式与"联系项居中原则"》,《中国语文》2008 年第 5 期。

④ 周刚:《汉、英、日语连词语序对比研究及其语言类型学意义》,《语言教学与研究》2001 年第 5 期。戴庆厦、范丽君:《藏缅语因果复句关联标记研究——兼与汉语比较》,《中央民族大学学报》(哲学社会科学版) 2010 年第 2 期。

第二节　复句语义类别选择分句语气异类组配的倾向性规律

总的来说，表并列关系的（322例）和因果关系的（299例）异类语气组配使用频率大致相等，但是表转折关系的异类语气组配很少（21例），主要因为"因果类各种关系和并列类各种关系反映了事物间最基本的最原始的联系。转折类各种关系是在基本的原始的联系的基础上产生的异变性联系"[1]，因此并列类和因果类复句的数量较多，而转折类复句的数量较少。但是每类关系内部又包括众多下位的语义类别，它们对分句语气异类组配的选择不同，下面我们分别讨论。

一　并列类复句选择异类语气组配范围、顺序和频率的倾向性

并列类复句包括并列句、连贯句、递进句和选择句[2]，句中的分句语气组配，有的语义类别复句的分句语气只能是同类，不能是异类，有的语义类别复句的分句语气可以是同类，也可以是异类，说明并列类复句对异类语气组配有选择倾向性。

（一）选择异类语气组配的范围

表 5-1　　并列类复句选择异类语气组配的范围

语义类别	组配种类	组配模式
并列	9	陈述＋疑问、感叹＋陈述、祈使＋陈述、陈述＋感叹、祈使＋疑问、感叹＋疑问、陈述＋祈使、疑问＋陈述、感叹＋祈使
连贯	10	陈述＋疑问、祈使＋陈述、陈述＋祈使、祈使＋感叹、陈述＋感叹、疑问＋陈述、感叹＋陈述、感叹＋疑问、疑问＋祈使、感叹＋祈使
递进	5	陈述＋感叹、陈述＋疑问、感叹＋陈述、疑问＋陈述、祈使＋陈述
选择	0	

---

[1] 邢福义：《汉语语法学》，东北师范大学出版社1996年版，第285—293页。
[2] 同上书，第24页。

连贯关系复句选择 10 种语气组配：陈述＋疑问、陈述＋祈使、陈述＋感叹、疑问＋陈述、疑问＋祈使、祈使＋陈述、祈使＋感叹、感叹＋陈述、感叹＋疑问、感叹＋祈使，不选择"疑问＋感叹"、"祈使＋疑问"，选择语气组配的种类最多、范围最大。

并列关系复句选择 9 种语气组配：陈述＋疑问、陈述＋祈使、陈述＋感叹、疑问＋陈述、祈使＋陈述、祈使＋疑问、感叹＋陈述、感叹＋疑问、感叹＋祈使，没有"疑问＋祈使"、"疑问＋感叹"、"祈使＋感叹"3 种组配。

递进关系复句选择 5 种语气组配：陈述＋感叹、陈述＋疑问、疑问＋陈述、祈使＋陈述、感叹＋陈述。

选择关系复句没有异类语气组配的用例，这是因为选择关系一定需要关联标记（"或者……或者……"和"要么……要么……"），两个选择项不仅语法关系相同、语义地位相等，语气也必须同类。下面的讨论不再涉及选择关系复句。

4 种并列语义类别对异类语气组配的选择范围从大到小排列为：连贯＞并列＞递进＞选择。

（二）选择异类语气组配的使用频率

表 5-2　　　　　并列类复句选择异类语气组配的频率　　　　（单位：例）

语义类别	组配数量	异类语气组配频率
并列	103	陈述＋疑问（39）、感叹＋陈述（15）、祈使＋陈述（13）、陈述＋感叹（8）、祈使＋疑问（8）、感叹＋疑问（8）、陈述＋祈使（6）、疑问＋陈述（5）、感叹＋祈使（1）
连贯	207	陈述＋疑问（86）、祈使＋陈述（49）、陈述＋祈使（23）、祈使＋感叹（12）、陈述＋感叹（10）、疑问＋陈述（6）、感叹＋陈述（6）、感叹＋疑问（6）、祈使＋感叹（5）、疑问＋祈使（4）、感叹＋祈使（1）
递进	13	陈述＋感叹（5）、陈述＋疑问（3）、感叹＋陈述（3）、疑问＋陈述（1）、祈使＋陈述（1）

并列关系复句有异类语气组配 103 例，选择的异类语气组配优先序列为：陈述＋疑问＞感叹＋陈述＞祈使＋陈述＞陈述＋感叹、祈使＋疑问、

感叹＋疑问＞陈述＋祈使＞疑问＋陈述＞感叹＋祈使，并列语义类别主要选择"陈述＋疑问"、"感叹＋陈述"、"祈使＋陈述"3种组配。

连贯关系复句有异类语气组配207例，选择的异类语气组配优先序列为：陈述＋疑问＞祈使＋陈述＞陈述＋祈使＞祈使＋疑问＞陈述＋感叹＞疑问＋陈述、感叹＋陈述、感叹＋疑问＞祈使＋感叹＞疑问＋祈使＞感叹＋祈使，连贯语义类别首选"陈述＋疑问"、"祈使＋陈述"、"陈述＋祈使"3种组配。

递进关系复句选择的异类语气组配频率都不高，基本呈现这样的优先序列：陈述＋感叹＞陈述＋疑问、感叹＋陈述＞疑问＋陈述、祈使＋陈述。换句话说，递进语义类别复句中分句语气主要是同类，少数是异类。

3种语义关系复句选择异类语气组配的差别较大，连贯关系中分句语气异类组配的频率最高，其次为并列，递进关系中分句语气异类组配的频率很低：连贯＞并列＞递进。

（三）选择异类语气组配的顺序

表5-3　　　　　并列类复句选择异类语气组配的顺序

语义类别	能换顺序的组配	不能换顺序的组配
并列	陈述与疑问、陈述与感叹、陈述与祈使	祈使＋疑问、感叹＋疑问、感叹＋祈使
连贯	陈述与疑问、陈述与感叹、陈述与祈使、祈使与感叹、疑问与祈使	感叹＋疑问
递进	陈述与疑问、陈述与感叹	祈使＋陈述

如果并列关系复句中分句语气是陈述和疑问，一般陈述在前、疑问在后：陈述＋疑问（39例）＞疑问＋陈述（5例）；如果分句语气是陈述和感叹，一般感叹在前、陈述在后：感叹＋陈述（15例）＞陈述＋感叹（8例）；分句语气是陈述和祈使的话，一般祈使在前、陈述在后：祈使＋陈述（13例）＞陈述＋祈使（6例）。其他三种异类语气组配只有一种顺序：祈使＋疑问、感叹＋疑问、感叹＋祈使，但如果有一个语气是疑问的话，疑问在后是优势组配：祈使＋疑问、感叹＋疑问。

如果连贯关系复句中分句语气是陈述和疑问，一般陈述在前、疑问在后：陈述＋疑问（86例）＞疑问＋陈述（6例）；分句语气是陈述和感叹，一般陈述在前、感叹在后：陈述＋感叹（10 例）＞感叹＋陈述（6 例）；分句语气是陈述和祈使，一般祈使在前、陈述在后：祈使＋陈述（49 例）＞陈述＋祈使（23 例）。分句语气是感叹和疑问，则感叹在前、疑问在后。

递进关系选择的异类语气组配非常有限，其中陈述与感叹、陈述与疑问有两种顺序，陈述在前是优势组配：陈述＋疑问（3 例）＞疑问＋陈述（1 例），陈述＋感叹（5 例）＞感叹＋陈述（3 例）。另外还选择祈使在前陈述在后的组配。

二 因果类复句选择异类语气组配范围、顺序和频率的倾向性

因果类复句包括因果句、推断句、假设句、条件句和目的句[①]，句中的分句语气组配，有的语义类别复句的分句语气异类组配的数量很少，有的语义类别复句的分句语气异类组配的较多，说明因果类复句对异类语气组配有选择倾向性。

（一）选择异类语气组配的范围

表 5-4　　　　　　　　因果类复句选择异类语气组配的模式

语义类别	组配种类	组配模式
因果	10	陈述＋疑问、陈述＋祈使、陈述＋感叹、疑问＋陈述、祈使＋陈述、祈使＋疑问、祈使＋感叹、感叹＋陈述、感叹＋疑问、感叹＋祈使
假设	4	陈述＋疑问、陈述＋祈使、陈述＋感叹、祈使＋陈述
推断	3	陈述＋疑问、陈述＋祈使、感叹＋陈述
目的	2	陈述＋疑问、祈使＋陈述
条件	1	陈述＋疑问

因果关系复句选择 10 种异类语气组配：陈述＋疑问、陈述＋祈使、陈述＋感叹、疑问＋陈述、祈使＋陈述、祈使＋疑问、祈使＋感叹、感叹＋陈述、感叹＋疑问、感叹＋祈使，但没有"疑问＋祈使"和"疑问＋感叹"两种组配，对异类语气组配的选择范围最大。

---

① 邢福义：《汉语语法学》，东北师范大学出版社 1996 年版，第 39 页。

假设、推断、目的和条件关系复句都选择异类语气组配,只是范围较小:假设选择4种(陈述+疑问、陈述+祈使、陈述+感叹、祈使+陈述);推断选择3种(陈述+疑问、陈述+祈使、感叹+陈述);目的选择2种(陈述+疑问、祈使+陈述);条件选择1种(陈述+疑问)。

因果类复句都选择"陈述+疑问"。假设、推断、目的和条件关系选择异类语气组配的范围很小,但是它们选择的所有组配中都有一个语气是陈述。

(二)选择异类语气组配的使用频率

表5-5　　　　　因果类复句选择异类语气组配的频率　　　　(单位:例)

语义类别	组配数量	异类语气组配频率
因果	249	祈使+陈述(96)、陈述+疑问(51)、陈述+祈使(37)、感叹+陈述(24)、陈述+感叹(20)、感叹+疑问(10)、疑问+陈述(5)、祈使+疑问(3)、祈使+感叹(2)、感叹+祈使(1)
假设	30	陈述+疑问(14)、陈述+祈使(11)、陈述+感叹(3)、祈使+陈述(2)
推断	13	陈述+疑问(10)、感叹+陈述(2)、陈述+祈使(1)
目的	5	祈使+陈述(3)、陈述+疑问(2)
条件	2	陈述+疑问(2)

因果关系复句有异类语气组配249例,选择的异类语气组配优先序列为:祈使+陈述>陈述+疑问>陈述+祈使>感叹+陈述、陈述+感叹>感叹+疑问>疑问+陈述>祈使+疑问>祈使+感叹>感叹+祈使,因果语义类别首选"祈使+陈述"、"陈述+疑问"、"陈述+祈使"3种组配。

假设关系复句有异类语气组配30例,选择的异类语气组配优先序列为:陈述+疑问>陈述+祈使>陈述+感叹>祈使+陈述,首选"陈述+疑问"和"陈述+祈使"组配。推断关系复句有异类语气组配13例:陈述+疑问>感叹+陈述>陈述+祈使。目的关系选择异类语气组配5例:祈使+陈述、陈述+疑问。条件关系选择异类语气组配2例:陈述+疑问。

因果关系首选"祈使+陈述",假设、推断、目的和条件4种关系首选"陈述+疑问"。有陈述语气的组配在因果关系中被大量使用,是假设、推断、目的和条件中仅有的组配形式。5种语义关系选择异类语气组配频率由高到低的顺序为：因果＞假设＞推断＞目的＞条件。

（三）选择异类语气组配的顺序

因果关系：祈使＋陈述（96例）＞陈述＋祈使（37例）

陈述＋疑问（51例）＞疑问＋陈述（5例）

感叹＋陈述（24例）＞陈述＋感叹（20例）

祈使＋感叹（2例）＞感叹＋祈使（1例）

感叹＋疑问（10例）＞祈使＋疑问（3例）

假设关系：陈述＋疑问（14例）

陈述＋祈使（11例）＞祈使＋陈述（2例）

陈述＋感叹（3例）

推断关系：陈述＋疑问（10例）

感叹＋陈述（2例）

陈述＋祈使（1例）

目的关系：祈使＋陈述（3例）

陈述＋疑问（2例）

条件关系：陈述＋疑问（2例）

5种语义关系在选择异类语气组配时，如果有一个语气是疑问，疑问语气在后；如果有一个语气是祈使，祈使语气在前。

如果因果关系复句中分句语气是陈述和疑问，一般陈述在前、疑问在后：陈述＋疑问（51例）＞疑问＋陈述（5例）；分句语气是陈述和感叹，一般感叹在前、陈述在后：感叹＋陈述（24例）＞陈述＋感叹（20例）；分句语气是陈述和祈使，一般祈使在前、陈述在后：祈使＋陈述（96例）＞陈述＋祈使（37例）。只有一种顺序的组配是：祈使＋疑问、感叹＋疑问，因为疑问只倾向于放在后分句。

假设关系只选择有陈述的组配，只有陈述和祈使有两种顺序，而陈述和疑问、陈述和感叹都只有陈述在前的组配。推断、目的和条件关系选择的组配都只有一种顺序，且有一个语气是陈述，推断关系复句有"陈述＋疑问"、"感叹＋陈述"和"陈述＋祈使"的组配；目的关系复句有"陈述＋疑问"和"祈使＋陈述"的组配；条件关系复句只有"陈述＋疑问"的组配。假设、推断、条件、目的关系都倾向于选择有一个语气是陈述,并且陈述语气在前的组配。

三 转折类复句选择异类语气组配范围、顺序和频率的倾向性

转折类复句包括转折句、让步句和假转句①,句中的分句语气组配,基本上倾向于同类,少数是异类,说明转折类复句对异类语气组配的选择非常有限。

(一)选择异类语气组配的范围

表 5-6　　　　　转折类复句选择异类语气组配的模式

语义类别	组配种类	组配模式
转折	4	陈述+疑问、陈述+祈使、陈述+感叹、感叹+陈述
假转	2	陈述+感叹、祈使+陈述
让步	3	感叹+陈述

转折关系复句选择4种语气组配:陈述+疑问、陈述+祈使、陈述+感叹、感叹+陈述,选择范围相对较大;假转关系只选择"陈述+感叹"和"祈使+陈述"的组配;让步关系只选择"感叹+陈述"组配。总的来说,3种语义关系在组配模式的种类上,都比并列类和因果类中的语义关系选择的组配种类少。

(二)选择异类语气组配的使用频率

表 5-7　　　　转折类复句选择异类语气组配的频率　　　　(单位:例)

语义类别	组配数量	异类语气组配频率
转折	18	陈述+疑问(11)、感叹+陈述(4)、陈述+祈使(2)、陈述+感叹(1)
假转	2	陈述+感叹(1)、祈使+陈述(1)
让步	1	感叹+陈述(1)

转折关系复句有异类语气组配18例,语气组配的使用频率不高,但

---

① 邢福义:《汉语语法学》,东北师范大学出版社1996年版,第45页。

还是呈现高低不同,其中"陈述+疑问"占有优势地位,"陈述+感叹"占劣势地位;假转关系只选择1例"陈述+感叹"和1例"祈使+陈述"的组配;让步关系只选择1例"感叹+陈述"的组配。

转折类各语义关系复句所选择的语气组配中一定有陈述语气,但并不是所有含陈述语气的组配都可以表达这些语义关系,只有陈述与感叹的组配表达全部3种语义关系。

(三) 选择异类语气组配的顺序

转折类复句选择的异类语气组配范围小、频率低,组配时的顺序比较固定,其中转折关系复句选择四种组配形式:感叹+陈述、陈述+感叹、陈述+疑问、感叹+疑问,只有陈述和感叹可以颠倒顺序;假转关系只选择"陈述在前、感叹在后","祈使在前、陈述在后"两种组配形式;让步关系只选择"感叹在前、陈述在后"这一种组配。

综上所述,如果将12种语义关系和12种异类语气组配打散放在一起,按照语义关系类别选择异类语气组配范围的大小、组配频率的高低、组配顺序的受限程度,上面的描述可以进一步抽象,如表5-8所示。

表5-8　　　　各语义类别复句选择异类语气组配的情况

复句语义关系	并列类	并列关系、连贯关系	递进关系	选择关系
	因果类	因果关系	假设关系、推断关系	目的关系、条件关系
	转折类		转折关系	假转关系、让步关系
语气组配	范围	大	中	小
	频率	高	中	低
	顺序	自由	不太自由	受限

根据语义类别与语气组配的对应情况,语义类别可以分为三组:

A组:并列、连贯、因果,3种关系选择异类语气组配的范围大,频率高,顺序灵活;

B组:假设、递进、推断、转折、目的、假转,6种关系选择异类语气组配的范围中等,频率中等,顺序灵活性中等;

C组:选择、条件、让步,3种关系选择异类语气组配的范围较小,频率较低，顺序灵活性较差。

四 从选择特点看复句语义类别选择异类语气组配的倾向性规律

为什么各种复句语义类别选择分句语气异类组配有上述规律？为什么有的复句选择这种语气组配，有的选择那种组配；有的复句选择这种语气组配多，有的复句选择那种语气组配多？下面从复句本身的各个角度尝试作出解释。

（一）各语义类别复句的出现频率与语气组配的范围、频率和顺序自由度成正比

复句出现的高频率可以为语气异类组配提供更多的机会，无论在组配频率、组配形式，还是在组配顺序上，都可能多些。换句话说，如果某语义类别复句本来就使用很少，包含在复句里的语气组配频率自然不会高，即使语气组配形式和组配顺序较多，但受频率限制也不会有太明显的统计意义。

语法本体研究表明，各种语义类别复句使用的优先序列为：A组＞B组＞C组。肖任飞统计了不同语体中复句语义关系的使用频率[①]：《小说月报》2006年第1期187932字的语料（小说语体）中，语义关系复句使用的优先序列：并列＞连贯、转折、因果＞递进、时间＞假设、条件、让步＞选择、目的；《我爱我家》全台词（1—30集）181231字的语料（口语语体）中，语义关系复句使用的优先序列：并列＞因果＞转折＞连贯、递进、假设＞让步、时间、条件＞选择、目的。姚双云统计了《人民日报》语料样本（报刊语体），得出了一个有标复句各类关系标记的频次图，反映了各种复句的使用优先序列：并列＞转折＞递进＞因果＞让步＞条件＞假设＞目的＞连贯＞选择＞推断＞假转。[②] 三种语体语料中各语义类别复句使用频率大体一致，即A组本身在语言使用中的频率最高，B组次

[①] 肖任飞：《现代汉语因果复句优先序列研究》，中国社会科学出版社2009年版，第31—33页。

[②] 姚双云：《复句关系标记的搭配研究与相关解释》，华中师范大学博士学位论文，2006年。

之，C组的使用频率最低，高频率为语气组配提供了更多的机会。

复句出现的高频率为语气组配提供了更多的机会，理论上有两种结果，一是复句的高频率，导致复句语气的组配形式多，组配频率高，组配顺序自由；二是复句的高频率只存在少数几种语气组配中，每一种组配频率都很高。但是，儿童习得复句的研究成果支持前一种情况。

儿童习得汉语复句[①]，从各类复句始现的时间来看，并列（1岁8个月）＞连贯（2岁）、因果（2岁）、条件（2岁）、假设（2岁）＞转折（2岁半）＞让步（3岁半）＞递进（4岁半）、选择（4岁半）。从儿童使用各类复句的频率来看，并列（32.93%）＞因果（15.79%）、连贯（15.38%）＞假设（6.88%）、条件（6.21%）、转折（6.07%）＞递进（0.41%）、让步（0.26%）、选择（0.27%）＞目的（0%）。从儿童习得各种复句的难度来看，联合类复句中，并列复句＞连贯复句＞递进复句＞选择复句；偏正类复句中，因果复句＞条件复句、假设复句＞转折复句＞让步复句＞目的复句。总的来看，儿童使用不同的复句，A组的复句首先被儿童习得（并列、连贯、因果语义关系的复句），也使用得最多，B组的复句次之（转折、递进、假设、推断关系复句），儿童习得最晚、且很少使用的是C组（选择、条件、让步、目的关系复句）。

哲学研究也显示，并列、连贯、因果是世间万物基本的逻辑存在方式，是最基本的语义关系，转折、递进、假设、推断是事物与事物比较多的逻辑存在方式，目的、假转、选择、条件、让步的逻辑存在方式最少。根据相似性原则[②]，事物之间最基本、最普遍的语义关系，通过语言形式表达出来，也会是语言中最基本、最普遍的形式。如果把这条语言规则运用到复句，那么常见语义关系复句的使用频率相对较高，不太常见的语义关系复句使用频率较低。因此，A组（并列、连贯、因果语义关系的复句）的使用频率最高，B组（转折、递进、假设、推断关系复句）次之，C组（目的、假转、选择、条件、让步关系复句）的使用频率最低。

[①] 胡承佼：《儿童语言中的复句》，安徽师范大学硕士学位论文，2004年。
[②] 张敏：《认知语言学与汉语名词短语》，中国社会科学出版社1998年版，第144—153页。

上面的分析显示，复句的出现频率与复句内分句语气组配的范围、频率和顺序之间成正比，如表5-9所示，各种复句出现的频率呈现这样一种序列：A＞B＞C，即A组语义关系复句，内部分句语气异类组配的范围大，语气组配形式多样，组配顺序灵活；C组语义关系复句，分句语气异类组配的范围小，语气组配形式少，组配顺序受限；B组语义关系复句的各方面情况居中。

表5-9　　　　复句语义类别、使用频率和异类语气组配

		A组	B组	C组
复句语义关系	并列类	并列、连贯	递进	选择
	因果类	因果	假设、推断	目的、条件
	转折类		转折	假转、让步
各种复句的使用频率		高	中	低
语气组配	范围	大	中	小
	频率	高	中	低
	顺序	自由	不太自由	受限

（二）关联标记的使用强制性与语气组配范围、频率、顺序和自由度成反比

复句语义关系的判定原则是"从关系出发，用标志控制"，关系是隐含的，标志（即关联标记）是显现的，标志起着相当重要的作用。关联标记影响复句语义关系，复句语义关系又影响异类语气组配，因此，各语义类别复句使用关联标记的特点影响着异类语气的组配。下面我们从关联标记表达语义关系类别的角度探讨它们对分句语气异类组配的影响。

1. 并列类关联标记对异类语气组配的影响

并列关系和连贯关系复句往往不使用关联标记，如例（1）a和例（2）a，添加了关联标记的并列复句还不能成立，如例（1）b和例（2）b。极个别情况下使用了关联标记，如例（3）a，这个关联标记也可以省略，不影响复句语义的推理。

(1) a. 请你不要走，留在我身边行吗？　　　　（并列）
　　b. *请你<u>既</u>不要走，<u>也</u>留在我身边行吗？
(2) a. 机会已经来了，你准备好了吗？　　　　（连贯）
　　b. *机会已经来了，<u>然后</u>你准备好了吗？
(3) a. 你赶紧写份申请，<u>然后</u>我明天来取。　（连贯）
　　b. 你赶紧写份申请，我明天来取。

比较而言，递进关系就需要关联标记体现两分句间的逻辑意义。异类语气组配时，分句间关联标记配对使用的情况较多，如例（4）a；可以省略前面而保留后面的一个，如例（4）b；但至少需要保留一个标记，否则句子关系不明朗，如例（4）c。

(4) a. 多少代中外探险家<u>尚且</u>都没有穿越那里，<u>何况</u>要在那里打井采油呢？（递进）
　　b. 多少代中外探险家都没有穿越那里，<u>何况</u>要在那里打井采油呢？
　　c. *多少代中外探险家都没有穿越那里，要在那里打井采油呢？

分句语气异类组配时，关联标记如果可有可无，无关联标记连接的分句比有关联标记连接的分句更容易调换顺序。并列、连贯复句中的分句容易调换顺序，如例（5）；递进复句中的分句不能调换顺序，即使勉强调换，语义关系也发生了变化，如例（6）b 句不再是递进复句，而是解注/因果复句；例（6）c 句不再是递进复句，而是因果复句。

(5) a. 你别傻等了，他<u>也</u>太不讲信用了。　　（并列）
　　b. 他<u>也</u>太不讲信用了，你别傻等了。
(6) a. 狮子王国多么爽啊，<u>而且</u>不会少赈。　（递进）
　　b. *狮子王国多么爽啊，不会少赈。　　　（解注/因果）

c. *狮子王国不会少账，多么爽啊！　　　　（因果）

分句间少用关联标记，或者不强制使用关联标记，为异类语气组配提供了方便，增加了组配的种类和数量。并列类中各语义关系复句使用关联标记的强制性由高到低排列为：递进＞并列＞连贯。因此，并列类复句中，连贯关系的关联标记使用频率和使用强制性最低，分句语气异类组配的范围最大，语气组配形式最多样，组配顺序最灵活；递进关系的关联标记使用频率和使用强制性最高，异类语气组配的范围最小，语气组配形式最少，组配顺序最受限；并列关系中分句语气异类组配的情况居中。

2. 因果类关联标记对异类语气组配的影响

因果关系分句间一般不用关联标记，如例（7）a；即使使用，也是以单用的关联标记为多，如例（7）b；配对使用的关联标记较少，如例（7）c。单用、配对使用的关联标记往往可以省略，不影响复句语义关系。

(7) a. 我不能干，才娶你这一位贤内助呀！（因果）
　　 b. 我不能干，所以才娶你这一位贤内助呀！
　　 c. 因为我不能干，所以才娶你这一位贤内助呀！

推断、假设、条件和目的关系的分句间通常使用关联标记，如果是配对的关联标记，如例（8）a、（9）a和例（10）a，往往可以省掉一个，如例（8）b和例（9）b，但是一个标记也不留，句子关系就不明朗了，语言也不通顺，如例（8）c、（9）c、（10）b和例（11）b。

(8) a. 既然爱你到这种程度了，我还会去做让你伤心的事吗？
　　　　　　　　　　　　　　　　　　　　　　　　（推断）
　　 b. 爱你到这种程度了，我还会去做让你伤心的事吗？
　　 c. ？爱你到这种程度了，我会去做让你伤心的事吗？
(9) a. 如果我真的和她走到了一起，那会是个什么样子？（假设）
　　 b. 我真的和她走到了一起，那会是个什么样子？

　　　　c．＊我真的和她走到了一起，会是个什么样子？
（10）a．<u>只要</u>我活着，你<u>就</u>永远不会死心？　　　　（条件）
　　　　b．＊我活着，你<u>就</u>永远不会死心？（可以省略"只要"，但语义关系变成了并列）
（11）a．我们现在只能从内部查起，<u>以便</u>脱掉我们的干系。（目的）
　　　　b．＊我们现在只能从内部查起，脱掉我们的干系。

　　同样，没有关联标记联结的分句最容易调换顺序，比较例（12）a和b；使用单个关联标记联结的分句调换顺序也容易，比较例（12）c和d；而使用配对关联标记联结的分句一般不能调换顺序，比较例（12）e和f。

（12）a．我什么都不知道，你去问别人吧！（因果）
　　　　b．你去问别人吧，我什么都不知道。
　　　　c．你去问别人吧，<u>因为</u>我什么都不知道。
　　　　d．<u>因为</u>我什么都不知道，你去问别人吧！
　　　　e．<u>因为</u>我什么都不知道，<u>所以</u>你去问别人吧！
　　　　f．＊<u>所以</u>你去问别人吧，<u>因为</u>我什么都不知道。

　　因果类复句中，因果关系的关联标记使用频率和使用强制性最低，分句语气异类组配的范围最大，组配的形式最多样，组配的顺序最灵活；但是，假设、推断、目的和条件关系的关联标记使用频率高，使用强制性大，分句语气异类组配的范围小，组配的形式少，组配的顺序受限。

3. 转折类关联标记对异类语气组配的影响

　　转折关系复句通常使用关联标记；有时使用了配对关联标记的复句，如例（13）a，关联标记可以省掉一个，如（13）b；但是一个关联标记也不留，句子关系就不明朗，语言也不通顺，如（13）c。

（13）a．<u>虽然</u>把学生培养成才当然是高等学校的首要任务，<u>但是</u>培养出来的人才是用的还是看的？（转折）

b. 把学生培养成才当然是高等学校的首要任务，但是培养出来的人才是用的还是看的？

　　c. *把学生培养成才当然是高等学校的首要任务，培养出来的人才是用的还是看的？

单用的转折关系关联标记一般居中，如"……但是……"、"……可是……"，由居中关联标记连接的前后分句可以调换顺序，但必须更换连词，如例（14）c和d。因此，相对于并列、连贯和因果关系复句来说，前后分句调换顺序受到了限制。

　　（14）a. 我没有爱别人的权利，但是不爱你的权利我还是有的吧？（转折）

　　　　　b. *但是不爱你的权利我还是有的吧，我没有爱别人的权利。

　　　　　c. *不爱你的权利我还是有的吧，但是我没有爱别人的权利。

　　　　　d. 不爱你的权利我还是有的吧，虽然我没有爱别人的权利。

让步关系和假转关系复句一定需要使用关联标记，复句内的分句不能换序。如：

　　（15）a. 即使不会喝酒，也要少喝一点儿。（让步）

　　　　　b. *不会喝酒，也要少喝一点儿。

　　　　　c. *不会喝酒，要少喝一点儿。

　　　　　d. *也要少喝一点儿，即使不会喝酒。

　　（16）a. 我的事用不着你管，否则你就别怪我翻脸不认人。（假转）

　　　　　b. *我的事用不着你管，你就别怪我翻脸不认人。

关联标记的使用强制性，固定了分句的位置，增加了分句语气异类组配的束缚力，从而减少了组配的种类和数量。转折类复句中，转折关系的关联标记的使用频率和使用强制性相对较低，异类语气组配的范围稍大，组配形式稍多,组配顺序稍灵活;但是,让步和假转关系的关联标记一定要使用,其分句语气异类组配的范围小,组配的形式少,组配顺序受限。

上面的分析可以发现,关联标记的使用频率和使用强制性与语气组配范围、频率和顺序自由度成反比(如表5-10),即二合复句中,关联标记的使用频率和使用强制性越低,异类语气组配的范围越大,语气组配形式越多样,组配顺序越灵活;反之,关联标记的使用频率和使用强制性越高,异类语气组配的范围越小,语气组配形式越少,组配顺序越受限。

表5-10　复句语义类别、关联标记与异类语气组配对应表

复句语义关系	并列类	并列、连贯	递进	选择
	因果类	因果	假设、推断	目的、条件
	转折类		转折	假转、让步
关联标记的使用强制性		小	中	大
语气组配	范围	大	中	小
	频率	高	中	低
	顺序	自由	不太自由	受限

第三节　关联标记选择分句语气异类组配的倾向性规律

上一节我们分析复句语义类别对异类语气组配的影响时,考虑到关联标记是判定复句语义类别的重要标准,探讨了语义类别下每组关联标记的使用特点及其对分句语气异类组配的影响。这一节我们撇开复句语义类别,探讨每个关联标记选择异类语气组配的倾向性。为了避免漏掉重要关联标记,我们还是按照复句语义类别的模式,逐一探讨重要或常用的关联标记。关联标记包括句间连词,如"因为、所以、虽然、但是",关联副词,如"就、还、也、又",助词"的话"和超词形式"不但不、就是因为、与其说"等。意合的汉语复句,分句之间一般不使用关联标记,但是使用了关联标记的复句,关联标记对分句语气的组配有影响。因为我们的语料中使用关联标记的异类语气组配较少,为了证实研究结果的可信度和

实践性，这一节的语料主要来自华中师范大学复句语料库（网络版），部分来自北京大学汉语语言学研究中心现代汉语语料库板块（网络版），特作说明。另外，例句后面注明异类语气组配类别，以便更直观地显示具体关联标记选择异类语气组配的情况。

一 异类语气组配的分句间关联标记的使用情况

分句与分句组合成复句时可以有关联标记联结，也可以没有关联标记联结。有标记联结的复句在数量上远远少于没有标记联结的复句。姚双云统计了《人民日报》语料样本583181个复句，有标复句165096个，占复句总数的28.3%，无标复句418085个，占复句的71.7%。[①] 如果再加上两个分句的语气不同这一条件，有标记联结的复句就更少了，在我们统计的642例异类语气组配中，只有35例使用了关联标记，占5.5%。

虽然没有关联标记联结的复句在语言使用中占绝对优势，但是如果复句中使用了关联标记，关联标记就会对复句中的分句组合产生影响，对分句语气组配产生影响。

关联标记联结分句有两种手段：一是黏合，在两个分句之间插入关联标记，把它们黏接在一起；二是靠合，关联标记所在的小句失去了自足性，靠向另一个小句，这种依赖关系使它们合在一起。[②] 各种复句中，关联标记居中黏接两个分句的情况最多[③]。使用关联标记的复句中，关联标记能被省略的离析能力不一样，从大类来说，因果类关联标记的离析能力较强，并列类关联标记的离析能力次之，转折类关联标记的离析能力最弱，大类下属的不同小类复句中关联标记的离析能力也有较大的差异。[④]

关联标记不仅联结分句，更重要的是标明分句间的语义关系，因此，

[①] 姚双云：《复句关系标记的搭配研究与相关解释》，华中师范大学博士学位论文，2006年。

[②] 刘丹青：《语序类型学与介词理论》，商务印书馆2003年版，第72页。

[③] 同上书，第68—73页。储泽祥、陶伏平：《汉语因果复句的关联标记模式与"联系项居中原则"》，《中国语文》2008年第5期。

[④] 刘云：《复句关系词语离析度考察》，《语言教学与研究》2008年第6期。

根据它们标明复句关系的类别,可以将关联标记分为三大类:标明并列类语义关系的关联标记是并列类复句关联标记;标明因果类语义关系的关联标记是因果类复句关联标记;标明转折类语义关系的关联标记是转折类复句关联标记。并列类、因果类和转折类复句又可以分为若干更具体的类别,如,并列类复句包括并列句、连贯句、递进句和选择句,那么用在并列句中的关联标记称为并列句关联标记,用在连贯句中的关联标记称为连贯句关联标记,依此类推。

尽管关联标记是一个相对封闭的类,但是每种语义类别复句还是使用一定数量的关联标记,有些关联标记因使用较多而比较常见,有些关联标记因使用较少而不常见,这一节我们只关注每类复句的常用关联标记,并逐一考察它们对分句语气异类组配的影响。

二 并列类复句关联标记选择异类语气组配的倾向性

并列类复句包括并列句、连贯句、递进句和选择句,各种句类有自己的代表性关联标记。总的来说,并列类复句关联标记比较排斥不同句类的连接,而倾向于联结两个相同句类,因此并列各类复句中的分句语气一致,并且主要是陈述语气;如果联结不同语气分句的话,只限于少数几种语气组配类别。

(一)并列句关联标记选择异类语气组配的倾向性

并列句的关联标记主要有"既……又……"、"又……又……"、"也……也……"、"一边……一边……"和"一方面……另一方面……"。

"既……又……"是并列句的代表性标志,联结的分句只能是同种句类,分句语气一般是"陈述+陈述"的组配,也有"疑问+疑问"的组配,但没有"祈使+祈使"和"感叹+感叹"的组配,因为"既……又……"用于表示事物属性的并列,不用于表达命令和情感。"既"和"又"所在的分句不仅在音节数目、肯/否定的语法形式,还是在事物的属性上都相同或相近,附在分句上的语气也一致。如:

(17) 我既担心你,又为他难过。　　　　　　　　　　(陈述+陈述)

(18) 他为什么既没遭遇不幸，又没悔过自首呢？（疑问＋疑问）

例（17）是"既……又……"联结的二合复句，分句语气是"陈述＋陈述"的组配，是常见用法；例（18）是由"既……又……"联结，分句语气是"疑问＋疑问"组配的二合复句，这种情况不多见。如果把副词"又"换成"也"，"既……也……"关联标记和"既……又……"一样，只能联结两个同类语气的分句，分句语气一般是"陈述＋陈述"，少有"疑问＋疑问"的组配。

"又……又……"尽管也表示属性的并列，但它联结的同类分句语气只有"陈述＋陈述"的组配，如：

(19) 人又好，心又好。　　　　　　　　　　　　（陈述＋陈述）

"也……也……"表示情况的并列，联结的分句的语气一般是"陈述＋陈述"组配，如例（20），但有极个别的"祈使＋陈述"和"陈述＋疑问"的分句语气异类组配，如例（21）和例（22）。

(20) 鼻梁也直了，嘴唇也薄了。　　　　　　　　（陈述＋陈述）
(21) 你也别闹，我也闹够了。　　　　　　　　　（祈使＋陈述）
(22) 陈明也来，他也要出国？　　　　　　　　　（陈述＋疑问）

"一边……一边……"表示两个动作正在同时进行，联结的分句的语气组配只有"陈述＋陈述"，如：

(23) 王二虎一边答话，一边不停地朝前跑。　　　（陈述＋陈述）

与其他并列关联标记不同的是，"一边……一边……"除了配对使用外，还可以单用，形成居首式"一边……"和居中式"……一边……"两种，但是单用的关联标记联结的分句的语气也只有"陈述＋陈述"的组配，如：

(24) 他一边说着，继续乱翻。　　　　　　　　　　（陈述＋陈述）
(25) 他摇摇晃晃朝工棚里面走，一边回头瞪着小满。（陈述＋陈述）

"一方面……另一方面……"通常配对使用，联结的两个分句的语气一般是"陈述＋陈述"的组配，如例（26），也有"感叹＋感叹"的组配，如例（27）。但没有分句语气异类的组配。

(26) 我一方面是替社说话，另一方面还是为我爹打算。

（陈述＋陈述）

(27) "功利人生"一方面太"机会主义"，另一方面又因其太务实而遮蔽了自己的耳目。　　　　　　　　　　（感叹＋感叹）

因此，并列句关联标记一般联结两个相同句类，两个分句都倾向于陈述句，分句语气同类组配成"陈述＋陈述"。换句话说，并列关联标记的使用基本上排斥分句语气的异类组配。

不同的并列句关联标记在选择分句语气异类组配模式时还是有差异的。"既……又……"、"又……又……"、"一边……一边……"或"一方面……另一方面……"出现时，分句语气异类组配几乎不可能。"也……也……"出现时，异类分句语气可以组配，但仅限于"祈使＋陈述"和"陈述＋疑问"的组配，并且数量很少。

（二）连贯句关联标记选择异类语气组配的倾向性

连贯句的关联标记主要有"……接着……"和"……然后……"。

"……接着……"连贯句表示动作前后承接，"接着"居中，联结的分句一般具有相同的语气，主要构成"陈述＋陈述"的组配，也有"祈使＋祈使"的组配。重要的是，"……接着……"还联结不同句类，分句语气形成"陈述＋疑问"的异类组配。如：

(28) 门外传来汽车的喇叭声，接着徐义德走了进来。（陈述＋陈述）
(29) 道静披衣坐起来，接着又穿鞋下了地。　　　（陈述＋陈述）
(30) 先是队列变化，接着跑步。　　　　　　　　（陈述＋陈述）
(31) 然后你回家午睡一下，接着你要在傍晚去运动场比赛。
（祈使＋祈使）
(32) 曾有人给她算命说她将来很有钱，接着问她拿钱做什么？
（陈述＋疑问）
(33) 王云坤连声称赞，接着问道："你是村干部吗？"
（陈述＋疑问）

"接着"联结的两个分句语气都是陈述，如例（28）；即使"接着"后面与"又、就、便"等副词结合使用，前后分句的语气仍然都是陈述，如例（29）；当前分句出现"先"，形成"先……接着（又、就）……"的关联标记结构式，前后分句也还都是陈述语气，如例（30）。"……接着……"连贯句的分句语气除了"陈述＋陈述"的同类组配外，还有少数"祈使＋祈使"的组配，如例（31）。"……接着……"连贯句的分句语气可以不同，主要是"陈述＋疑问"的异类组配，如例（32）和例（33）。异类组配时有一个特点：疑问分句一般使用言说动词，言说动词后面带一个疑问句做宾语，例（32）疑问句里言说动词后面是间接宾语，例（33）疑问句里言说动词后面是直接宾语。

"……然后……"连贯句也表示动作的先后，联结的分句一般具有相同的语气，主要是"陈述＋陈述"的语气组配，也有"祈使＋祈使"和"疑问＋疑问"的组配。除此之外，联结的分句还可以是不同句类，分句语气形成"陈述＋疑问"和"陈述＋祈使"的异类组配，分别举例如下：

(34) 他愣了几秒钟，然后猛地扭身就走。　　　　（陈述＋陈述）
(35) 下班前，你把老金送到我家门口，然后，就请你自便。
（祈使＋祈使）
(36) 我们为什么不能让别人都来定红旗牌，然后一台台用手工

敲出来给他? （疑问＋疑问）

(37) 毛主席先问了部队的一般情况，<u>然后</u>，他问我诉苦三查是怎么搞起来的? （陈述＋疑问）

(38) 我们可以谈谈语文，<u>然后</u>你可以教我捉虾。 （陈述＋祈使）

总的来说，连贯句关联标记"……接着……"和"……然后……"都倾向于联结相同句类，分句语气组配主要是"陈述＋陈述"。但是它们还可以联结不同句类："……接着……"联结的分句的语气有"陈述＋疑问"的异类组配；"……然后……"联结的分句的语气除了有"陈述＋疑问"的异类组配，还有"陈述＋祈使"的异类组配。这说明，尽管都是连贯句关联标记，但不同关联标记个体对异类语气组配类别的选择是不同的。

（三）递进句关联标记选择异类语气组配的倾向性

递进句的关联标记主要有"不但……而且……"和"尚且……何况……"。

"不但……而且……"配对使用时，联结的分句句类一般相同，以陈述语气占绝大多数，也有祈使语气和感叹语气。除此之外，还联结不同句类，分句语气形成"陈述＋疑问"的异类组配。分别举例如下：

(39) 她<u>不但</u>爱干净，<u>而且</u>衣饰很讲究。 （陈述＋陈述）

(40) 你<u>不但</u>要去，<u>而且</u>还要一个人去。 （祈使＋祈使）

(41) 这个东西<u>不但</u>太大，<u>而且</u>太粗。 （感叹＋感叹）

(42) <u>不但</u>1500元房租交了，<u>而且</u>5万元的贷款都连本带息还了? （陈述＋疑问）

如果将"不但……而且……"中的"不但"换成同义词"不仅、不只、不光"等，联结不同句类时，分句语气仍然只能有"陈述＋疑问"的异类组配，如：

(43) 高价消费的冲动性盲目性<u>不仅</u>带来消费误导，<u>而且</u>，上海

滩上又有几多款爷大腕? （陈述＋疑问）

"不但"和"而且"还可以单用。"不但"单用时,后面可以有副词"还、也",联结不同句类时,分句语气也只能有"陈述＋疑问"的异类组配,如:

(44) 这位无心的公子<u>不但</u>有把握可以杀叶开,<u>还</u>要找小李探花比一比高下? （陈述＋疑问）

"而且"单用时,前面通常没有其他与之呼应的词。"而且"除了联结相同句类外,还可以联结不同句类,分句语气形成"陈述＋疑问"、"感叹＋陈述"或"陈述＋感叹"的异类组配,如:

(45) 我一生中不知造了多少业,<u>而且</u>人非圣贤孰能无过?
　　　　　　　　　　　　　　　　　　　（陈述＋疑问）
(46) 这个话题太敏感,<u>而且</u>扫兴。 （感叹＋陈述）
(47) 降价措施对众多艾滋病患者来说只是杯水车薪,<u>而且</u>降价来的太晚了。 （陈述＋感叹）

"尚且……何况……"也表示递进,是一种反逼递进句[①]。主要联结不同句类,分句语气组配是"陈述＋疑问"。当然也联结相同句类,分句语气组配是"陈述＋陈述",除此之外,没有见到分句语气的其他组配类别。如:

(48) 县委扩大会<u>尚且</u>开得如此艰难,<u>何况</u>他们一个小乡镇?
　　　　　　　　　　　　　　　　　　　（陈述＋疑问）
(49) 钞票<u>尚且</u>需要不断更新防伪措施,<u>何况</u>商品商标呢?
　　　　　　　　　　　　　　　　　　　（陈述＋疑问）

---

① 邢福义:《汉语复句研究》,商务印书馆2001年版,第231页。

(50) 私有制企业尚且要解决劳动者的归属感问题，何况公有制企业。　　　　　　　　　　　　　　　　　　　（陈述＋陈述）

　　(51) 山沟里，四肢健全的人尚且生活艰难，何况一个失去双臂的女孩子！　　　　　　　　　　　　　　　　　（陈述＋陈述）

　　(52) 对别厂产品他们尚且能救援，何况对自己产品的售后服务呢！　　　　　　　　　　　　　　　　　　　　（陈述＋陈述）

例(48)是"尚且……何况……"联结的常见句类，前面是陈述句，后面是疑问句，分句语气组配就是"陈述＋疑问"；有时后分句使用语气助词"呢"加强疑问语气，如例(49)；"尚且……何况……"还联结两个陈述句，如例(50)；但是通常情况下，陈述后分句带有感情色彩，比如句末使用感叹号，如例(51)，甚至感叹号和语气助词"呢"连用，如例(52)。

"尚且"和"何况"也可以单用："尚且……，……"、"……何况……"，都能联结是陈述的相同句类，还能联结前面是陈述，后面是疑问的不同句类。如：

　　(53) 圈子里尚且如此，圈子外又会如何？　　（陈述＋疑问）
　　(54) 就连羊都知道只恋着她，又何况是我呢？　（陈述＋疑问）

例(53)"尚且"单用，例(54)"何况"单用，联结的分句具有不同的语气，都是"陈述＋疑问"的异类语气组配。不同的是，"何况"还可以联结其他句类，分句语气是"陈述＋感叹"的异类组配，如例(55)：

　　(55) 移玉神功转注的功力本身就要打一个折扣，何况姑娘的年纪太轻……　　　　　　　　　　　　　　　　　（陈述＋感叹）

总的来看，递进句关联标记联结的分句一般是同类语气，以"陈述＋

陈述"的组配为最多；如果联结不同句类，分句语气多是"陈述＋疑问"的异类组配。"不但……而且……"和"尚且……何况……"配对使用以及"不但"和"尚且"单用时，联结的分句语气异类组配只有"陈述＋疑问"；但是"而且"和"尚且"单用时，联结的分句语气异类组配除了"陈述＋疑问"外，还有"感叹＋陈述"或"陈述＋感叹"。这说明，关联标记配对使用和居首式单用关联标记对分句语气异类组配限制较大，而居中式单用关联标记对分句语气异类组配限制较小。

（四）选择句关联标记选择异类语气组配的倾向性

选择关系的关联标记主要有"或者……或者……"和"要么……要么……"。

配对使用的"或者……或者……"在实际语言中使用得并不多，但如果使用了，联结的两个分句的语气只见到"陈述＋陈述"的组配，如：

(56) 或者是现在没有作品，或者这片空白就是他的作品。

（陈述＋陈述）

更多的时候，前分句的"或者"不出现，只在后分句出现"或者"，分句的语气以同类组配为主，也有异类组配，举例如下：

(57) 箫没有听见，或者是听见了不想回答。　（陈述＋陈述）
(58) 到我这儿来，或者跟我回家。　　　　　（祈使＋祈使）
(59) 莫非他孩子的病诊断清了，或者已经好了？（疑问＋疑问）
(60) 一般都觉得这样的人太嫩了，或者还有一个说法叫"骄傲"。

（感叹＋陈述）

(61) 星期天早晨发生口角的通常原因是早饭开晚了，或者等的时间太长了。

（陈述＋感叹）

(62) 我赞成应该由他保管，或者你们之中有人要负起这个责任来？

（陈述＋疑问）

"或者"居中使用时，联结相同句类，分句语气组配有"陈述＋陈述"、"疑问＋疑问"和"祈使＋祈使"；联结不同句类，分句语气组配有"感叹＋陈述"、"陈述＋感叹"和"陈述＋疑问"。

"要么……要么……"通常配对使用，联结的两个分句的语气相同，以祈使语气为最多，也有陈述语气，没有"疑问＋疑问"和"感叹＋感叹"的语气组配，也没有见到"要么……要么……"联结不同句类的用例。如：

(63) 你要么回你的家，要么跟我一起回军区。（祈使＋祈使）
(64) 她要么狠狠地瞪着我，要么只对我短暂地一瞥。（陈述＋陈述）

"要么"也可以单用，无论居前还是居中使用，都联结相同句类，分句语气组配是"祈使＋祈使"，如：

(65) 你要么别干，要干就得真干。（祈使＋祈使）
(66) 在这儿你要联合会趁钱，要么你就得忍着。（祈使＋祈使）

例(65)"要么"在前分句，后分句出现"要 VP 就 VP"格式，这是"要么"居首单用时的典型句式，分句的语气都是祈使。例(66)"要么"在后分句，前分句可以补上"要么"，分句语气也是"祈使＋祈使"的组配。

同是选择句关联标记，"要么……要么……"无论是配对使用还是单用，都排斥分句语气异类组配，而"或者……或者……"配对使用时排斥分句异类语气组配，但居中单用时联结的分句语气可以不一样，不一样的分句语气组配成"陈述＋疑问"、"陈述＋感叹"和"感叹＋陈述"类别。

常用的并列类复句关联标记共 11 个，它们对分句语气异类组配类别的选择不同，总结如表 5-11 所示。

表 5-11　　并列类关联标记选择异类语气组配类别对应表

	关联标记	异类语气组配类别
并列句	既……又……	—
	又……又……	—
	一边……一边……	—
	也……也……	陈述+疑问、祈使+陈述
	一方面……另一方面……	—
连贯句	……接着……	陈述+疑问
	……然后……	陈述+疑问、陈述+祈使
递进句	不但……而且……	陈述+疑问
	不但……，……	陈述+疑问
	……而且……	陈述+疑问、感叹+陈述、陈述+感叹
	尚且……何况……	陈述+疑问
	尚且……，……	陈述+疑问
	……何况……	陈述+疑问、陈述+感叹
选择句	或者……或者……	—
	……或者……	陈述+疑问、感叹+陈述、陈述+感叹
	要么……要么……	—
	……要么……	—

三　因果类复句关联标记选择异类语气组配的倾向性

因果类复句包括因果句、推断句、假设句、条件句和目的句，各种句式有自己的代表性关联标记。表示同样语义关系的关联标记对分句语气异类组配的选择有不同的倾向，同样的关联标记是配对使用还是单用对异类语气组配的选择倾向也不一样。

（一）因果句关联标记选择异类语气组配的倾向性

因果关系复句的代表性关联标记是"因为……所以……"，它们通常配对使用，有时也单用，只出现"因为"或者"所以"；"因为"和"所以"还可以换位之后配对使用,即"所以……因为……"。

"因为……所以……"配对使用时一般联结相同句类,强烈倾向于陈述句类,无论"因为"是在句首,如例(67),还是在主语和谓语之间,如例(68)。换句话说,关联标记在分句内的位置变化不影响分句语气是"陈述+陈述"的组配。分别举例如下。

(67) 因为这块地皮是我们的,所以要收钱。　　（陈述+陈述）
(68) 齐英因为急着找领导,所以他想得更多些。（陈述+陈述）
(69) 因为想太多,所以太难过。　　　　　　　（感叹+感叹）

"因为……所以……"还可以联结不同句类,但其中一个分句必须是陈述句。具体来说,"因为"分句要么是陈述,要么是感叹,"所以"分句可以是陈述、疑问、祈使或者感叹,组配起来有下面5种模式。

(70) 因为你们下面的领导都不可靠,所以才不得不这么做?

（陈述+疑问）

(71) 因为是在古城监狱里,所以你要尽全力帮助魏德华他们把这件事做好。　　　　　　　　　　　　　　　　　（陈述+祈使）
(72) 因为无愧,所以无憾!　　　　　　　　　（陈述+感叹）
(73) 因为回忆太累,所以他就不再往下想。　　（感叹+陈述）
(74) 也许因为世界太拥挤,所以造物主那么吝啬吧?

（感叹+疑问）

这5种组配类别中,"陈述+疑问"和"感叹+陈述"的使用相对较多;"陈述+祈使"和"陈述+感叹"不仅使用非常少,而且"祈使"程度和"感叹"程度都不强烈,祈使语气是介于祈使和陈述之间的陈祈语气,如例(71),感叹语气是介于感叹和陈述之间的陈感语气,如例(72)。分句语气组配是"感叹+疑问"的二合复句也非常少。

"所以……因为……"也配对使用,联结的分句的语气也强烈倾向于

"陈述＋陈述"的同类组配。如：

(75) <u>所以</u>他才怀疑，<u>因为</u>看上去不像。　　　　　　（陈述＋陈述）
(76) 我<u>之所以</u>对她印象深刻，<u>因为</u>那时候她总是和米兰在一起。
（陈述＋陈述）

例 (75) 的关联标记是"所以"和"因为"，例 (76) 的关联标记是"之所以"和"因为"，"因为"的前面还可以添加"是"构成"是因为"，它们联结的分句的语气一般只能是"陈述＋陈述"的组配，不能是"疑问＋疑问"、"祈使＋祈使"和"感叹＋感叹"组配。

"所以……因为……"也联结不同句类，分句的语气形成异类组配，但与"因为……所以……"联结的不同句类的语气组配相比，"所以……因为……"中的异类组配类别较少，组配频率也较低。如：

(77) 县域经济这个题目<u>之所以</u>吸引人，<u>是因为</u>它的分量太重要了。　　　　　　　　　　　　　　　　　　　　　　　（陈述＋感叹）
(78) 这么说，你<u>所以</u>没有成为大人物，<u>是因为</u>挫折太少了？
（陈述＋疑问）
(79) <u>所以</u>请你收回你的揣测，<u>因为</u>你误解我了！（祈使＋陈述）

例 (77) 是"陈述＋感叹"的组配，例 (78) 是"陈述＋疑问"的组配，例 (79) 是"祈使＋陈述"的组配，"所以……因为……"联结的分句的语气基本上只能形成这 3 种异类组配。

"因为"和"所以"还可以单用。"因为"和"所以"单用，有居首和居中两种位置，都能联结相同句类，联结不同句类时，居首和居中的"因为"和"所以"选择不同的分句语气组配。

"因为"居中时联结的两个分句的语气可以形成"陈述＋疑问"、"陈述＋感叹"、"感叹＋陈述"、"祈使＋陈述"、"疑问＋感叹"5 种组配类别，并且这些类别的使用频率都较高。如：

(80) 这个"自由"倒使我害怕了,因为我不得不想到这样是不是会影响我们儿子的"自由"? （陈述＋疑问）

(81) 这不能怪儿子不懂事,因为刘振启同妻儿在一起的时间太少太少。 （陈述＋感叹）

(82) 这些问题,因为太多太繁,不必多说。 （感叹＋陈述）

(83) 你不要过于悲哀,因为你即将临产。 （祈使＋陈述）

(84) 里间怎么样,因为太黑了。 （疑问＋感叹）

"因为"居首时联结的两个分句的语气有"感叹＋陈述"和"陈述＋疑问"2种异类组配,如:

(85) 因为她们的身体太弱,由三个弟兄架着跑。 （感叹＋陈述）

(86) 因为谁也不知道你是谁,能卖多少钱一斤? （陈述＋疑问）

"所以"居中时,联结的分句的语气异类组配倾向于"陈述＋疑问"、"陈述＋感叹"、"陈述＋祈使"和"感叹＋陈述",这些类别的使用频率较高。如:

(87) 他就这么弄一弄,所以你不觉得现在中国很多事都这样吗? （陈述＋疑问）

(88) 首先要适合孩子们的实际,所以起点不能太高。 （陈述＋感叹）

(89) 他说啤酒喝了可以催奶的,所以你要多喝一点。 （陈述＋祈使）

(90) 对,你就是为人太真了,所以你就容易受人骗。 （感叹＋陈述）

"所以"居首时,联结的分句的语气组配倾向于"陈述＋疑问"和"感叹＋陈述"。举例如下:

(91) 所以你这女人仗着读者身份对我大肆践踏,真是太聪明了! （感叹＋陈述）

(92) <u>所以</u>你是富士康不是富士山啊,怎么能把咱中国人当日本人用呢。(陈述+疑问)

"因为……所以……"配对使用以及"因为"和"所以"单用,单用时"因为"和"所以"是居首还是居中,都对分句语气异类组配类别的选择不太一样。

需要说明的是,"因为"和"所以"用在句首时,往往与上文形成因果关系,而不是联结的两个分句间是因果关系,这种情况被排除在我们的研究之外,如:

(93) <u>因为</u>敌人太多,咱们的兵力太小。
(94) <u>所以</u>,你不要太着急,等我回来咱们立刻就办。

例(93)的前后分句通过反义词"太多"和"太少"形成对照关系,不能理解成由"因为"联结的因果关系复句。同样,例(94)的前后分句形成连贯关系,不是形式标记"所以"联结的因果关系复句。

上面我们专门讨论了"因为……所以……"的配对使用以及"因为"和"所以"的单用对异类语气组配类别选择的倾向性。但是,因果关系复句除了"因为"和"所以"之外,还有其他常用的标记形式:"由于……,……"、"……因此……"和"……以致……"。下面我们通过与上面的比较来研究它们对异类语气组配的影响。

第一组:"由于……,……"和"因为……,……"

这一组关联标记都居首。"由于"书面语色彩较强[1],"由于"因句比较客观,难用情感性强的感叹句,多是陈述句,由比较客观的原因引起比较客观的结果,果句也是陈述句。"因为"没有这种语体倾向,可以由客观原因到客观结果,也可以由主观原因到主观结果,"因为"因句可以是感叹句。这样一来,"由于"联结的分句的语气组配比"因为"要少。如:

---

[1] 邢福义:《汉语复句研究》,商务印书馆2001年版,第64页。

(95) 道静由于过度疲乏，嗓子都嘶哑了。　　　（陈述＋陈述）

(96) 由于热岛现象与大气污染有关，所以必须是强化城市的环境监督管理。　　　　　　　　　　　　　　　　（陈述＋陈述）

(97) 由于中小学生体育锻炼量不够，以致 2000 年学生体能素质指标比 1995 年有所下降。　　　　　　　　　　（陈述＋陈述）

"由于"单用联结的分句的语气只见到"陈述＋陈述"的同类组配，如例（95）；"由于"和"所以"配对使用时，联结的分句的语气组配还是"陈述＋陈述"，如例（96）；"由于"联结的分句语气只能相同，并且只能都是陈述，排斥异类语气组配。

第二组："……因此……"、"……以致……"和"……所以……"

这一组关联标记都居中。"以致"的前分句叙述某种作为原因的事情，后分句通过"以致"引出不好的或不正常的结果。①"以致"联结的两个分句的语气一般是"陈述＋陈述"的同类组配，也有较多的"疑问＋疑问"同类组配，还有"感叹＋陈述"、"陈述＋感叹"和"陈述＋疑问"的异类组配。如：

(98) 天又蓝又亮，以致阴影里都是蓝黝黝的光。（陈述＋陈述）

(99) 这种爱是不是过于高不可攀，以致同普通人的普通生活和普通道德绝了缘呢？　　　　　　　　　　　　（疑问＋疑问）

(100) 他的身躯是那样巨大，以致挡住了整个的天空。

（感叹＋陈述）

(101) 同死者交往可能如此引人入胜，以致使人对生者想得太少。　　　　　　　　　　　　　　　　　　　　（陈述＋感叹）

(102) 杨高看时汗水流得满脸，以致湿透了衣衫？（陈述＋疑问）

"因此"居中时联结的两个分句的语气组配类别与"以致"一样，都

---

① 邢福义：《汉语复句研究》，商务印书馆 2001 年版，第 67 页。

强烈倾向于"陈述+陈述"的同类组配，也有"陈述+疑问"、"陈述+感叹"和"感叹+陈述"的异类组配。举例如下：

(103) 他们流血牺牲为创建这个国家做出了贡献，因此就"罪该万死"吗？　　　　　　　　　　　　　　　　　（陈述+疑问）

(104) 这打击来得太沉重太无情了，她因此病倒了两个多月。
　　　　　　　　　　　　　　　　　　　　　（感叹+陈述）

(105) 我们现在比那时候好得多了，因此，我们一定能够把敌人打个落花流水！　　　　　　　　　　　　　　（陈述+感叹）

因此，"以致"、"所以"和"因此"三个单用的居中关联标记，联结的分句都倾向于有相同的语气，并且以"陈述+陈述"的语气组配为最多；除此之外，都能联结不同分句，分句语气形成"陈述+感叹"、"陈述+疑问"和"感叹+陈述"的异类组配。但是，"所以"能联结的分句的语气组配是"陈述+祈使"，而"因此"和"以致"不能。

（二）推断句关联标记选择异类语气组配的倾向性

推断关系复句的代表性关联标记是"既然……就……"，很多时候"就"省略，"既然"单用。无论"既然"和"就"配对使用，还是"既然"单用，联结的分句的语气基本上是"陈述+陈述"组配，个别有"感叹+感叹"组配，没有"祈使+祈使"和"疑问+疑问"的组配。如：

(106) 丈夫既然应允，七嫂子也就依从了。　　（陈述+陈述）
(107) 既然你这么无所谓了，我也没必要太顾忌了。（陈述+陈述）
(108) 我后来再没提过这件事，既然他们否认了。（陈述+陈述）

例（106）"既然"和"就"配对使用，前后分句的语气都是陈述；例（107）"既然"单用，放在句首，例（108）"既然"单用，放在句中，都形成"陈述+陈述"的同类语气组配。

"既然……就……"也联结不同句类，"既然"所在分句一般是陈述语气,个别是感叹语气,不能是祈使或疑问语气;"就"所在分句一般是陈述或祈使语气,少数是疑问语气,不能是感叹语气。关联标记配对使用时,分句的语气异类组配倾向于"陈述+祈使";"既然"单用时,分句的语气异类组配倾向于"陈述+疑问"。如:

(109) 既然是这样,你就不要拦挡我。　　　　　(陈述+祈使)
(110) 既然要休你,又何必娶你?　　　　　　　(陈述+疑问)

例(109)"既然"所在分句语气是陈述,"就"所在分句语气是祈使。例(110)"既然"所在分句语气是陈述,"就"没有出现,后分句是反问。"就"出现时,"陈述+祈使"类别较多;"就"不出现时,"陈述+疑问"较多;无论"就"出现还是不出现,感叹语气都罕见。如:

(111) 这对情人既然原先已经爱深情笃,那么西施后来在吴国的奉献就太与人性相背。　　　　　　　　　　(陈述+感叹)

"既然"所在分句是感叹语气时,分句语气还可以形成"感叹+祈使"和"感叹+疑问"的异类组配,但使用频率不高。例(112)和例(113)前分句都是感叹,但感叹语气都较弱,后分句无论是祈使还是疑问,都带有较强的情感性。

(112) 既然你那老余这么可爱,你就去爱吧!　　　(感叹+祈使)
(113) 既然这么好,你为什么不去嫁给他!　　　　(感叹+疑问)

"既然"单用时一般在句首,如例(113),也用在主语和谓语之间,如例(106),但是它的位置不影响对异类语气组配类别的选择。另外,后分句的主语前边有时使用"那么、那"和"就"组合,如例(114),也不影响对异类语气组配类别的选择。

(114) 既然你一定要去，那咱就一块走吧。　　　　（陈述＋祈使）

对比考察第一组"既然……就……"和"因为……所以……"。这两组配对使用的关联标记都表示据因断果，但是"既然……就……"重在推断，主观性较强；"因为……所以……"重在述说，客观性较强。^① 疑问、祈使、感叹相对于陈述来说，主观性强些，因此"既然……就……"联结的分句的语气会有疑问、祈使或者感叹，而"因为……所以……"联结的分句的语气一般不会有疑问、祈使或者感叹，"既然……就……"比"因为……所以……"联结的分句的语气有更多异类组配，且组配的使用频率也较高。

(115) a. 既然是这样，那你就听我的命令吧。　　　（陈述＋祈使）
　　　b. 因为是这样，所以你就听我的命令吧。　　（陈述＋祈使）
(116) a. 既然丞相有这个意见，就依着他吧。　　　（陈述＋祈使）
　　　b. ？因为丞相有这个意见，所以依着他吧。（陈述＋祈使）

第二组"既然……，……"和"因为……，……"。这两个都是单用的关联标记，并且都用在句首。由于"既然……"是推断的依据，后分句往往可以表示询问或者反问。"因为……"的后边则不好接上问句。比较：

(117) a. 既然打散了，为什么你不去找？　　　　　（陈述＋疑问）
　　　b. ＊因为打散了，为什么你不去找？　　　　（陈述＋疑问）

"既然"后面接祈使，"因为"后面不好接。比较：

(118) a. 既然来了，进村看看吧！　　　　　　　　（陈述＋祈使）
　　　b. ？因为来了，进村看看吧！　　　　　　　（陈述＋祈使）

---

① 邢福义：《汉语复句研究》，商务印书馆 2001 年版，第 73 页。

（三）假设句关联标记选择异类语气组配的倾向性

"如果……就……"是假设关系复句的代表性标记。"如果"句的语气一般只能是陈述，极个别是感叹；"就"句的语气丰富，可以是陈述、祈使或者感叹，"陈述＋陈述"的同类语气组配频率极高，"陈述＋祈使"和"陈述＋感叹"的异类组配频率也较高，还有"感叹＋陈述"的异类语气组配。分别举例如下：

（119）如果再冲进去，出来的可能性就很小了。　　（陈述＋陈述）
（120）如果他什么感觉都没有，那就太悲哀了。　　（陈述＋感叹）
（121）如果他要你去干什么事，那你就让他直接来找我。
　　　　　　　　　　　　　　　　　　　　　　　　（陈述＋祈使）
（122）如果我晚年太孤独，我就自杀。　　　　　　（感叹＋陈述）

"如果"单用时联结的分句的语气主要形成"陈述＋疑问"的异类组配。例（123）的后分句是询问，例（124）的后分句是反问，这两种问句都较常见。

（123）如果我骗你，你会恨我吗？　　　　　　　　（陈述＋疑问）
（124）如果我们向齐王进攻，岂不是帮助吕氏叛乱吗？
　　　　　　　　　　　　　　　　　　　　　　　　（陈述＋疑问）

"如果"换成同义词"要是、假如、假使"，"就"换成"便、那么就"或者被省略，仍然是"陈述＋疑问"、"陈述＋祈使"、"陈述＋感叹"和"感叹＋陈述"的异类语气组配，但是它们联结的分句不如"如果……就……"联结的分句使用频率高。如：

（125）假如我们同居，或者他就不会出事？　　　　（陈述＋疑问）
（126）假使这一仗可以打，打起来对我们有多大的好处？
　　　　　　　　　　　　　　　　　　　　　　　　（陈述＋疑问）

(127) 你要是知道好歹，就别来挡横儿。　　　（陈述＋祈使）
(128) 假如世界上只有她一个人，那实在是太寂寞了。（陈述＋感叹）
(129) 一棵猴面包树苗，假如你拔得太迟，就再也无法把它清除掉。　　　　　　　　　　　　　　　　（感叹＋陈述）

"要不是……就……"和"如果说……那么……"都是由"如果……就……"衍生的比较特殊的关联标记，但是"要不是……（就）……"联结的分句的语气异类组配有"陈述＋疑问"、"陈述＋感叹"和"感叹＋陈述"；"如果说……那么……"联结的分句的语气异类组配只有"陈述＋疑问"。如：

(130) 就像这块地，要不是用社里的工起沙，他一家哪有这力量？　　　　　　　　　　　　　　　　（陈述＋疑问）
(131) 要不是你李闯王来得快，这石门寨就是老子的天下！
　　　　　　　　　　　　　　　　　　　　（陈述＋感叹）
(132) 要不是他年纪太小，我们四姐妹本来会一齐嫁给他的！
　　　　　　　　　　　　　　　　　　　　（感叹＋陈述）
(133) 如果说是看山人的房子，那么坚硬的大山有什么可看护的？　　　　　　　　　　　　　　　　（陈述＋疑问）

"与其……不如……"联结的分句的语气一般相同，分句语气组配是"陈述＋陈述"，联结的分句的语气也有异类组配"陈述＋疑问"和"陈述＋祈使"。如：

(134) 一切与其说是靠道理，不如说是靠操作。　（陈述＋陈述）
(135) 与其这么傻等，为什么不走路去呢？　　　（陈述＋疑问）
(136) 与其我去，还不如你去。　　　　　　　　（陈述＋祈使）

（四）条件句关联标记选择异类语气组配的倾向性

"只有……才……"是条件句的代表标记，前分句表条件，后分句表结果，前后分句的语气相同，并且还只能是"陈述＋陈述"的语气组配，有时后分句的陈述语气带上感情色彩，但是分句语气一般不会是疑问或者祈使语气。如：

（137）<u>只有</u>深入了解乡村，<u>才</u>能做好乡村工作。　　（陈述＋陈述）

"只要……就……"联结的前分句表条件，后分句表结果，两分句都表示未然事件。分句的语气一般相同，形成"陈述＋陈述"的语气组配，如例（138），很多时候后分句的陈述语气带有感情色彩，如例（139）。"只要……就……"还联结不同句类，分句语气形成"陈述＋疑问"和"陈述＋祈使"的异类组配，如例（140）和（141）。

（138）<u>只要</u>见到了同志们，我<u>就</u>什么都不怕了。　　（陈述＋陈述）
（139）<u>只要</u>我有一口气，我<u>就</u>要和你们干到底！　　（陈述＋陈述）
（140）<u>只要</u>答应了这个条件，他们<u>就</u>可以不开车进城？

（陈述＋疑问）
（141）到组织的时候，<u>只要</u>小毛说话，咱们<u>就</u>碰他。（陈述＋祈使）

"只有……才……"和"只要……就……"联结的分句都是陈述语气时，陈述语气程度有差别。例（142）语气程度较重，意思是不坦白交待就只有死路一条，是警告；例（143）语气程度较轻，意思是不隐瞒就会有好的结果，是劝告。比较：

（142）<u>只有</u>坦白交代，<u>才</u>有出路！　　　　（陈述＋陈述）
（143）<u>只要</u>坦白交代，<u>就</u>有出路！　　　　（陈述＋陈述）

"越……越……"联结的前分句表条件，后分句表结果，两分句都表示未然事件，但是分句的语气组配只能是"陈述＋陈述"，强烈排斥异类分句的组合。如：

(144) 你越看，他们越想跑。　　　　　　　　　　（陈述＋陈述）

(145) 艰难越多，她越想逃避。　　　　　　　　　（陈述＋陈述）

（五）目的句关联标记选择异类语气组配的倾向性

"……以便……"和"……以免……"都是目的关系复句的代表性关联标记，使用"以便"的复句是获取性目的关系，使用"以免"的复句是免除性目的关系。两者都用来联结相同句类，分句语气组配主要是"陈述＋陈述"，少有"疑问＋疑问"，也联结不同句类，分句语气异类组配只有"陈述＋疑问"类别。比较：

(146) 他故意摇晃身躯，以便飘起胸前的桃红领带。

（陈述＋陈述）

(147) 这种事情不宜多声张，以免打草惊蛇。　　（陈述＋陈述）

(148) a. 何不仍用原名，以便号召？　　　　　　（疑问＋疑问）

　　　b. 何不仍用原名，以免弄混淆了？　　　　（疑问＋疑问）

(149) a. 我们这些人可不可以互相联系，以便彼此有个照应？

（陈述＋疑问）

　　　b. 我们这些人可不可以互相联系，以免彼此没个照应？

（陈述＋疑问）

例（146）和例（147）尽管关联标记不同，但是前后分句都是陈述语气，是"陈述＋陈述"的分句语气组配，例（148）是"疑问＋疑问"的分句语气组配。"以便"和"以免"所在分句是疑问语气，如例（149），不同的是，"以便"后面的疑问是肯定形式，"以免"后面的疑问是否定形式。

常用的因果类复句关联标记共 14 个，它们对分句语气异类组配类别的选择不同，总结如表 5-12 所示。

表 5-12　　因果类关联标记选择异类语气组配类别对应表

关联标记		异类语气组配类别
因果句	因为……所以……	陈述+疑问、陈述+祈使、陈述+感叹、感叹+陈述、感叹+疑问
	所以……因为……	陈述+疑问、陈述+感叹、祈使+陈述
	……因为……	陈述+疑问、陈述+感叹、祈使+陈述、感叹+陈述、疑问+感叹
	因为……，……	陈述+疑问、感叹+陈述
	……所以……	陈述+疑问、陈述+祈使、陈述+感叹、感叹+陈述
	由于……，……	—
	……以致……	陈述+疑问、陈述+感叹、感叹+陈述
	……因此……	陈述+疑问、陈述+感叹、感叹+陈述
推断句	既然……就……	陈述+祈使、陈述+感叹、感叹+祈使
	既然……，……	陈述+疑问、感叹+疑问
假设句	如果……就……	陈述+祈使、陈述+感叹、感叹+陈述
	要不是……就……	陈述+疑问、陈述+感叹、感叹+陈述
	如果说……那么……	陈述+疑问
	与其……不如……	陈述+疑问、陈述+祈使
条件句	只有……才……	—
	只要……就……	陈述+疑问、陈述+祈使
	越……越……	—
目的句	……以便……	陈述+疑问
	……以免……	陈述+疑问

四　转折类复句关联标记选择异类语气组配的倾向性

转折类复句包括转折句、让步句和假转句，各种句类有自己的代表性关联标记。不同的关联标记以及同样关联标记的不同使用位置都对异类语气组配类别的选择倾向不同。

(一) 转折句关联标记选择异类语气组配的倾向性

"……但是……"是典型的转折句关联标记,联结的两个分句的语气一般都是陈述,也有前分句是陈述,后分句是疑问/祈使/感叹语气的组配;如果后分句是陈述语气,前分句只能是感叹语气,这种用例较少。如:

(150) 道理我清楚,<u>但是</u>我心里难受。　　　　　(陈述＋陈述)
(151) ——不是我的,<u>但是</u>请你放开!　　　　　(陈述＋祈使)
(152) 王吉元不敢多问,<u>但是</u>怎么能睡得着呢?　(陈述＋疑问)
(153) 其他护士和医生匆忙赶来,<u>但是</u>已经太晚。(陈述＋感叹)
(154) 这话和泪对一个陌生人是太亲近了,<u>但是</u>她毫无愧色。

　　　　　　　　　　　　　　　　　　　　　　　(感叹＋陈述)

"……可是……"与"……但是……"意义相近,联结的两个分句的语气组配类别也一样。分别举例如下:

(155) 这老头子也是分粮的对象,<u>可是</u>他不要。　(陈述＋陈述)
(156) 这样看来,他们的战术是非常严格的,<u>可是</u>未免也太机械了。　　　　　　　　　　　　　　　　　　　　　　(陈述＋感叹)
(157) 这可是秘密消息,你<u>可</u>千万不要跟谁说!　(陈述＋祈使)
(158) 结婚当然好,<u>可是</u>你怎么办呢?　　　　　(陈述＋疑问)
(159) 你对事物认识得这么深刻,<u>可</u>你还是错过了一生!

　　　　　　　　　　　　　　　　　　　　　　　(感叹＋陈述)

需要说明的是,"可是"和"但是"用在二合复句句首时,一般与上文形成转折,而不是与后分句形成转折关系,这种情况不在我们的研究之列。如:

(160) <u>可是</u>我要干了,八路军不找我啊?　　　　(感叹＋疑问)

(161) 但是看着孩子们,振德怎能咽得下? （陈述+疑问）

例(160)中的前后分句是假设关系,例(161)中的前后分句是并列关系,都不是"可是"和"但是"显示的转折关系。

"……却……"是关联副词,"可是"和"但是"是连词,"却"有的时候可以替换"可是"和"但是",有的时候不能替换。一般来说,"却"比"但是"的使用范围要宽①,因此"却"除了具有"但是"能联结的所有句类之外,还能联结疑问句,如例(166),它的后分句可以省掉"反而"。

(162) 阿芳想争辩,却又不敢说。 （陈述+陈述）
(163) 不帮衬自己人,却帮衬外头人? （陈述+疑问）
(164) 掌握知识容易,创造知识却太难了。 （陈述+感叹）
(165) 机会太难得了,我却这样一闪而过。 （感叹+陈述）
(166) 一个市委书记的千金小姐,怎么会看中一个下贱的罪犯,却反而看不上省委书记的儿子? （疑问+疑问）

(二)让步句关联标记选择异类语气组配的倾向性

让步关联标记主要有"虽然……但是……"、"即使……也……"、"无论……都……"和"宁可……也……"。

"虽然……但是……"通常配对使用,无论"虽然"是在主语前边,还是在主语后边,联结两个分句的语气一般是"陈述+陈述"的组配,如例(167)和(168),也有"陈述+感叹"和"陈述+疑问"的组配,如例(169)和(170),但是"陈述+疑问"组配的使用频率高于"陈述+感叹"的组配。如:

(167) 虽然没能把飞虎队消灭,但是总算是扑着人影了。

（陈述+陈述）

---

① 刑福义:《汉语复句研究》,商务印书馆2001年版,第295页。

(168) 坤宁宫他<u>虽然</u>还来,<u>但是</u>比往日稀少了。　（陈述＋陈述）
(169) 周君<u>虽然</u>有仁人志士的心肠,<u>但是</u>太偏颇了,太过激了!
　　　　　　　　　　　　　　　　　　　　　　　（陈述＋感叹）
(170) 人们<u>虽然</u>不得不遵照闯王的命令散去,<u>但是</u>谁肯真的离开呀?　　　　　　　　　　　　　　　　　　　　（陈述＋疑问）

"虽然……但是……"中的"但是"可以不出现,"虽然"单用。"虽然"在前分句时,后分句有时出现与之呼应的转折词"可是、可、然而、不过、却"。"虽然"在前分句单用与"虽然……但是……"配对使用,联结的分句的语气组配类别不完全一样,如:

(171) <u>虽然</u>没有给所有弟兄们商量,我相信我是代表了你们的利益。　　　　　　　　　　　　　　　　　　　　（陈述＋陈述）
(172) <u>虽然</u>离着不远,<u>可是</u>没打中。　　　　（陈述＋陈述）
(173) 第一赤卫队<u>虽然</u>小,不也是有组织的么?　（陈述＋疑问）
(174) <u>虽然</u>要走了,咱们也得给他们个动静看看!（陈述＋祈使）

"虽然"在前分句,后分句没有转折词,如例(171),有转折词,如例(172),都倾向于形成"陈述＋陈述"的分句语气组配。与"虽然……但是……"配对使用相比,单用时可以联结"陈述＋祈使"的组配,而配对使用时不能;配对使用时能联结"陈述＋疑问"的组配而单用时不能。

"虽然"单用时可以居中,联结的两个分句的语气组配一般是"陈述＋陈述",也有少量的"感叹＋陈述"。与"虽然"居首时联结的语气组配类别略有不同:居首时有"陈述＋疑问"和"陈述＋祈使"的组配而居中时没有,居中时有"感叹＋陈述"的组配而居首时没有。"虽然"居中时联结的分句举例如下:

(175) 她仍然微笑,<u>虽然</u>她的双腿在颤抖。　　（陈述＋陈述）
(176) 我走得太远了,<u>虽然</u>找到了几位好兄长。　（感叹＋陈述）

(177) 有时你必须在谈判中稍微退步，虽然你想向前冲。

（祈使＋陈述）

总而言之，"虽然"单用与"虽然"和"但是"配对使用，联结的分句语气组配类别不一样。"虽然"单用时居首和居中，联结的分句语气组配类别也不一样。

"即使……也……"一般配对使用，联结的分句具有相同的陈述语气，偶见前分句是陈述语气，后分句是感叹语气的组配。如：

(178) 即使和他们在一起，我也觉得孤单。　　（陈述＋陈述）
(179) 即使是挣一分钱，也要找正当途径！　　（陈述＋陈述）
(180) 即使我们误闯私家地，所遭待遇，也太离谱了。（陈述＋感叹）

例(178)是最常见的由"即使……也……"联结的分句，分句具有相同的语气，都是陈述，形成"陈述＋陈述"的语气组配。有时后分句的陈述语气带有感情色彩，句末用感叹号，如例(179)。偶尔有后分句直接是感叹语气的二合复句，如例(180)。

"即使"可以单用居首，联结的两个分句除了有"陈述＋陈述"的同类语气组配外，还有"陈述＋疑问"的异类语气组配。比较：

(181) a. 即使他们不说，我项籍难道不内心有愧吗？

（陈述＋疑问）

b. 即使他们不说，我项籍心里也有愧。　（陈述＋陈述）
(182) a. 即使派出这支部队，他们的任务又是什么？

（陈述＋疑问）

b. 即使派出这支部队，也要明确告知他们的任务。

（陈述＋陈述）

例(181)a句使用单个关联标记"即使"，联结的两个分句的语气不同，形成"陈述+疑问"的语气组配；如果加上关联标记"也"，如例(181) b，两个分句的语气必须相同，都是陈述语气。"即使……又……"联结的前分句是陈述语气，后分句是疑问语气，如例(182) a，如果把"又"换成"也"，后分句就不能是疑问语气，只能是陈述语气了，如例(182) b。

"即使"单用居中，联结的两个分句的语气组配类别主要是"陈述+陈述"，也有"祈使+陈述"、"感叹+陈述"的异类组配。如：

(183) 中国球员必须有一个中国经纪人，即使是他出国打球。
(陈述+陈述)

(184) 哦，吻你是怎样的愉快啊，即使只是在纸上写写而已。
(感叹+陈述)

(185) 不要告诉我你只爱我一个，即使那是真的。(祈使+陈述)

"无论……都……"配对使用，联结让步关系分句，分句的语气一般组配成"陈述+陈述"类别，也可以组配成"陈述+疑问"、"陈述+感叹"和"感叹+陈述"类别。如：

(186) 无论你出多少钱，我都不会卖这组歌。 (陈述+陈述)
(187) 我无论要求什么事，你们都答应我？ (陈述+疑问)
(188) 无论是什么事令他改变的，这件事对他的打击都太可怕了。
(陈述+感叹)
(189) 然而，无论旅途多么凶险，这一年一度的大迁徙都会像季节一样如期而至。
(感叹+陈述)

"无论"有时单用，出现在句中，联结的两个分句的语气必须相同，都是陈述语气。如：

(190) 联赛中没有人想给格兰空挡，无论他离篮筐有多远。
(陈述+陈述)

"宁可……也……"也是让步复句的代表性关联标记,必须配对使用,联结的分句语气必须相同,都是陈述语气。这就是说,"宁可……也……"排斥异类语气的分句组合。

(191) 我<u>宁可</u>牺牲自己,<u>也</u>不能叫你有一丝一毫的损害。
(陈述+陈述)

(三) 假转句关联标记选择异类语气组配的倾向性

假转关系的关联标记"……否则……",联结的两个分句的语气一般相同,以"陈述+陈述"的组配为最多;分句的语气也可以不同,语气组配主要是"祈使+陈述"和"陈述+疑问"类别。如:

(192) 家丑不可外扬,<u>否则</u>老爷要怪罪的。　　（陈述+陈述）
(193) 不要和都市男人鬼混,<u>否则</u>打断她的腿!　　（陈述+陈述）
(194) 不要乱动,<u>否则</u>我不保证会发生什么事。　　（祈使+陈述）
(195) 总要有所表示,<u>否则</u>怎么才能让人知道?　　（陈述+疑问）

例(192)由"否则"联结的两个分句都是陈述语气,形成"陈述+陈述"的同类组配,一般来说,"否则"假转句中陈述后分句带有强烈的感情色彩,句末用感叹号,如例(193)。"……否则……"联结的两个分句的语气还可以组配成"祈使+陈述",如例(194),"陈述+疑问",如例(195)。这两种异类语气组配的使用频率较高,仅次于"陈述+陈述"。

"……否则……"联结的两个分句的语气偶尔有"感叹+感叹"的同类组配,在实际语言中也可见到"陈述+感叹"和"祈使+感叹"的异类语气组配。如:

(196) 口袋的位置不能太低,<u>否则</u>积液就排出的太多了。
(感叹+感叹)

(197) 我还暗暗地想，幸亏她的精神已渐麻木，否则这生离死别的痛苦给她的刺激就太大了。　　　　　　　（陈述＋感叹）

(198) 你……你可不能外传，否则他妈的龟儿子要找我出气。
　　　　　　　　　　　　　　　　　　　　　（祈使＋感叹）

"否则"在后分句时，前分句有时出现与之呼应的词语"幸亏、可惜、因为、想来、除非、要么、还是（吧）、不能（不）"①，这些词出现时，是否会对分句的语气有所限制？分别举例如下：

(199) 幸亏后果并不严重，否则无法想象。　　（陈述＋陈述）

(200) 这人可惜了就是不识字，否则，十个进士也中回来了。
　　　　　　　　　　　　　　　　　　　　　（陈述＋陈述）

(201) 她和沙马耳虎因为化了妆，不然，进城难出城也难。
　　　　　　　　　　　　　　　　　　　　　（陈述＋陈述）

(202) 除非你儿子交出我女儿，否则，我儿子也不会放回你女儿！　　　　　　　　　　　　　　　　　　　　（陈述＋陈述）

(203) 要么带给人家幸福，否则不如谁跟谁都没关系。
　　　　　　　　　　　　　　　　　　　　　（陈述＋陈述）

(204) 这事不能让破老汉发觉，否则他会骂。　（陈述＋陈述）

(205) 看来，姑娘的外貌给了憨嫂非常非常深刻的印象，要不她怎么会唠叨个没完。　　　　　　　　　　　（陈述＋疑问）

(206) 咱们还是抓紧进行会议的下一议程吧，否则演出开始前就完不了啦。　　　　　　　　　　　　　　（祈使＋陈述）

上面 8 个句子分别代表了"否则"与 8 个前分句用呼应连词时的 8 个具体句式，我们发现"幸亏……否则……"、"可惜……否则……"、"因为……否则……"、"除非……否则……"、"要么……否则……"和"不能

---

① 邢福义：《汉语复句研究》，商务印书馆 2001 年版，第 309 页。

(不)……否则……"6个假转复句基本上只能有陈述分句,分句语气形成"陈述＋陈述"的同类组配;"看来……否则……"因为后分句是表示猜疑的问句,分句语气形成"陈述＋疑问"的异类语气组配,如例（205）;"还是（吧）……否则……"的前分句既可以是肯定祈使也可以是否定祈使,分句语气形成"祈使＋陈述"的异类语气组配,如例（206）。

"……要不然……"联结的分句的语气形成的组配类别如下:

（207）仗着这儿树多,要不然还得多打死几个敌人。

（陈述＋陈述）

（208）你记录吧,要不然,你们两位记。　　（祈使＋祈使）

（209）可别再把他吵醒了,要不然今天晚上可就不知闹到什么时候了。　　（祈使＋陈述）

（210）犓想幸亏不曾贸然向星子开口,要不然叫她挡回来就太难堪了。　　（陈述＋感叹）

（211）都怪我骑车闯了祸,要不然我不是正好赶上了？

（陈述＋疑问）

"要不然"和"否则"关联标记相比,联结的两个分句的语气组配类型都有"陈述＋疑问"、"陈述＋感叹"和"祈使＋陈述",组配的使用频率也大致相同。但是,"否则"还可以联结"祈使＋感叹"的分句,而"要不然"不可以。

常用的转折类复句关联标记共9个,它们对分句语气异类组配类别的选择不同,总结如表5-13所示。

表5-13　　转折类关联标记选择异类语气组配类别对应表

	关联标记	异类语气组配类别
转折句	……但是……	陈述＋疑问、陈述＋祈使、感叹＋陈述、陈述＋感叹
	……可是……	陈述＋疑问、陈述＋祈使、感叹＋陈述、陈述＋感叹
	……却……	陈述＋疑问、感叹＋陈述、陈述＋感叹

续表

关联标记		异类语气组配类别
让步句	虽然……但是……	陈述＋疑问、陈述＋感叹
	虽然……，……	陈述＋疑问、陈述＋祈使
	……虽然……	感叹＋陈述、祈使＋陈述
	即使……也……	陈述＋感叹
	即使……，……	陈述＋疑问
	……即使……	感叹＋陈述、祈使＋陈述
	无论……都……	陈述＋疑问、感叹＋陈述、陈述＋感叹
	……无论……	—
	宁可……也……	
假转句	……否则……	陈述＋疑问、祈使＋陈述、祈使＋感叹、陈述＋感叹
	……要不然……	陈述＋疑问、祈使＋陈述、陈述＋感叹

总的来说，关联标记选择异类语气组配的倾向性规律可以归纳为以下几点。

第一，关联标记都倾向于联结两个相同句类，分句语气组配主要是"陈述＋陈述"，也有少数"疑问＋疑问"、"感叹＋感叹"和"祈使＋祈使"的组配。

第二，关联标记的使用比较排斥异类语气组配。在少量的异类语气组配中，其中一个分句倾向于是陈述语气，并且陈述语气通常在前分句。使用关联标记较多的异类语气组配的使用频率从高到低排列为：陈述＋疑问＞陈述＋感叹＞陈述＋祈使＞感叹＋陈述。

第三，同一种复句语义类别，如果关联标记不同，分句语气异类组配的类别和频率也不同。极少数不同的关联标记联结的异类组配类别一样，使用频率也一样。

第四，关联标记在主语前和后，不影响其选择异类语气组配，但是关联标记单用和配对使用影响其选择异类语气组配，单用的关联标记居首和居中也影响其选择异类语气组配。比较而言，单用的关联标记比配对使用的关联标记选择的异类组配类别多，组配的使用频率也高；居中单用的关联标记比居首单用的关联标记选择的异类组配类别多，组配的使用频率也高。

第四节 小结

从 12 种语义关系来看，并列、连贯和因果 3 种语义类别的复句中分句语气异类组配的范围大，频率高，顺序灵活；而目的、假转、选择、条件和让步 5 种语义类别的复句中分句语气异类组配的范围小，频率低，顺序灵活性差；假设、递进、推断和转折 4 种语义类别的复句中分句语气异类组配在范围、频率和顺序的灵活性方面都介于上面两种情况之间。

这些选择性表现有其深层次的原因，主要是各种语义类别复句的使用频率和关联标记的使用强制性不同。并列、连贯和因果复句的使用频率最高，且一般不使用关联标记，目的、假转、选择、条件和让步复句的使用频率次之，关联标记可以省略一个，假设、递进、推断和转折复句的使用频率最低，一般使用关联标记，因此它们内部分句语气在组配频率、组配类别和组配顺序上呈递减趋势。分句之间使用关联标记多是因为关系松散或者关系不明朗，关联标记的使用规定了分句的顺序，也就限制了语气组配的类别；不用关联标记的分句之间语义关系相对紧密，使用频率较高，分句调换顺序时不会受到关联标记位置的羁绊。

关联标记通常联结两个相同的句类，分句倾向于陈述句，分句语气的组配倾向于"陈述+陈述"。换句话说，关联标记的使用基本上排斥分句语气的异类组配。但是有些关联标记可以联结不同句类，不同的关联标记在选择异类分句时有差异。

并列类关联标记最排斥异类分句的联结，因果类和转折类关联标记少量联结不同句类，一般来说，一个分句是陈述句，而另一个分句是疑问/祈使/感叹句。关联标记不同，联结的不同类分句形成的异类语气组配类别不同，有的关联标记联结的类别多，有的关联标记联结的类别少；有的组配使用频率高，有的组配使用频率低。同一个关联标记，位置不同，联结的分句形成的语气组配类别就不一样，一般来说，居中的关联标记联结的分句的语气组配类别较多，居首的关联标记联结的分句的语气组配类别较少。另外，关联标记配对使用和单用时，联结的分句的语气组配类别也不一样，通常情况下，单用的关联标记比配对使用的关联标记联结的分句的语气组配类别多。极个别关联标记虽然不同，但联结的分句的语气组配类别一致，类别的使用频率也差不多。

第六章　语用因素对分句语气异类组配的管控

本章将从宏观的角度检视语气组配，以期更深入地解释分句语气异类组配的使用倾向性。这里所说的宏观角度是相对于复句及语气本身的，包括范围更大的语体、语篇和与人有关的因素，如主观性、人际关系等，涉及的问题有不同语体下异类语气组配的使用倾向性不同、不太常用的异类语气组配的使用有特定的语篇环境、异类语气组配受使用者主观因素的影响。

第一节　语体对异类语气组配的管控

在汉语语言学研究领域，学者较早就注意到了从语体视角研究语法。朱德熙主张"对口语语法和书面语语法分别进行细致的研究"[①]，胡明扬强调"现代汉语语法应该全面反映现代汉语口语和书面语的现状"[②]，陶红印指出"以语体为中心的语法研究具有重大理论意义，应该是今后语言学研究的一个基本出发点"[③]。实际的语法问题研究中，潘海华调查了不同书面语体中被动结构的使用情况，发现戏剧作品中"被"字句的出现频率比小说、散文、诗歌及政论文要低得多；"叫"、"让"和"给"字被动句只出

[①] 朱德熙：《现代汉语语法研究的对象是什么?》，《中国语文》1987年第4期。
[②] 胡明扬：《语体与语法》，《汉语学习》1993年第2期。
[③] 陶红印：《试论语体分类的语法学意义》，《当代语言学》1999年第3期。

现在文艺语体中，集中分布在小说和戏剧作品中。① 陶红印、刘娅琼调查了电话、电视和电影三种口语语体中"被"动句的使用情况，发现电话这种自然对话中的被动结构远远少于其他语体中的使用。② 方梅探讨了不同语体（叙事语篇和非叙事语篇）中句法形式（如句子论元结构、时体标记、施事宾语句、关系从句）的塑造方法。③ 这些语体视角研究语法问题的做法细化和深化了人们对语法现象的认识。

一 语体视角下的复句研究

汉语复句的使用与语体也有关系。已有的研究结果显示，在不同语体中，各种关系类别复句的使用频率不一样。姚双云统计了报刊语料样本，得出了一个标有复句各类语义关系的频次图，用优先序列表示为：并列＞转折＞递进＞因果＞让步＞条件＞假设＞目的＞连贯＞选择＞推断＞假转。④ 肖任飞统计了小说语料样本，得到了各种语义关系复句使用的优先序列：并列＞连贯、转折、因果＞递进、时间＞假设、条件、让步＞选择、目的；又统计了口语语料样本，得出各种语义关系复句使用的优先序列：并列＞因果＞转折＞连贯、递进、假设＞让步、时间、条件＞选择、目的；还统计了科普语料样本，得出各种语义关系复句使用的优先序列：并列＞假设＞因果、递进、时间、连贯、目的＞转折、条件＞让步、选择。⑤ 谢晓明发现"难怪"因果句有语体适应性：书面语中每百万字出现频率为 3.61 个，口语中每百万字出现频率为 6.88 个，口语中的出现频率远高于书面语中的出现频率。⑥ 这些研究都表明复句的研究不可忽视语体

---

① 潘海华：《焦点、三分结构与汉语"都"的语义解释》，中国语文杂志社编《语言研究与探索（十三）》，商务印书馆 2006 年版，第 163—184 页。
② 陶红印、刘娅琼：《从语体差异到语法差异（上）——以自然会话与影视对白中的把字句、被动结构、光杆动词句、否定反问句为例》，《当代修辞学》2010 年第 1 期。
③ 方梅：《语体动因对句法的塑造》，《修辞学习》2007 年第 6 期。
④ 姚双云：《复句关系标记的搭配研究与相关解释》，华中师范大学博士学位论文，2006 年。
⑤ 肖任飞：《现代汉语因果复句优先序列研究》，中国社会科学出版社 2009 年版，第 31—33 页。
⑥ 谢晓明：《"难怪"因果句》，《语言研究》2010 年第 2 期。

差异性,我们的研究对象——分句语气异类组配——实则附载于复句,因此有必要从语体视角加以考察。

二 异类语气组配倾向于口语语体

语体的界定和语体的分类尽管没有统一的说法,但是核心共识是一样的:语体是人们在进行各种特定的交际任务过程中所逐渐形成的不同的语言风格类型,一般分为两类——口语语体和书面语体,其中书面语体又可下分为文艺语体、政论语体、科技语体和事务语体。不同语体中异类语气组配的使用频率不一样,如表6-1所示。

表6-1　　　　　不同语体视角下异类语气组配的倾向性

	报刊(例)	科普(例)	小说(例)	戏剧(例)	合计(例)	频率(%)
陈述+疑问	13	1	77	107	198	36.9
陈述+祈使	0	0	20	49	69	12.9
陈述+感叹	6	1	15	23	45	8.4
疑问+陈述	0	0	3	6	9	1.7
疑问+祈使	0	0	1	1	2	0.4
疑问+感叹	0	0	0	0	0	0
祈使+陈述	5	0	43	85	133	24.8
祈使+疑问	0	0	3	15	18	3.4
祈使+感叹	0	0	0	6	6	1.1
感叹+陈述	0	0	25	15	40	7.5
感叹+疑问	0	0	6	8	14	2.6
感叹+祈使	0	0	0	2	2	0.4
合计	24	2	193	317	536	100

根据各种语体中异类语气组配使用的频率,我们发现以下规律:

(一)口语语体中的异类语气组配>书面语体中的异类语气组配

语气的内涵特点和语体的内涵特点相和谐时,语气组配数量就多;相冲突时,组配就少,甚至没有。语体规定一定的语言风格,这种语言风格如果能够容纳主观因素的话,疑问语气、祈使语气,尤其是感叹语气出现的频率就高,为形成较多的语气组配准备了条件。

口语语体多用于人们的日常交谈,可以是对话,也可以是单方面叙事抒情。口语语体大量运用口语词,句式灵活自如,简短明白,语序多变,句中成分常有省略,多用表现感情色彩的后缀成分、表现情态作用的重叠成分、表现语气口吻的语气词和感叹词,因此,疑问语气、祈使语气和感叹语气出现的频率高。

书面语使用大量抽象概念的专门术语,甚至保留着古汉语成分,句式一般比较舒展、严密,更多地讲究整齐对称,非常正式,很少使用疑问语气、祈使语气和感叹语气。

与书面语体相比,口语语体更适合多种语气的生存,口语语体里异类语气组配类别多,组配的使用频率高。

(二)书面语体中:文艺语体＞政论语体＞科普语体和事务语体

书面语体中出现的异类语气组配在文艺语体中的使用频率高于政论语体中的使用频率,又高于科普语体和事务语体中的使用频率。文艺语体最接近口语,专业词语少,一般词语多,大量使用口语方言词和俚语,大量应用省略句和变式句,重要的是,为了达到小说的效果,综合运用各种修辞手段进行象征性的隐身描述,有形象化的思想内容刻画,有生动的细节描写,有多角度的主观想象成分使用等,为疑问语气、祈使语气和感叹语气的存在创造了条件。

政论语体或阐明道理,或介绍情况,比较严肃,要求用语明确、简要、平实,主要使用陈述句。但是政论语体有时需要使用鲜明的爱恨充沛的激情和昂扬气势来影响人、激励人,在结尾文字上多用祈使句、反问句和排比句,甚至还用文艺语体的某些表现手段来增强论述的生动性,因此,政论语体中陈述句占绝对优势,但也有少量异类语气组配的例子。

科普语体和事务语体内容专业性强,词汇专业、句式单一;叙述句、判断句多,句子成分较少扩展,比较注重句子间的逻辑关系而较少有句型变化,以求论证严密、推理恰当,这些导致它们的语言中不能有主观性的东西。尤其是事务语体以实用为目的,常用固定格式和套语,较多使用古汉语成分，语言风格朴实庄重，一般没有疑问句、祈使句和感叹句，就更少有异类语气的组配了。

（三）口语语体中：戏剧＞小说

异类语气主要使用在口语语体中，在戏剧中的使用频率高于小说中的使用频率。戏剧和小说不同，戏剧是表演艺术，小说是文学艺术。具体来说，戏剧由演员扮演角色，在舞台上通过语言、动作、舞蹈、音乐等形式当众表演故事情节。因此，为戏剧表演所创作的脚本，即我们研究的剧本，全部是演员之间的对话，口语化程度特别高，疑问句、祈使句和感叹句大量使用，异类语气组配特别多。

小说是以刻画人物为中心，通过完整的故事情节和具体的环境描写来反映社会生活的一种文学体裁。用文字来叙述，并且文字和语言运用比较自由，可以使用心理、神态等多种描写方式，因此，小说主要是叙述和描写，对话较少，与戏剧相比，口语性的成分较少，异类语气组配的使用频率较低。

总的来看，异类语气组配的使用频率与口语化程度成正比，口语化程度越高，异类语气组配范围越大，组配频率越高。

三 不同语体中异类语气组配类别和频率的倾向性

既然异类语气组配有很强的语体使用倾向性，那么在具体的语体中，每种语气组配类别和频率会呈现出怎样不同的使用倾向性？

（一）异类语气组配在不同语体中的分布概况

表6-1横向来看，每种语气组配在不同语体中的使用频率不同，列举如下：

陈述＋疑问：戏剧＞小说＞报刊＞科普

陈述＋祈使：戏剧＞小说＞报刊、科普

陈述＋感叹：戏剧＞小说＞报刊＞科普

疑问＋陈述：戏剧＞小说＞报刊、科普

疑问＋祈使：戏剧、小说＞报刊、科普

疑问＋感叹：都是0

祈使＋陈述：戏剧＞小说＞报刊＞科普

祈使＋疑问：戏剧＞小说＞报刊、科普

祈使＋感叹：戏剧＞小说、报刊、科普

感叹＋陈述：小说＞戏剧＞报刊、科普

感叹＋疑问：戏剧＞小说＞报刊、科普

感叹＋祈使：戏剧＞小说、报刊、科普

归纳起来，戏剧中的使用频率高于小说中的使用频率的异类语气组配有："陈述＋疑问"、"陈述＋感叹"、"祈使＋陈述"、"陈述＋祈使"、"疑问＋陈述"、"疑问＋祈使"、"祈使＋疑问"、"祈使＋感叹"、"感叹＋陈述"、"感叹＋疑问"、"感叹＋祈使"。小说中的使用频率高于戏剧中的使用频率的异类语气组配只有"感叹＋陈述"。

戏剧受时空的限制，往往从矛盾、危机开始，通过矛盾和冲突来推进戏剧发展，而小说不受时空限制，可以不紧不慢、细致入微地展开情节。于是在相同语料量的统计中，矛盾、危机中的人物情绪和主观感受会大量地表达出来，语气种类更多。

戏剧是舞台表演艺术，是"动"的艺术，通过演员的动作反映生活，推动情节发展，表现思想和描写性格；而小说是文字的运用，是"静"的艺术，从叙事的角度讲解生活，叙述人物心理与感情，描写景物变化等。戏剧语言多动作，四种语气中祈使语气是使动作被执行，因此，戏剧里祈使语气用的相对较多，祈使语气与其他语气的组配频率也较高。

戏剧从矛盾危机开始，是言语互动行为，说话人、听话人都在场；而小说以叙述为主，只有说话人，也可以在故事发展到一定程度时几个人物同时出现，这时说话人和听话人在一起。戏剧语言多采用疑问语气和祈使语气，因为这两种语气的使用一般是说话人和听话人都在场；小说多采用陈述语气和感叹语气，因为这两种语气的使用一般可以只有说话人在场，或者说话人和听话人同时在场。

表6-1纵向来看，不同语体中每种语气组配的使用频率不同，列举如下：

政论语体：陈述＋疑问＞陈述＋感叹＞祈使＋陈述＞其他

科普语体：陈述＋疑问、陈述＋感叹＞其他

小说语体：陈述＋疑问＞祈使＋陈述＞感叹＋陈述＞陈述＋祈使＞陈述＋感叹＞感叹＋疑问＞疑问＋陈述、祈使＋疑问＞疑问＋祈使＞祈使＋感叹、感叹＋祈使

戏剧语体：陈述＋疑问＞祈使＋陈述＞陈述＋祈使＞陈述＋感叹＞感叹＋陈述、祈使＋疑问＞感叹＋疑问＞疑问＋陈述、祈使＋感叹＞疑问＋祈使、感叹＋祈使

政论语体是在社会政治生活领域中向群众进行宣传鼓动或向斗争对象展开抨击进攻时所使用的语言功能变体，以科学论证的逻辑性、说理性与艺术描绘的形象性、情感性相交织为特征。因此，政论语体多使用社会政治词汇；除陈述句外，多用疑问句和祈使句；复句也被大量运用，讲究语句的气势节调；广泛使用各种修辞手法，陈述、疑问、祈使、感叹都有运用，互相之间也都有组配。

科普语体主要是用来总结描述事物规律的一种语体，要求概念准确、判断严密、推理周密。最明显的语言特点就是大量运用术语、符号、公式和图表；句式平整、变化少；一般不用修辞格式；语言平实，多采用客观性描述方式。因此，在我们语料中"陈述＋疑问"和"陈述＋感叹"都只有1例。

（二）"陈述＋疑问"的组配频率最高

人们的语言交际目的，要么是交换信息，要么是交换物品和服务。[①] "陈述＋疑问"中，陈述往往是铺垫，以更清楚地提出后面的疑问，使问题被充分理解，使说话人得到所需要的答案。小说语体和戏剧语体中的"陈述＋疑问"被大量使用，是因为面对面的交流中，说话人往往不知道某个信息，需要从听话人处获得。如：

（1）有事说好了，过来干什么？

---

① ［澳］M. A. K. Halliday：《功能语法导论》（第2版），外语教学与研究出版社2000年版，第69页。

政论语体中的"陈述＋疑问"也被使用得较多，因为"陈述＋疑问"能够引起读者的共鸣，拉近与读者的距离，符合说话人的使用目的。"陈述＋感叹"组配不如"陈述＋疑问"的使用频率高。政论语体中的感叹后分句实质上是带有情绪的陈述句，考虑到句末使用了感叹号，判为不典型的感叹语气，这样的例子即使有，也非常少。如：

（2）<u>我年纪大了，为啥还在工作？</u>因为我有个责任感，我是为国家工作，不是为了自己。中国人要敢为天下先。<u>不敢为天下先，就干不成这个活！</u>

在小说和戏剧语体中，次于"陈述＋疑问"的异类语气组配是"祈使＋陈述"。在面对面的交流中，说话人先发出一个指令，为了保证这个指令中的行为被执行，紧接后面的陈述句说明行为被执行的原因，给听话人留下一个心理缓冲，使听话人意识到行为被执行的重要性，从而实现说话人的交际目的。如：

（3）把杯筷拿出来，我要同徐老爷赏雪饮酒。

另外，"疑问＋感叹"的异类语气组配无论在什么语体中都没有用例，因而与语体因素无关。

（三）不同语体中异类语气组配顺序的情况考察

书面语体是在口语语体的基础上发展形成的，它是口语语体的加工形式，一般来说，书面语体在用词造句上比口语语体有更严格的规范，在表意方式上也更精确严密。

书面语体中，分句与分句调换顺序是一种自觉的修辞手段，而口语语体中，分句与分句调换顺序是一种下意识的表达方式。口语语体中的易位句式在数量上超过书面语体，而且易位方式灵活多变，导致异类语气组配在口语中的组配种类显著多于在书面语体中的组配。比如陈述句"时间不早了"和祈使句"我们回家吧"之间的组配，口语语体中可以是"陈述＋

祈使"——"时间不早了,我们回家吧。"也可以易位成"祈使+陈述"——"我们回家吧,时间不早了。"说话人选择使用哪一个语气组配都不影响意义的传达。但是,书面语体中陈述语气和祈使语气组配一般只有一种顺序,要看"陈述+祈使"和"祈使+陈述"哪一种更适合语体语言的要求。

此外,口语语体中,分句组配时一般不用关联标记,分句易位容易。但是书面语体中,分句组配时一般使用关联标记,分句易位时要考虑关联标记的意义和作用,易位难度加大,从而减少了两种异类语气组配时能否颠倒顺序的可能性,减少了异类语气组配类别的数量。

第二节 语篇衔接对异类语气组配的管控

语篇是传达一个完整信息的整体,要求语义连贯、形式衔接,具有交际功能和语境依赖性。① 从语篇视角研究语法具有重要的意义,屈承熹第一次在真正意义上全面勾勒了汉语篇章语法,并且提出了许多颇有创意的新见解,他说:"笔者的学术研究始于句法,但对句法理论中的种种局限表示失望,因而转向篇章,希望从中找到解决句法问题的答案。现在笔者坚信,许多句法问题的合理解释存在于篇章之中,脱离了篇章去解决这些问题,将会是武断和不可靠的。"② 因此,把异类语气组配的研究放在篇章视角下考虑也很有必要。

一 语篇视角下的复句和语气研究

彭宣维对比了英汉两种语言在语篇组织上的差异,发现汉语复句基本上按"从句—主句"的方式组织,以单层次的方式体现一个信息片段。③ 他还观察和分析了复杂小句和复句内的语气组织,认为在各种复句中,两个语气结构单位之间,各自的语气成分发挥了衔接作用,促动或诱发剩余

---

① 聂仁发:《现代汉语语篇研究》,浙江大学出版社 2009 年版,第 15—17 页。
② [美] 屈承熹:《汉语篇章语法》,潘文国等译,北京语言大学出版社 2006 年版,第 4 页。
③ 彭宣维:《英汉语在语篇组织上的差异》,《外语教学与研究》2000 年第 5 期。

成分的作用，复句里分句语气结构不是镶嵌关系而是平行关系。王朔立足"如果"句的语篇分析，探讨了"如果"在句子中的位置和衔接。①

杨才英、张德禄认为语气结构与语篇视角的关联性通过语篇视角中的视角主客体（包括叙述者和叙述聚焦）和视角切面（包括时间、心理和观念）在主语链、时态和情态上的合理分布而建立的。② 在语篇视角下研究复句的还有陈安玲③和高德新④等。尽管他们从语篇视角研究复句，研究语气，但没有涉及复句中每个分句的语气，也没有谈到分句语气的位置问题。

二 疑问/祈使/感叹语气在前分句时需与上文保持衔接与连贯

无论是在哪种语体中，疑问/祈使/感叹语气在前分句的组配都很少，尤其是与陈述语气组配时，疑问/祈使/感叹都强烈地倾向于在后分句。那么少数在前分句的疑问/祈使/感叹语气为什么存在？它们进入前分句时必须满足哪些条件？

疑问/祈使/感叹居后比较自由，不太受限制，但是居前往往受到限制。受到一定限制必须满足一定条件的语言形式，其使用肯定比不受限制的语言形式的使用频率低。下面顺着这种思路，通过对比疑问/祈使/感叹居前、居后的使用情况，探讨它们居前的受限条件，附带证明陈述语气居前的显著优先性。

疑问/祈使/感叹居前时，与上文有关，是顺着上文的话题而来，接着引出后面陈述语气要表达的新信息。疑问/祈使/感叹居前的位置，在上文和下文之间有衔接的功能，使得上下文能够自然衔接。比较而言，疑问/祈使/感叹居后，既可以顺着前面话题而来，也可以开辟一个新话题，与上文是否联系紧密则显得无关紧要。比较：

---

① 王朔：《"如果"句的语篇分析》，广西民族大学硕士学位论文，2011年。
② 杨才英、张德禄：《语篇视角与语气和情态》，《四川外语学院学报》2006年第6期。
③ 陈安玲：《小句复合体的语篇功能》，《外语与外语教学》2000年第5期。
④ 高德新：《跨小句语篇连贯的语义阐释》，《外语研究》2007年第5期。

(4) 四：您听错了吧；哥哥说他今天自己要见老爷，不是找您求情来的。

贵：（得意）<u>可是谁叫我是他的爸爸呢，我不能不管啦</u>。

（疑问＋陈述）

四：（轻蔑地看着她的父亲，叹了一口气）好，您歇歇吧，我要上楼跟太太送药去了（端起了药碗向左边饭厅走）。

贵：你先停一停，我再说一句话。

四：（打岔）<u>开午饭了，老爷的普洱茶先泡好了没有？</u>

（陈述＋疑问）

贵：那用不着我，他们小当差早伺候到了。

四：（闪避地）哦，好极了，那我走了。

该片段中既有"陈述＋疑问"，又有"疑问＋陈述"的组配，疑问语气居前的"可是谁叫我是他的爸爸呢"是顺着上文来的，上文"不是找您求情的"中的"您"就是指这个疑问中的"我"和"他的爸爸"，但是"老爷的普洱茶先泡好了没有"居后，在语言形式上找不到它与上文甚至它前面的陈述语气有任何联系，相当于它就是一个新话题，下文有对这个疑问的回答，它与下文相联系。

疑问/祈使/感叹居前，与上文衔接连贯的主要方式有指称、省略或替代、词汇衔接等。

(5) ……家珍招呼着他们坐下，有几个人不老实，<u>又去揭锅又掀褥子</u>，好在家珍将剩下的米藏在胸口了，也不怕他们<u>乱翻</u>。队长看不下去了，他说：

"你们想干什么，这是在别人家里。出去，出去，他娘的都出去。"

（疑问＋陈述）

＊ 这是在别人家里，你们想干什么？

例（5）中的动词"干"是动词替代，具体指什么动作，顺着上文能理解，是"去揭锅、掀褥子、乱翻"等几个不老实人行为的总说。颠倒两种语气的顺序变成"这是在别人家里，你们想干什么？"也是完全合格的句子，但这里选择"疑问＋陈述"而不是"陈述＋疑问"，就是因为"干什么"所在的疑问与上文紧密相连。

(6) 萍：(忧郁地) 哼，我自己对自己都恨不够，我还配说厌恶别人？——(叹一口气) 弟弟，我想<u>回屋去了</u>。(<u>起立</u>。)
冲：<u>别走啦</u>，大概是爸爸来了。　　　　　　　　　(祈使＋陈述)
＊大概是爸爸来了，别走啦。

例 (6) 前后语气完全可以颠倒顺序："大概是爸爸来了，别走啦。"但为什么不用"陈述＋祈使"？显然，"走"与上文"想回屋去了"、"起立"等动作相连，是同义/近义关系。周萍马上要走，周冲必须立即对其行为做出反馈，是赞成还是反对，"别走啦"表明了他的态度，继而通过后面的陈述给出"别走"的原因："大概是爸爸来了"。

(7) 我说："<u>不缺腿，胳膊也全</u>，还是<u>城里人</u>呢。"说完我呜呜地哭了，家珍先是笑，看到我哭，眼泪也流了出来。高兴一阵，家珍问："条件这么好，不会要凤霞的。"　　　　　　　　　　　(感叹＋陈述)
＊<u>不会要凤霞的，条件这么好</u>。

这种衔接是通过感叹语气所体现的分句中的词语与上文的词语具有分总语义关系来实现的，"不缺腿"、"胳膊全"、"城里人"都是"条件好"的具体表现，因此，"条件这么好"的感叹语气是顺着上文的意义下来的，如果把它放在后面，前面插入了"不会要凤霞的"，语义就被断开了不连贯。

三　疑问/祈使/感叹语气与其后的陈述语气在话题上的一致性倾向

疑问/祈使/感叹语气在前时，需与后面陈述语气的话题一致，即都是针对同一事物或同一现象发表自己的主观意见，否则，语气组配不成立。比较：

(8) a. 我怎么不知道，你哪回打架我都知道。（疑问＋陈述）
　　b. 你哪回打架我都知道，我怎么会不知道？（陈述＋疑问）
　　c. ＊我怎么会不知道你，你哪回打架我都知道。（疑问＋陈述）
　　d. 你哪回打架我都知道，我怎么会不知道你？（陈述＋疑问）

例（8）a 句和 b 句中语气的话题相同，都是"你打架"，疑问在前后均成立。c 句的两语气谈论的不是同一件事，前面是"你这个人"，后面是"你打架这件事"，疑问在前不成立，但在后可成立，如 d。也就是说，疑问在后不受话题是否相同的限制，但在前受到限制。比较：

(9) a. 你真讨人嫌，你也学坏了。　　　　　　（感叹＋陈述）
　　b. 你也学坏了，你真讨人嫌。　　　　　　（陈述＋感叹）
　　c. ＊这张嘴真讨人嫌，姐姐你也学坏了。　（感叹＋陈述）
　　d. 姐姐你也学坏了，这张嘴真讨人嫌。　　（陈述＋感叹）

同理，例（9）a 句中两语气话题相同，都是主语"你"，感叹在前的组配成立，c 句中两语气话题不同，前面是"这张嘴"，后面是"姐姐你"，感叹在前不成立。b 句中两语气话题相同，d 句中话题不同，但是感叹都在后面，组配都成立。

另外，疑问/祈使/感叹语气在前分句时，说话人不期待听话人有言语上的反馈。说话人选择语气表达自己的交际目的，体现在与听话人的互动之上，是否期待听话人对其话语作出反馈。典型陈述语气完全不期待听话人的反馈，典型疑问语气强烈期待听话人对疑问点给出信息；典型祈使语气强烈期待听话人执行其提议，但不期待有言语上的回应；典型感叹语气一般不期待听话人的反馈。于是，四种典型语气在期待言语反馈上的强弱等级排序为：疑问＞祈使＞感叹＞陈述。

根据话语连续性的规律和信息结构从旧到新的安排，对话能够进行下去，往往是因为听话人接着说话人的话题往下说。二合复句中，听话人总是选择顺着后一分句的话题说下去。因此，语气的期待反馈性越强，越倾向于居后；期待反馈越弱，越倾向于居前。这就解释了刚才的发现：疑问/祈使/感叹＋陈述＞陈述＋疑问/祈使/感叹；陈述＋疑问＞陈述＋祈使＞陈述＋感叹。

在期待反馈的强弱程度上，疑问与陈述的差别最大，因此它们组配的使用频率存在很大反差：陈述＋疑问（218例）＞疑问＋陈述（17例）；祈使与陈述的差别相对较小，反差不如疑问和陈述的大。需要说明的是，祈使与陈述组配而形成的复句主要表因果关系，陈述表因①，因句倾向于在后分句②，因此，祈使＋陈述（165例）＞陈述＋祈使（80例）。感叹的期待反馈最弱，与陈述接近，居前居后差不多，因此，感叹＋陈述（55例）接近于陈述＋感叹（48例）。

就疑问语气而言，居后时听话人一般会回答，居前时听话人一般不回答。比较：

（10）贵：你听啊，昨天不是老爷的生日么？大少爷也赏给我四块钱。

四：好极了，（口快地）我要是大少爷，我一个子儿也不给您。

贵：（鄙笑）这话有理！四块钱，够干什么的，还了点账就干了。　　　　　　　　　　　　（疑问＋陈述）

四：（伶俐地）那回头您跟哥哥要吧。

贵：四凤，别——你爸爸什么时候借钱不还账？你现在手下方便，随便匀给我七块八块的好么？（陈述＋疑问）

四：我没有钱。

例（10）在围绕"钱"的话轮中，"四块钱，够干什么的"是疑问语气，放在前面，下文并没有给出四块钱能干什么的答案。"随便匀给我七块八块的好么？"也是疑问语气，放在后面，下文就有对疑问点的回答。

---

① 朱斌、伍依兰：《现代汉语小句类型联结研究》，华中师范大学出版社2009年版，第370—375页。

② 宋作艳、陶红印：《汉英因果复句顺序的话语分析与比较》，《汉语学报》2008年第4期。

"我没有钱",间接地回答了"我不能匀给你七块八块钱"。

就感叹语气而言,假设有听话人,并且听话人对说话人作出反应,感叹在前和在后的情况不同。比较:

(11) a. ——<u>天气这样闷热</u>,回头多半下雨。　　（感叹＋陈述）
　　　——是要下雨了。
　　　＊——是很（闷）热。
　　b. ——回头多半下雨,<u>天气这样闷热</u>。　　（陈述＋感叹）
　　　——是很（闷）热。
　　　＊——是要下雨了。

在成功的话语交际中,说话人的语义重心和情感重心往往能被听话人正确识别并给予适当反馈。例（11）中无论是 a 句还是 b 句的答语,都是顺着后面语气的内容来的,是对后面内容的反馈,针对前面语气的答语都不能成立,说明后分句通常是语义重心所在。因此感叹语气在前分句时,下文没有相应的反馈。

疑问、祈使、感叹三种语气居前时,通常要同时满足三个限制条件:

1. 疑问/祈使/感叹需与上文有衔接,顺着上文的话题或谈话对象而来,是语义连续和信息结构安排的必须。

2. 疑问/祈使/感叹与陈述语气都针对同一事物或同一现象表达主观意见。

3. 说话人主观上往往不期待听话人有言语上的反馈。但是,疑问/祈使/感叹居后时一般不受这些条件的限制,不受限制的语言形式优先于受限制的语言形式。

第三节　人际关系对异类语气组配的管控

系统功能语言学认为语言有三大元功能:概念功能、人际功能和语篇功能。概念功能指的是语言对人们在客观世界和主观世界中的各种经历加以表达的功能；人际功能指的是语言具有建立和保持说话人与听话人社会关系的功能；语篇功能指的是语言使本身前后连贯并与所处语域发生联系的功能。Halliday 认为，语言的这三种功能在一个句子中同时存在，也就是说，每个句子都能同时体现这三种功能。我们这一节的研究只关注语言的人际功能，把反映人际功能的内容称为人际关系，并考察言语交际者的人际关系对异类语气组配的影响。

一　人际关系与语气研究

国内外学者早就注意到了语言的人际功能，人类语言与语言交际者的人际关系互相反映。有些研究从语言的形式出发来发掘语言交际参与者的人际关系，认为人际关系主要由语气、情态来表现：韩雪峰论述了言语行为的人际关系[①]；杨才英讨论了汉语语气词的人际意义[②]；李言实、杨洁概述了语气隐喻与语篇中人际关系的确定[③]；张洪莲从语气角度分析了《白象似的群山》的人际意义[④]；等等。

有些研究从语言交际者的人际关系出发来分析语言，代表人物是范文芳，他认为语言的人际功能决定命题的语言形式[⑤]：处于社会地位优势的说话者，在给予信息时，倾向于直接陈述命题；而处于社会地位劣势的一方，在给予信息时，往往采用情态隐喻形式（如：我觉得、听说）或反意疑问句提问形式（如：对吧，好吗）；社会地位相等的双方，说话者往往不直接陈述命题，而是先给出信息来源，证明信息的可靠性，然后，谁更有信息的知情权，谁就使用语言的直接形式，否则，使用语言的间接形式。

语气作为人际意义的主要成分，对语气的分析可以揭示参与者之间的人际关系。[⑥] 反过来看，参与者之间的人际关系可以决定语气的选择和使

[①] 韩雪峰：《言语行为的人际关系视角》，《国际关系学院学报》2008年第2期。
[②] 杨才英：《论汉语语气词的人际意义》，《外国语文》2009年第6期。
[③] 李言实、杨洁：《语气隐喻与语篇中人际关系的确定》，《长春理工大学学报》2008年第3期。
[④] 张洪莲：《从语气角度看〈白象似的群山〉的人际意义》，《辽宁工程技术大学学报》（社会科学版）2009年第2期。
[⑤] 范文芳：《语言的人际功能与命题形式》，《外语研究》2007年第4期。
[⑥] 李战子：《语气作为人际意义的"句法"的几个问题》，《外语研究》2002年第4期。

用。说话人与听话人之间的亲疏关系、社会地位高低状况总是存在,因此,说话人在使用语言时,一定会根据与听话人的关系考虑如何合理合适地表达自己,包括使用何种句型句式,选择哪种语气,以及组织语言成分之间的顺序等。如果说话人的话语较长,使用了一连串的多个小句,每个小句都有一个语气,因而涉及众多语气如何合适排序的问题,这便是我们要研究的对象——语气组配,因此,语气组配归根到底还是受到了语言交际者之间人际关系的影响。

人际关系可以体现为社会语境中说话人和听话人之间的交流角色(interactional role)和社会角色(social role),交流角色指言语交际中参与者分别担任的话语角色(speech role),或者是信息的索取者,或者是信息的提供者,或者是命令的发出者,或者是请求的执行者等;而社会角色指言语交际中参与者之间的亲疏关系,地位的平等与否以及所拥有的权位关系等。[①] 下面分别从交流角色和社会角色两个方面分析语言交际者的人际关系对异类语气组配倾向性的影响。

二 交流角色管控异类语气组配的倾向性

Halliday 认为,言语交际中主要有两个角色:"给予"和"求取","给予"和"求取"下各有两个方面:"物品或服务"和"信息",如表 6-2 所示。

表 6-2　　　　　　　　　言语交流角色[②]

交换物 交换角色	(a) 物品或服务	(b) 信息
(i) 给予	提供 Would you like this teapot?	陈述 He's giving her the teapot.
(ii) 求取	祈使 Give me the teapot.	询问 What's he giving for?

言语交际的说话人首先给自己定位角色,要么是"给予",要么是

---

① 杨才英:《论汉语语气词的人际意义》,《外国语文》2009 年第 6 期。
② [澳] M. A. K. Halliday:《功能语法导论》(第 2 版),外语教学与研究出版社 2000 年版,第 69 页。

"求取"。然后考虑语言交际功能,是给予"信息"还是给予"物品或服务",是求取"信息"还是求取"物品或服务"。最后考虑使用什么语言表达出来,如果是给予信息,使用陈述句,带有陈述语气;如果是给予物品或服务,使用陈述句或者疑问句,带有陈述语气或者疑问语气;如果是求取信息,使用陈述句或者疑问句,带有陈述语气或者疑问语气;如果是求取物品或服务,使用祈使句,带有祈使语气。这个过程并不是随意的。比较:

(12) a. 窗户关上了。
    b. 把窗户关上。
    c. 窗户关上了吗?
    d. 你需要这些窗花吗?

例(12)a句是让听话人明白一个事实,说话人给予一个信息,所以选择了使用陈述句。b句是让听话人执行一个动作,说话人在求取一项服务,所以选择了使用祈使句。c句说话人想了解一个事实,在求取一个信息,选择了使用疑问句。d句说话人提供给说话人一些物品,选择了使用疑问句。

这4例都是单个小句和单个语气,如果言语交际中说话人使用了多个小句,就有了多个语气,小句如何排列反映语气如何排列,除了根据前几章中提到的"语气组配的前弱后强原则"和"语气组配的复句语义类别和关联标记调控"排列外,还要考虑说话人的主观交际目的。

(一)说话人目的的表达与实现对异类语气组配的管控

交流角色的配置在对话环境中进行,语言的使用者是说话人,语言的接收者是听话人,说话人和听话人的角色是互相轮转的。在对话中,说话人和听话人都追求自己的目的被正确、有效地理解和成功地实现,因为对话是人类最基本的一种交际,而人类的交际本质上又是目的驱使的,是追求特定目的的交际。①

---

① 廖美珍:《目的原则与交际模式研究》,《外语学刊》2009年第6期。

如果说话人的目的是要告诉或者与人分享已知的某个信息，他一般不使用疑问句和祈使句，而是陈述句或者感叹句。一般来说，客观地说出某个命题，用陈述句，如例（13）；主观地尤其是带有强烈情绪地说出某个命题，用感叹句，如例（14）。如果说话人的目的是使听话人执行某个动作，他会使用祈使句，如例（15）。

(13)（赵辛楣对方鸿渐）今天早上看见报上订婚启事，我才知道。
(14)（方鸿渐对苏小姐）我该早来告诉你的，你说话真通达。
(15)（苏小姐对曹元郎）这上面有诗，请你看看。

相比较而言，人类交际中绝大多数时候都是在互换信息，因此，当说话人的目的表达需要两个或多个小句实现时，就会有两个或多个语气放在一起，两个语气放在一起形成最多的"陈述＋陈述"组配。如果两个或多个语气不一致时，这些语气如何排列才能最好地表达目的和实现目的呢？我们以陈述语气和疑问语气的组配为例作出说明。

如果说话人不知道或不清楚某件事情，他的目的是询问，以获得这个信息，他会使用疑问句，为了保证能成功实现这一目的，他会慎重考虑疑问句的位置，即疑问句在陈述句前还是在陈述句后。比较：

(16) a. 证人6：你，你指‖的是哪个灰场？
　　　 证人5：‖你指的是哪个灰场，那灰厂好几个呢。

（疑问＋陈述）

　　　 原告：好几个？那么你就一一回答好吗？(2s)
　　　 证人6：我一一回答？我怎么会一一回答？
　 b. 证人6：你，你指‖的是哪个灰场？
　　　 证人5：‖那灰厂好几个呢，你指的是哪个灰场？

（陈述＋疑问）

　　　 原告：*好几个？那么你就一一回答好吗？
　　　 证人6：我一一回答？我怎么会一一回答？

例（16）a句直接引自廖美珍的《法庭问答及其互动研究》一书①，证人的目的都是希望原告能告知"是哪个灰场"，可是"证人5"把疑问句放在陈述句之前，结果原告并没有告诉证人是哪个灰场，而是顺着后面陈述句话题"好几个"又提出了疑问，导致了证人目的没有被实现，交际目的失败。如果我们调换一下疑问句与陈述句的顺序，如例（16）b，原告就不能做"好几个"的同样回答了，只能如实告知"是哪个灰场"，于是可以保证交际目的的成功。因此，语气顺序的合理组配是受到说话人与听话人的目的驱动的，但是这种目的的表达与目的的实现在多大程度上影响异类语气组配？下面将从疑问/祈使/感叹语气功能特征角度来探讨这一问题。

疑问/祈使/感叹语气的功能特征与说话人的目的有一致性。疑问语气的功能是说话人向听话人询问一些事情，祈使语气的主要功能是说话人提议听话人实施某行为，感叹语气的功能是说话人表达强烈感情。三种语气的功能比较起来有一些特征，具体表现为：说话人是否期待听话人反馈[记作（＋期待反馈）]，和期待听话人以什么方式反馈，是行为还是信息[记作（±行为）、（±信息）]。三种典型语气和两个功能特征如表6-3所示。

表6-3　　　　　　　　语气与功能特征对应表

语气类型	期待反馈	反馈方式	
		行为	信息
疑问语气	＋	＋	＋
祈使语气	＋	＋	－
感叹语气	－	－	（＋）

说明："＋"表示一定存在，"－"表示不存在，"（）"表示可能存在。

根据上面的表格，我们发现典型疑问语气的功能特征是（＋期待反馈，＋行为，＋信息），典型祈使语气的功能特征是（＋期待反馈，＋

---

① 廖美珍：《法庭问答及其互动研究》，法律出版社2003年版，第106页。

行为，一信息），典型的感叹语气的功能特征是［－期待反馈，一行为，（＋）信息］。

典型的疑问语气与祈使语气共享两项功能特征，解读为疑问语气与祈使语气都要求听话人在场，说话人都期待听话人给出反馈，并且反馈方式都是行为，这种行为都未实现，所不同的是疑问语气要求听话人说出关于句子命题的确定信息，因此，既有行为"说"，又有信息，而祈使语气只要求听话人执行行为。

典型的疑问语气和感叹语气共享一项功能特征。疑问语气发出是期待听话人针对疑问点给出信息答案，感叹语气一般不期待听话人必须反馈，有时听话人在场并且也作出反馈，这时的反馈都是对说话人感叹信息的认同或不认同，因此，二者的听话人都是针对句子信息给出的反馈。

典型的祈使语气和感叹语气没有共享任何功能特征。祈使语气期待听话人在场，要求听话人执行行为，而感叹语气只表达说话人的情绪，不要求有听话人在场，也不期待听话人必须作出反应，它们之间没有共同功能特征。

共享功能特征的数量制约异类语气组配的频率，共享两项功能特征的语气组配比共享一项特征的使用频率高。疑问与祈使/感叹语气都共享功能特征，疑问语气与祈使语气共享功能特征的数量多于疑问语气与感叹语气的共享特征，因此，前者组合的使用频率高于后者。

(17) 看看钟，现在几点了？
(18) 您还说什么，睡去吧！

例(17)是一个"祈使＋疑问"的二合复句，从说话人的角度看，期待听话人先执行"看"的动作，再执行"说"的动作，正常情况下，听话人也会先"看"，再"说"出疑问点的"答案"。例(18)是"疑问＋祈使"的组配，说话人说出前分句时期待听话人不要再说什么，停止说的动作，后分句则期待这个人进而执行睡的动作。这4个分句都存在"期待反馈、执行动作"两项功能特征，容易组合。

(19) 这位太太真怪，她要见我干什么？
(20) 你今天是怎么啦，做什么都这么漫不经心的。

例 (19) 是一个"感叹＋疑问"的二合复句，说话人自言自语，先是对太太约自己见面这件事进行评论，进而又想知道太太约自己见面的真正目的，前者感叹信息，后者索要信息。例 (20) 的句子是对在场的听话人说的，听话人的答语很可能是"嗯，还出去"，"还出去"就是听话人反馈的信息，后面的感叹句也是对时间不早了这一信息的评论。因此，"信息"贯穿在整个言语活动中，使两两小句组合在一起。

没有共享功能特征的祈使与感叹语气组配的使用频率最低。如：

(21) 你真啰嗦，走开！
(22) 走开，你真啰嗦！

例 (21) 是一个"感叹＋祈使"的二合复句，前者表示斥责，后者表示命令，例 (22) 是"祈使＋感叹"的组配，前者是命令，后者是感叹，这些语气的组配不共享（＋期待反馈）、（＋行为）、（＋信息）的功能特征，他们的使用频率低。但是根据语气区别性特征（＋确定性）、（＋意愿性）、（＋情感性），这两种语气在确定性方面共享。具体到这个例子来说，前后两个分句都体现了说话人对句子命题确定性的强硬态度（小句动词前都可以添加"一定/的确"），说话人不允许听话人有任何反驳，也正是这一点，使前后分句和谐地组合在一起。但是具体用哪一个，则要根据上下文语境来确定了。

总的来说，不同语气能组配在一起，还是因为它们拥有或多或少的相同特征，这种趋同取向的强大力量不仅使它们能够组配在一起，并且趋同的特征越多，组配的频率越高。疑问/祈使/感叹语气两两异类组配也有使用倾向性：疑问＋祈使＞疑问＋感叹、祈使＋疑问＞祈使＋感叹、感叹＋疑问＞感叹＋祈使，如果不考虑分句的顺序，例如"疑问＋祈使"与"祈使+疑问"算一类，记作"疑问与祈使"，使用等量代换法得到：疑问与祈使＞疑问与感叹＞感叹与祈使。

（二）说话人安排新旧信息的主观故意对异类语气组配的管控

说话人安排新旧信息的主观故意使得独立小句组合时，有些小句处在主句位置，有些小句处在从句位置。组配在一个复句内的两个异类语气，地位有两种情况：一个主要，另一个次要，或者两个同等重要。同等重要的分句构成并列复句，复句里两种语气也相同，不属于我们研究的范围。一个分句主要，另一个分句次要，构成的复句传统上叫偏正复句。可以前偏后正，也可以前正后偏，前偏后正是偏正复句的常位语序，"在中国语里，普通的主从句的从属部分总是放在主要部分的前面的"①，是多数；前正后偏是偏正复句的变位语序，是少数。

两个或两个以上的分句形成了言语链，"言语链要延伸在于要传递新的信息，新信息在言语活动汇总始终处于语句语义中心的地位，是语句着意要传递的主要内容"。② 按照信息组织的一般规律——从旧信息到新信息，那么偏正复句的两个分句就有一个大致的倾向性分工，前分句表述旧信息，后分句表述新信息。

新信息传递是言语活动的目的，是交际双方关注的焦点。在陈述、疑问、祈使和感叹四种语气中，比较而言，陈述语气倾向于表述旧信息，疑问、祈使和感叹语气表述新信息，体现着交际的目的，因此，当陈述与疑问/祈使/感叹组配，疑问/祈使/感叹多在后分句，形成了异类语气组配中"陈述语气在前"的显著优先性。当疑问、祈使、感叹两两组配时，哪一个在先，哪一个在后，往往取决于说话人的目的，他把目的承担的语气放在后分句将其作为新信息。

三 社会角色管控异类语气组配的倾向性

言语交际的参与者有着不同的社会角色，决定了他们采用不同的语言

---

① 王力：《中国现代语法》，商务印书馆1985年版，第64页。
② 易匠翘：《言语链中偏正复句内部语序的语义分析》，《佳木斯大学社会科学学报》2000年第2期。

表达形式。

(23) a. 下课后我会在办公室等您。
　　 b. 下课后我在办公室等您，行吗？

例（23）中，同样是说话人给予听话人一个信息——说话人下课后在办公室等听话人，如果说话人社会地位稍高，或者具有信息的权威性，他就使用 a 陈述句，说话人给予信息，听话人接受信息，说话人主动，听话人被动；如果说话人比听话人社会地位低，他就用 b 疑问句，尽管说话人发起话题，但是疑问句的使用，使得听话人来给予信息，说话人来接受信息，听话人主动，说话人被动，传达了尊重听话人意见的态度。因此，处于社会地位优势的说话者，在给予信息时，倾向于直接陈述命题；而处于社会地位劣势的一方，在给予信息时，往往采用情态隐喻形式（我觉得、听说）或反意疑问句提问形式（对吧、好吗）；社会地位相等的双方，说话者往往不直接陈述命题，而是先给出信息来源，证明信息的可靠性，然后直接表达目的。[①]

目前的研究基本上都是从人际功能出发研究单句语言使用情况的，还没有发现从人际关系出发研究复句语言的文献。我们下面的讨论将做一尝试，分析社会角色是如何影响说话人选择异类语气组配的语言形式的。考虑到《雷雨》中的人物关系清楚，社会地位明显，这一部分以"《雷雨》中社会角色对异类语气组配影响"做个案研究。

《雷雨》中人物的社会地位是：周家开煤矿，是大户人家，鲁家人在周家做事，是贫苦人家，周家人的社会地位都比鲁家人高；每个家庭里面，旧中国 20 世纪三四十年代里父亲地位最高，母亲地位其次，儿女地位最低；儿女中有长幼，年长的地位高，年幼的地位低。因此，周朴园的社会地位最高，其次为繁漪，再次为周萍（长子）、周冲（次子），再后面按地位从高到低依次为：鲁贵、鲁侍萍、鲁大海、鲁四凤。我们粗略地把

---

① 范文芳：《语言的人际功能与命题形式》，《外语研究》2007 年第 4 期。

社会角色分为两类：社会地位优势者和社会地位劣势者，优势者对劣势者说话倾向于选择什么样的异类语气组配？劣势者对优势者说话倾向于选择什么样的异类语气组配？见表6-4所示。

表6-4　　　　　社会地位与异类语气组配使用的倾向性　　　（单位：例）

	优势对劣势	劣势对优势	合计
陈述＋疑问	32	28	60
陈述＋祈使	17	15	32
陈述＋感叹	11	5	16
疑问＋陈述	3	2	5
疑问＋祈使	0	1	1
疑问＋感叹	0	0	0
祈使＋陈述	43	30	73
祈使＋疑问	11	3	14
祈使＋感叹	3	3	6
感叹＋陈述	3	7	10
感叹＋疑问	5	0	5
感叹＋祈使	0	2	2
合计	128	96	224

统计结果发现，优势者对劣势者的语言中使用异类语气组配的频率与劣势者对优势者的语言中使用异类语气组配的频率存在以下特点：

1. 优势者对劣势者的话语中，更多选择"祈使＋陈述"（43）、"陈述＋疑问"（32）、"陈述＋祈使"（17）、"陈述＋感叹"（11）、"祈使＋疑问"（11）的异类语气组配。

2. 劣势者对优势者的话语中，更多选择"祈使＋陈述"（30）、"陈述＋疑问"（28）的异类语气组配。

3. 无论是优势者对劣势者的话语中还是劣势者对优势者的话语中，使用频率差不多的异类语气组配有"陈述＋疑问"、"疑问＋陈述"、"疑问＋祈使"、"祈使＋感叹"，并且"疑问＋陈述"、"疑问＋祈使"、"祈使＋感叹"的使用比例都非常小。

（一）社会地位优势者，倾向于使用"陈述＋感叹"；社会地位劣势者，倾向于使用"感叹＋陈述"

"陈述＋感叹"是一种情绪逐渐高涨的结果，典型"陈述"不加感情色彩，典型"感叹"带有强烈感情，从无感情到感情强烈是人类情绪发展的基本规律在语言里的表现，这样的例子很多，如：

（24）（周朴园对周萍）今天一天叫我突然悟到做人不容易，太不容易。

（25）（侍萍对四凤）可怜的孩子，不是我不相信你，我是太不相信这个世道上的人了。

（26）（四凤对周萍）那时你就回来，那时候我该多么高兴！

例（24）是父亲说给儿子的话，例（25）是母亲说给女儿的话，都是社会地位优势者对社会地位劣势者的言语，而例（26）是一对恋人中女方说给男方的话，是特殊场景中社会地位相等的交际者之间的言语，都使用了"陈述＋感叹"类型的语气组配，是人类情绪的基本反映。

除此之外，"陈述＋感叹"这样的情绪发展顺序有利于形成一种斥责性质的强叹，人物冲突又是戏剧语体中的基本模式，因此，当社会地位优势者情绪爆发，他就利用这种心理优势，对听话人进行训斥，如：

（27）（繁漪对周萍）你现在也学会你的父亲了，你这虚伪的东西！

（28）（鲁贵对大海）你要看着不顺眼，你可以滚开。

"感叹＋陈述"先是说话人对某事超出常规的带有感情的评价，继而给出此事可能导致的结果，前后分句形成因果关系，说话人情绪呈下降趋势，适合说话人淡出话题主宰，给听话人话语权，是社会地位劣势者常用的语言手段。《雷雨》中"感叹＋陈述"都是这种情况，没有反例。如：

(29)（周萍对周朴园）这两年在这儿做事太舒服，心里很想在内地乡下走走。

(30)（四凤对鲁贵）天气这样闷热，回头多半下雨。

(31)（大海对侍萍）雪下得太大，车厂的房子塌了。

例（29）周萍跟他爸爸周朴园提及想到矿上去做事，但是周朴园家长作风严重，不论说话还是做事都不容任何人反抗，周萍选择"感叹＋陈述"的语言形式，自然地将决定他去不去矿上工作的事交给他爸爸决定，顺从了他爸爸的性格，周朴园的回答——"让我想想——你明天就可以动身。"确实实现了周萍的目的。

但是，如果反过来，使用"陈述＋感叹"，字面意义上也表达了他要到矿上工作的原因，但感叹"这两年在这儿做事太舒服"在后，字里暴露了周萍对在这儿工作的不满情绪，这是对周朴园以前安排他工作的挑战，会引起他的恼怒，使自己想换工作的事情泡汤。

同样，感叹在前形成的"感叹＋疑问"语气组配，也符合社会地位优势者的言语心态，因为这种组配中的疑问通常是一种"责问"，前分句一般表达强烈的不满感情，如：

(32)（周朴园对繁漪）这样大的雨，你出去走？

(33)（鲁贵对侍萍）你看看，这股子小姐脾气，她要跟着你不是受罪么？

（二）社会地位优势者倾向于使用祈使语气在前的组配，且祈使是命令式

"祈使＋陈述"组配中，祈使是说话人使某行为得到执行，陈述起补充说明说话人为什么要听话人实现行为的原因，这种"重要的事情先说"的语序安排，没有考虑听话人的面子，充分体现了说话人毫无顾忌的言语心态，显示了说话人优越的社会地位。如：

(34)（繁漪对四凤）你去看看，二少爷在喊你。

(35)（鲁贵对四凤）你先等一会儿，我再跟你说一句话。
(36)（周冲对四凤）四凤你出来，我告诉你一件事。

例（34）中繁漪是主人，四凤是仆人，他们社会地位最悬殊，繁漪使用了命令句"你去看看"，她可以给出命令的原因也完全可以不给原因，但为了使四凤明白具体要做的事，命令后还说了原因。但是如果祈使和陈述调换顺序，句子变成"二少爷在喊你，你去看看"，命令成了顺理成章的事，命令的程度减轻了，这与说话人繁漪居高临下的身份不太相符。

当然，"祈使＋陈述"也被社会地位劣势者使用，但一般来说，祈使句的句末会有语气助词，使祈使语气变得委婉，如：

(37)（四凤对鲁贵）您留几句话回家说吧，这是人家周公馆。

但是，"陈述＋祈使"是按照事情发展的顺序娓娓道来，使得某一行为被执行成为顺理成章，所以，无论言语交际角色的地位如何，都被较多采用，尤其是社会地位劣势者，为了确保动作被执行，选择这样的语气组配顺序比反过来的顺序更妥当。

(38)（四凤对繁漪）太太，您脸上像是发烧，还是到楼上歇着吧。
？太太，还是到楼上歇着吧，您脸上像是发烧。

例（38）同样是四凤和繁漪之间的对话，四凤把表原因的陈述放在前面，表结果的祈使放在后面，使四凤的提议变得合情合理，让繁漪能体会四凤对自己的关心。如果换成"太太，还是到楼上歇着吧，您脸上像是发烧"，与"陈述＋祈使"的字面意义一样，但这里的"祈使＋陈述"隐含了"催促"的意义，不符合四凤的身份。

社会地位优势者和劣势者都使用"陈述＋祈使"的语气组配，但是他们使用祈使的程度不一样，社会地位劣势者往往选择委婉的祈使，表现在祈使句后加语气助词"吧"形成建议语气，如例（38），或者同时使用礼貌客气的词汇"请"，如例（39）。

（39）（侍萍对周朴园）现在我们都是上了年纪的人，这些话请你也不必说了。

（40）（周萍对繁漪）你现在不像明白人，你上楼睡午觉吧。

（41）（四凤对周萍）我只有你，萍，你明天带我去吧。

（42）（繁漪对周萍）今天下午的话我说错了，你不要怪我。

（43）（周萍对四凤）你的手冰凉，你先去换一换衣服。

例（40）、（41）、（42）和例（43）都是"陈述＋祈使"，例（40）和（41）是不同交际对象之间的对话，但都是社会地位劣势者对优势者说话，祈使句末都用了语气助词"吧"，是建议句。例（42）和例（43）也是不同交际对象之间的对话，但都是社会地位优势者对劣势者说话，祈使句是命令式。

我们再来看"祈使＋疑问"的语气组配，它一般只被社会地位优势者所选用，都表达了一种"命令＋责备"的情绪，如：

（44）（周萍对四凤）你不要扯，你现在到底对我怎么样？

（45）（周朴园对繁漪）不要胡言乱语的，你刚才究竟上哪儿去了？

（46）（鲁贵对四凤）凤儿，你给你妈拿一瓶汽水来，这儿公馆什么没有？

（47）（繁漪对四凤）四凤，你来，老爷的雨衣你给放在哪儿啦？

（三）社会地位劣势者倾向于使用疑问程度高的疑问语气

"陈述＋疑问"组配中，疑问在后是句子的重心所在，但是社会地位优势者和劣势者使用疑问句时，疑问句的疑问程度不一样。

如果说话人社会地位低，他会选择疑问程度高的疑问语气。

(48)（周冲对繁漪）这两天我到楼上看您，您怎么总把门关上？

例（48）中周冲选择使用特指问，特指问是开放式疑问，表明他的信息量少或者没有，这个疑问发出后，把话语权完全交给了他的母亲繁漪，繁漪可以顺着周冲的话题，也可以转换话题，周冲的问话符合人物之间的关系。

说话人社会地位低，即使对于非常确信的事情，有时也会选择使用疑问语气。如：

(49)（四凤对侍萍）他们二十年前才搬到北方来，那时候您不是还在南方么？

"那时候您不是还在南方么？"是一个反问句，疑问程度非常低。其实四凤非常清楚她妈妈20年前在南方，她完全可以用陈述句"那时候您还在南方"。但是，陈述句使得说话人在控制话语权，支配着听话人。如果采用疑问句，尽管是反问，这样听话人有可以作答的机会，拿到话语权。因此，四凤作为晚辈，有意在话语上让步，减少自己对长辈的话语支配力。

但是反过来，说话人社会地位高，即使对于不太确信的事情，他有时也会选择疑问程度低的疑问语气。

(50)（繁漪对侍萍）四凤的年纪很轻，她才十九岁，对不对？

例（50）中繁漪其实不清楚四凤的年龄，她完全可以用特指问，"四凤的年纪很轻，她今年多大了？"但是她使用选择问，属于疑惑程度中等的问句，比特指问的程度低，显示了她不想失去话语的控制权。这还可以从答话看出来，如果繁漪问："她才十九岁，对不对？"侍萍可以非常简洁回答"嗯"或者"是的"，此时繁漪还是控制了话题。但是如果繁漪问："她今年多大了？"变成了开放式的问话，侍萍至少要使用实词词组"十九岁",甚至延伸答话,如"她今年十九岁,是××年出生的"。这样一来,话语权就过渡给了侍萍,显示不了繁漪高高在上的说话方式。

说话人社会地位高,尤其倾向于使用反问句,表示责问,显示权威。如:

(51)(周朴园对侍萍)从前的旧恩怨,过了几十年,又何必重提呢?

(52)(鲁贵对侍萍)妈的,我的家就是叫你们这样败了的,现在是还账的时候么?

例(51)和例(52)的后分句都是反问,没有疑惑的成分,听话人毫无辩驳的空间,显示了说话人的绝对话语支配力,是社会地位优势者常用的语言手段。

尽管疑惑程度大小与说话人掌握的信息成反比:疑惑程度大,说话人掌握的信息少;疑惑程度小,说话人掌握的信息量大。但是说话人掌握的信息量大小是与他受答话人支配力成反比的:说话人掌握的信息量大,他受答话人的支配就小;说话人掌握的信息量小,他受答话人的支配就大。因此,疑惑程度与话语支配力成反比:疑惑程度大,支配力小;疑惑程度小,支配力大。[①] 社会地位优势者倾向于选择疑问程度低的疑问语气,社会地位劣势者倾向于选择疑问程度高的疑问语气。

第四节 小结

语气的使用伴随着语言的使用,使用者在什么场合使用(语体)、怎样使用(语篇)和为什么使用某种语气(人际关系)管控着语气与语气的组配。

异类语气组配强烈倾向于出现在口语语体中,较少出现在书面语体

[①] 廖美珍:《法庭问答及其互动研究》,法律出版社2003年版,第67页。

中。口语语体中，戏剧体裁文本里使用异类语气组配的频率最高，小说体裁里的使用频率次之。书面语体中，文艺语体里使用异类语气组配的频率相对较高，其次为政论语体，极少出现在科普和事务语体中。无论在哪种语体中，"陈述＋疑问"的组配频率都最高，"疑问＋感叹"的组配用例都没有。

疑问、祈使、感叹三种语气与陈述语气组配时一般居后，如果出现在前分句时，通常要同时满足语篇上的三个限制条件：疑问/祈使/感叹需与上文有衔接，顺着上文的话题或谈话对象而来，是语流连续和信息结构安排的必须；说话人主观上不期待听话人有言语上的反馈；疑问/祈使/感叹与陈述语气都针对同一事物或同一现象表达主观意见。

说话人的目的直接影响他选择哪一种语气，如果要与人分享已知的某个信息，一般选用陈述语气或感叹语气；如果要获得未知的信息，一般使用疑问语气；如果要让一个动作被执行，一般选用祈使语气，目的的表达正好与语气的功能一致。同时，说话人在言语交谈中的社会地位也影响着他选择语气组配，社会地位优势者倾向于使用命令祈使语气，并且将之放在语气组配的前分句，社会地位劣势者一般选用委婉的祈使语气并将之放在组配的后分句；社会地位优势者倾向于使用强烈的感叹语气，并将之放在语气组配的后分句，而社会地位劣势者把感叹语气放在前分句，并使用程度低的感叹语气；社会地位优势者通常选择疑问程度低的疑问语气，以能接着控制话轮，而社会地位劣势者则尽量选择疑问程度高的语气，以交出话轮的主动权。

第七章　汉英二合复句中分句语气异类组配的简单比较

前面我们探讨了汉语复句中分句语气异类组配的规律，这一章我们将把汉语分句语气异类组配和英语分句语气异类组配进行简单比较，考察汉语分句语气异类组配的个性特征。

第一节　比较的基础

汉语和英语复句中异类语气组配的对比涉及两个重要的概念——语气和复句，但是英语和汉语里关于这两个概念的理解不完全一样，因此，有必要找到它们的共性作为比较的基础。

一　语气的内涵与分类

中西方对语气的理解有很大差异，无论以哪一方关于语气的定义来做对比，对比都无法进行。西方语言研究者认为，语气表现为动词的曲折变化，这一点上英语语言是合适的，但是汉语动词没有曲折变化则完全没有适用性。汉语语言研究者认为语气的重要表现形式之一是语气助词，但是英语语言又没有语气助词，对英语不适用。

（一）语气的内涵

1. 传统语言研究对语气的认识

西方语言主要是英语，把语气看作纯语法范畴，由动词的曲折变化来表现。古英语将语气分为陈述语气和虚拟语气,完全是由动词的形态变化决定(见表7-1)。

表7-1　　　　　　　　　古英语对语气的认识①

时态	陈述语气		虚拟语气	
	单数	复数	单数	复数
现在时	ic drif-e ðu drif-st (-eat) he drif-ð (-eð)	we drif-að ge drif-ð hie drif-að	ic drif-e ðu drif-e he drif-e	we drif-en ge drif-en hie drif-en
过去时	ic draf ðu drif-e he draf	we drif-on ge drif-on hie drif-on	ic drif-e ðu drif-e he drif-e	we drif-en ge drif-en hie drif-en

后来的研究基本沿用了早期的做法,语气(mood)是动词的语法范畴,表达说话人对话语所描述事件的主观态度。

汉语最早真正给语气下定义的是王力和吕叔湘。王力认为,语气是语言中各种情绪的表达方式,有12大类:决定语气、表明语气、夸张语气、疑问语气、反诘语气、假设语气、揣测语气、祈使语气、催促语气、忍受语气、不平语气和论理语气。② 他的这些分类更多强调语气的内涵意义,而不是传统上强调的语气功能。吕叔湘认为语气有广义和狭义之分,广义的语气包括语意和语势:"语意"指正和反,定和不定,虚和实等区别;"语势"指说话的轻或重,缓或急。狭义的语气指概念内容相同的语气,因使用的目的不同而产生的分别③。

2. 功能主义研究对语气的认识

功能语法把语气作为人际意义的主要成分,认为通过分析语气可以较好地揭示交际者之间的人际关系。Halliday指出,语气表达的言语功能、某一言语环境中参与者之间的关系、说话者对他自己和听话者的角色作

---

① 秦秀白:《英语简史》,湖南教育出版社1983年版,第39页。
② 王力:《中国现代语法》,商务印书馆1985年版,第161—176页。
③ 吕叔湘:《中国文法要略》,商务印书馆2002年版,第258—260页。

用、说话者的态度以及影响听者的企图。①

中国学者根据 Halliday 的研究模式，开始从功能语法角度研究语气，代表人物是李战子②和彭宣维③，他们都认为语气是小句的一个人际意义范畴，特别讨论了语气作为人际意义的"句法"理解和手段。这种做法深化了对语气的认识，但是汉语和英语对语气的句法实现手段不同。

3. 情态范畴视角对语气的认识

近 30 年来，西方语言学家把语气的研究纳入情态研究的范畴之中。情态（modality）是语义范畴，表达说话人对句子所述内容的态度。语气（mood）通过动词的形态变化，是情态的一种表达手段，是主观情态的语法化。Palmer 从世界语言类型学的角度论述了整个情态系统。④ 他认为，语气和情态可以出现在同一种语言中，但是在大多数语言中只出现其中一种，或者语气或者情态。他还指出，语气和情态并不总是有明确的界限，情态是世界语言的共性，在有的语言中情态系统同时具有语气和情态的特征。

汉语界关于语气和情态的认识有两派观点，一派认为语气既是功能范畴，又是语义范畴，以鲁川、齐沪扬和贺阳为代表。鲁川认为语气和情态都是说话人附加在命题上的主观信息，但是语气是对"人"的，体现说话人对听话人的交际意图，情态是对"事"的，体现说话人对句子命题的主观情绪。⑤ 齐沪扬⑥和贺阳⑦都认为，语气是通过语法形式表达的说话人针对句子命题的一种主观意识，将语气分为功能语气和意志语气，功能语气表达说话人使用句子要达到的交际目的；意志语气表达说话人对说话内容的态度和情感。另一派认为语气是语法范畴，情态是语义范畴，以徐晶凝、赵春利、石定栩为代表。徐晶凝认为语气是一种语法范畴，它所表达

---

① M. A. K. Halliday, "Options and Functions in the English Clause". in M. A. K. Halliday & Jonathan Webster (eds.). *Studies in English language*. London: Bloomsbury, 1969. pp. 154 – 159.

② 李战子：《语气作为人际意义的"句法"的几个问题》，《外语研究》2002 年第 4 期。

③ 彭宣维：《英汉语篇综合对比》，上海外语教育出版社 2000 年版，第 136—141 页。

④ ［英］F. R. Palmer：《语气・情态》（第 2 版），世界图书出版公司 2007 年版，第 86—104 页。

⑤ 鲁川：《语言的主观信息和汉语的情态标记》，中国语文杂志社编《语法研究和探索（十二）》，商务印书馆 2003 年版，第 317—330 页。

⑥ 齐沪扬：《语气词与语气系统》，安徽教育出版社 2002 年版，第 21 页。

⑦ 贺阳：《试论汉语书面语的语气系统》，《中国人民大学学报》1992 年第 5 期。

的语法意义属于情态,把语气的概念域限定在情态的两个分支上——以言行事和说话者对命题真值的承诺程度。① 赵春利、石定栩认为语气是基于词汇句法等多种手段的句法概念,情态是基于逻辑认知的语义概念。②

无论哪个角度的语气研究,都是对语气认识的深化。同时,传统语法研究、功能语法研究和情态范畴研究都认为,汉语和英语的语气都指说话人对话语的表述方式,这是对比研究的基础。

(二)语气的分类

英语语法里一般区分直陈(indicative)、虚拟(subjunctive)和祈使(imperative)这三种语气。Otto Jesperson 指出,直陈表示各种与事实有关的陈述句或疑问句,虚拟用在主句中表示一种愿望,祈使用于要求。③ Hadumod Bussmann 论述了大多数语言都有独立的词形变化以体现陈述语气,表达非真实状态的虚拟语气及表达命令的祈使语气。④ Palmer 根据断言与非断言,将语气分为直陈语气和虚拟语气。如果所述命题是过去发生了的或者现在正在发生的,就是断言的,是直陈语气;如果所述命题还没实现,就是非断言的,是虚拟语气。⑤ Halliday 将语气划分为直陈语气和祈使语气。⑥

汉语的语气一般分为陈述、疑问、祈使和感叹 4 种。也有研究者把其他一些语法或语义范畴纳入语气,吕叔湘就额外分出了一个商量语气,王力划分出 12 小类语气,齐沪扬和张斌⑦先区分功能和意志两大语气,再分为若干小类。还有研究者把汉语语气的分类与英语语气的分类对应起来,彭宣维和徐晶凝将汉语语气系统分为直陈和祈使,其中陈述、疑问、感叹都在直陈之下;祈使语气还是传统的祈使语气,表达的是说话

---

① 徐晶凝:《现代汉语话语情态研究》,昆仑出版社 2008 年版,第 128—130 页。
② 赵春利、石定栩:《语气、情态与句子功能类型》,《外语教学与研究》2011 年第 4 期。
③ Otto Jesperson, *Essentials of English Grammar*. London: Routledge, 2006, pp. 237 - 239.
④ [德] 布斯曼:《语言与语言学词典》,外语教学与研究出版社 2000 年版,第 312—313 页。
⑤ Palmer F. R., *Mood and Modality* (2nd ed.), Cambridge: Cambridge University Press, 2001, p. 107.
⑥ [澳] M. A. K. Halliday:《功能语法导论》(第 2 版),外语教学与研究出版社 2000 年版,第 159 页。
⑦ 张斌:《现代汉语描写语法》,商务印书馆 2010 年版,第 861—864 页。

人要求语句所描述的行为被执行。赵春利、石定栩则把语气分为直陈、祈使和虚拟3种。

汉语和英语的语气类别，表面上看，都有陈述（直陈）和祈使2种语气，而英语里有虚拟语气，汉语里没有，汉语里有疑问和感叹，英语里没有。[①] 实际上，英语的疑问句被看成是陈述句的一种，即动词被提到主语前的一类陈述句，可以将之分离出来，独立成疑问句，这就与汉语相同了。英语的感叹句也是被归入陈述句里，主要是因为许多感叹语气是感叹词汇附载的，整个感叹句的形式还是与陈述句的形式一样，也可以将这类带有强烈感情的陈述句分离出来，尤其是不同于陈述句的感叹句型［How＋形容词/副词＋主语＋谓语！What＋a（n）＋形容词＋名词＋主语＋谓语！］，独立成感叹句，就与汉语相同了。

汉语和英语语气都有陈述、疑问、祈使和感叹4种，它们是对比研究的对象。

（三）语气的表达手段

英语对语气表达手段的认识是一个逐步加深的过程。刚开始的研究者认为动词的曲折变化是语气的唯一表达手段。[②] 后来的学者认识到情态动词也表达语气，并且一度成为研究的焦点。[③] 随后，一部分学者还提出，语调、句式变化、副词等都有表达语气的作用。Leo Hoye 认为，"句子的韵律信息显示了语气和情态的交互作用"，从而肯定了语调表达语气的作用。[④] Niels Davidsen-Nielsen 认为，语气可以用动词的曲折变化表达

[①] 英语的虚拟语气其实是祈使语气的一种。Subjunctive 译成"虚拟"不准确，因为 sub-意为"下、次、从属"，junctive 意为"结合"，合起来的意思是"从句的谓语所使用的谓词形式（通常是原形）"。从句里谓语用动词原形时，表示句子主语的祈祷/祝愿或者对他人的要求/建议，这些语法意义是祈使句表达的。

[②] 秦秀白：《英语简史》，湖南教育出版社1983年版，第39页。

[③] Palmer F. R., *Mood and Modality*. Cambridge: Cambridge University Press. 2001, pp. 100 - 103; M. A. K. Halliday, "Dimensions of Discourse Analysis: Grammar". in Teun Adrianus van Dijk（eds.）. *Handbook of Discourse Analysis Vol. 2 Dimensions of Discourse*. London: Academic Press, 1985, pp. 28 - 56.

[④] Hoye, Leo, *Adverbs and Modality in English*. New York: Addison Wesley Longman Limited, 1997, p. 16.

出来，也可以用句法性的助动词表达出来，还可以用不同的词汇手段表达出来，包括动词、形容词、副词、虚词等。①

汉语早期语法在研究助词（现在称语气助词）时涉及语气，如马建忠说："泰西文字，原于切音，故因声以见意，凡一切动字之尾音，则随语气而为之变。"② 在马氏看来，语气可以通过助词表达。赵元任、吕叔湘、高名凯和王力等学者还论述了除语调外，部分实词、副词、连词、叹词（单呼词）和语气助词的表达语气，涉及的具体词语更多，这些都属于词汇层面的语气研究。后来的研究者，无论是传统学派、功能学派，还是情态范畴领域，都逐步意识到除了语调、语气助词、副词、助动词和代词等表达语气外，语序、句式变化等也可以表达语气，有时两个或更多因素一起表达某种语气，已经是句子层面的语气研究了。近40年来，胡明扬、贺阳、齐沪扬等把语气作为一个系统来研究，对语气表达手段的认识更为具体、深刻，但具体语法表现手段还是这些。

汉语和英语的语气都有这样一些共同的表达手段：语调、副词、助动词、虚词、语序等，它们将是对比研究的内容。

二 复句及分句语气

英语和汉语关于复句内涵的理解大致相同，都是将"单句"作为其对应的概念来定义的。单句是包含一个主谓结构的一组词，复句包含两个或两个以上的单句。Alexander说小句（a clause）是一组词，其中有一个"主语+动词+其他成分"结构。③ 吕叔湘说，句子分为"简句"和"繁句"，简句只包含一个词结，繁句包含两个或者两个以上的词结。④ 词结是我们今天指的主谓结构。

英语和汉语复句分类的做法却有着差异。英语的复句有两类：并列复

---

① Davidsen-Nielsen, Niels, *Tense and Mood in English: a Comparison with Danish*. New York: Mouton de Gruyter, 1990, pp. 43–47.
② 马建忠：《马氏文通》，商务印书馆1983年版，第323页。
③ Alexander, Louis George, *Longman English Grammar*, England: Pearson Education Limited, 2003, p. 2.
④ 吕叔湘：《中国文法要略》，商务印书馆2002年版，第89页。

句（a compound sentence）和主从复句（a complex sentence）。① 并列句是相同地位的小句的线性连接，主从句是不同地位的小句的约束性连接（主句是自由的，从句依赖主句不自由）。主从句有 4 种类型，即状语从句、定语从句、名词从句和分词结构②，列举如下：

(1) When he realized his mistake, Stephen apologized at once. （状语从句）
（斯蒂芬一意识到自己的错误，马上就道了歉。）
(2) When he did it is a mystery. （名词从句）
（他什么时候做的那件事是个谜。）
(3) He is the man who lives next door. （定语从句）
（他就是住在隔壁的那个人。）
(4) Seeing the door open, the stranger entered the house.
（不定式/分词结构）
（看见门是开着的，那个陌生人进到了房子里。）

汉语复句的研究从模仿英语句子体系开始。黎锦熙将复句分为 3 类：包孕复句、等立复句和主从复句③，依次对应于英文的 embedded sentences，compound sentences，complex sentences。他说："两个以上的单句，只是一个母句包孕着其余的子句，叫包孕句；两个以上的单句，彼此接近，或互相联络，却都是平等而并列的，叫等立句；两个以上的句子，不能平等而对立，要把一句为主，其余为从，叫主从句。"后来的学者，

---

① Halliday 认为，复句是大于小句的单位，从小句之间的相互依存关系来看，应该分为并列句（parataxis）和从属句（hypotaxis）。Sidney Greenbaum 根据小句之间的语义关系把复句分为并列句（co-ordination of clauses）、主从句（subordination of clauses）和并列主从句（the interplay of co-ordination and subordination）。这些英语句子划分的研究，使用了不同的术语，但核心意思还是一致的。

② Alexander, Louis George, *Longman English Grammar*, England: Pearson Education Limited, 2003, p. 31.

③ 黎锦熙：《新著国语文法》，商务印书馆 2007 年版，第 50—282 页。

如吕叔湘、王力和朱德熙明确主张把包孕句归入单句。这样一来，汉语的复句也只有并列复句和主从复句2种了。

汉语和英语的复句都只有2类：并列复句和主从复句。但是，两种复句所包含的具体类别却是不同的，问题在于包孕句的归属。汉语里的包孕句对应于英语里的名词从句和定语从句，汉语的包孕句归入单句，英语的名词从句和定语从句却认定是主从复句。因此，从复句是并列的还是主从的来对比汉语和英语，容易引起混乱。

但是，无论任何复句，汉语的和英语的，其分句之间一定存在语义关系。根据分句间的语义关系，可以将汉语复句和英语复句统一起来，都分为并列类复句、因果类复句和转折类复句。三大类下面还有许多小类，汉语的这些语义关系小类见本书第二章，英语的复句小类及分句语气组配类别，下面各举一例说明。

1. 连贯关系

The door from the yard opens, and Robert enters.

（陈述＋陈述）

（朝院子的门开了，罗伯特走了进来。）

2. 并列关系

You've made your decision, Rob, and now I've made mine.

（陈述＋陈述）

（你自己做决定，罗伯，我已经做了决定。）

3. 递进关系

I never loved her, and the thought of such a thing never entered my head.

（陈述＋陈述）

（我从来没有爱过她，并且连这样的想法从来都没有过。）

4. 选择关系

Either she pays her rent or she can buy a property and pay £500 a month mortgage. （陈述＋陈述）

（要么她付房租，要么她购买一处房产每月支付500磅的按揭。）

5. 因果关系

I didn't like that, so I had to believe in fairies. （陈述＋陈述）
（我不喜欢那样，所以我不得不相信有仙女。）

6. 假设关系

It'd be different if she was well and healthy like other people.
（陈述＋陈述）
（如果她像别人一样健康的话，情况就不一样了。）

7. 推断关系

Let's set off early since everybody is here. （祈使＋陈述）
（每个人都到了，我们早点出发吧。）

8. 条件关系

There's the boy that would make a good, strong sea-farin-man— if he'd a mind to. （陈述＋陈述）
（这个孩子，如果他愿意的话，一定会成为一个强壮的好水手。）

9. 目的关系

Her parents remained adamant, so much so that they consulted Granny Patin concerning the wording on their daughter's tombstone.　　（陈述＋陈述）

（她父母的态度如此坚定，他们只好去找奶奶把亭咨询关于他们女儿墓碑上的碑文。）

10. 转折关系

And Pa ain't feeling none too happy to have you go—though he's been trying not to show it.　　（陈述＋陈述）

（你要离开爸爸不太高兴，尽管他尽量不表现出来。）

11. 让步关系

I could hardly back out now, even if I wanted to.　（陈述＋陈述）

（即使我想打退堂鼓，现在也不可能了。）

12. 假转关系

Don't you put no such fool notions in Andy's head, Dick—or you 'n' me's goin' to fall out.　　（祈使＋陈述）

（你千万别把这个笨想法放到安迪的脑袋里去，迪克——否则咱们俩就闹翻了。）

第二节　汉英二合复句中分句语气异类组配的特点比较

无论是汉语复句还是英语复句，复句中的每个分句都有语气。二合复句中的分句语气联结，理论上有 16 种，这 16 种语气组配在汉语复句中都能找到用例（见本书第二章），在英语复句中却不能都找到用例，列举如下：

陈述＋陈述：The horizon hills are still rimmed by a faint line of flame, and the sky above them glows with the crimson flush of the sunset.
（地平线上的山头仍然环绕着一缕微弱的光焰，上面的天空发出日落后的红色。）

疑问＋疑问：What's that he's got there—another book?
（他拿到的那个是什么，是另一本书吗？）

祈使＋祈使：Then don't get down, but sit where you are.
（别蹲下去，坐在原地。）

感叹＋感叹：—

陈述＋疑问：If you were there, what would you do?
（如果你在那儿，你会怎么做？）

陈述＋祈使：If Harry should call, tell him I'll be back this evening.
（如果哈瑞打电话过来，告诉他我今天下午回来。）

陈述＋感叹：And yet he never said or showed—God, how he must have suffered!
（他从来没有说也没有表现出来过——天哪，他太遭罪了！）

疑问＋陈述：How can you talk in that cold tone—now—when he is dying!
（你怎么能用那种冷漠的口气说话——现在——他

就要死了！）

疑问＋祈使：——

疑问＋感叹：——

祈使＋陈述：Use your head, and you'll get a way.

（动动脑筋，你会想出一个办法的。）

祈使＋疑问：Never mind about the lords and ladies: would you like to take up any course of study—history for example?

（不用考虑老爷和夫人的意见：你愿意修点什么课程——比如历史？）

祈使＋感叹：——

感叹＋陈述：But you know how contemptuous of all religion Pa's always been—even the mention of it in the house makes him angry.

（但是你知道爸爸多么蔑视宗教——哪怕是提一下他都生气。）

感叹＋疑问：What a big fat duck, give it a bit of bread?

（你个蠢猪，不能给它点儿吃的吗？）

感叹＋祈使：——

英语分句语气组配只有 11 种类别："陈述＋陈述"、"疑问＋疑问"、"祈使＋祈使"、"陈述＋疑问"、"陈述＋祈使"、"陈述＋感叹"、"疑问＋陈述"、"祈使＋陈述"、"祈使＋疑问"、"感叹＋陈述"、"感叹＋疑问"，没有"感叹＋感叹"、"疑问＋祈使"、"疑问＋感叹"、"祈使＋感叹"和"感叹＋祈使"的组配，其中异类语气组配 8 种，在数量上少于汉语异类语气组配。

另外，英语异类语气组配使用频率较高的都是组配中有一个是陈述语气的，因此下面重点探讨有陈述语气的异类组配，至于其他异类语气组配，由于使用频率太低，只在有必要论述的时候略微提及。

一 陈述语气和疑问语气的组配

陈述语气和疑问语气的组配有两种情况，一是陈述在前疑问在后的"陈述＋疑问"，二是疑问在前陈述在后的"疑问＋陈述"。

（一）组配后句法形式上的对比

汉语的"陈述＋疑问"分句语气组配，两个小句线性排列，陈述句在前，疑问句在后，中间有停顿，书面上一般以逗号隔开，有时也用分号、冒号或者破折号；句末使用问号；句中一般没有关联标记。如：

（5）这两天我到楼上看您，您怎么总把门关上？
（6）四凤的年纪很轻，她才十九岁，是不是？
（7）既说没见着那个拉纤的，你何至于在外边儿跑这么一天？

例（5）两分句之间使用逗号，复句末使用问号，是汉语二合复句里分句语气组配"陈述＋疑问"的典型形式表现。即使疑问语气由正反问表达，中间也不用关联标记，如例（6）。例（7）与前两例不同，每个分句使用了关联标记"既然……何至于……"，关联标记配对使用。

英语的"陈述＋疑问"分句语气组配，也是两个小句线性排列，陈述句在前，疑问句在后。分句间有停顿，书面上一般以逗号显示，有时也用分号、冒号或者破折号，句末使用问号，但是分句与分句之间通常有关联标记。如：

（8）He asked me to promise—what am I going to do?
（他叫我作出承诺——我该怎么办？）

（9）Then I'm going to start learning right away, and you'll teach me, won't you?
（我马上开始学习，你教我好吗？）

（10）Yes, Rob, I see ; but won't you go back to bed now and rest?
（是的，罗伯特，我明白了；但是你现在能回到床上睡觉吗？）

例（8）两分句间使用分号，一方面表示停顿，另一方面把分句隔开，这和汉语的分句联结一样。例（9）和例（10）的两分句之间使用逗号，后分句句首使用了关联标记（and，but），这是英语复句里"陈述＋疑问"分句语气组配的典型形式表现。使用关联标记这一点上与汉语不同，汉语的"陈述＋疑问"的典型形式是不用关联标记的。汉语分句间也有使用关联标记的情况，但是关联标记有单用和配对使用两种情况，关联标记单用时可以居首也可以居中，这和英语是一样的，但是英语里没有关联标记的配对使用。

汉语"疑问＋陈述"的分句语气组配，两个小句线性排列，疑问句在前，陈述句在后，中间有停顿，书面上一般以逗号显示，句末使用句号，句中一般没有关联标记。如：

(11) 四块钱，够干什么的，还了点帐就干了。

英语"疑问＋陈述"的分句语气组配，也是两个小句线性排列，疑问句在前，陈述句在后。中间一般没有停顿，但是句末使用问号，句中有连词。如：

(12) Will you come with Mama when she tells you for your own good?
（妈妈告诉你是为你好，你愿意跟着妈妈吗？）
(13) Why are you quitting now, Ben, when you know I've so much work on hand?
（你为什么不干了，本，你明明知道我手头有很多事。）

例（12）使用连词"when"联结疑问句和陈述句，句末用问号，句中没有停顿，这是英语"疑问＋陈述"组配的典型形式；例（13）也使用连词"when"联结疑问句和陈述句，但是句中使用了表示停顿的逗号，能插进称呼语"Ben"，Ben前后都有逗号，停顿两次，这种用法在英语口语语体中比较常见,"疑问+陈述"中间有称呼语的情况在汉语里较少见。

(二) 组配后语气程度上的对比

陈述句根据确定程度可以分为必然陈述句、很可能陈述句和可能陈述句;疑问句根据疑问程度可以分为特殊疑问句、是非疑问句、选择疑问句和反问句。

"陈述+疑问"语气组配时,陈述和疑问的各语气程度都可以异类组配,汉语和英语都能找到这样的例子。但是与疑问句组配时,很可能陈述句和可能陈述句极少,基本上都使用必然陈述句,下面以必然陈述句为例考察分句语气的组配。如:

1. 必然陈述语气+特殊疑问语气

　　汉语:凤儿这孩子难过一天了,你搅她干什么?
　　英语:Then if fairies don't live there, what lives there?
　　　　(那如果仙女不住那儿,什么人住那儿?)

2. 必然陈述语气+是非疑问语气

　　汉语:她在雨里走了两个钟头,她——她没有到旁的地方去么?
　　英语:You've got to make him believe you, do you hear?
　　　　(你一定要努力让他相信你,听见没有?)

3. 必然陈述语气+选择疑问语气

　　汉语:我跟启华上青山饭店去喝酒,你去不去?
　　英语:Anyway, when I landed in New York—I wired you I had business to wind up, didn't I?
　　　　(不管怎么说,我当时一到纽约,就打电话告诉你我有生意上的事要处理,对不对?)

4. 必然陈述语气＋反问语气

  汉语：二十七年我一个人都过了，现在我反而要你的钱？
  英语：I fancy she looked round at me in a very grim way just then—didn't you notice it?
  （我对她刚才那样严肃地审视我感到奇怪——你难道没注意到吗？）

"疑问＋陈述"分句语气组配时，汉语里的疑问一般是反问，少数是"吧"字是非问，不太可能是特指问和"吗"字是非问。英语的疑问大量使用特指问、反问或者是非问，不太可能是选择问。并且，英语里的"疑问＋陈述"组配种类比汉语多，组配频率比汉语高。比较：

1. 特殊疑问语气＋必然陈述语气[①]

  英语：How can you say that, Dick, when we read in almost every paper about wrecks and storms, and ships being sunk.
  （你怎么那样说，迪克，我们已经读了书上每页关于沉船和风暴的内容。）

2. 是非问语气＋必然陈述语气

  汉语：二少爷，您渴了吧，我给您倒一杯水喝。
  英语：Would you miss Dad very much if he went away?
  （如果爸爸离开了，你会不会很想他？）

---

 ① 组配下没有列举汉语的例子，是因为汉语中找不到例句。本章对相关例子缺失的情况作相同解释。

3. 选择问语气＋必然陈述语气

汉语：想起来了是不是，想不到他会回来了。

4. 反问语气＋必然陈述语气

汉语：四凤，你怎么不把那一两四块八的龙井沏上，尽叫爸爸生气。
英语：Won't they laugh at you just the same when you're working for Timms?
（他们不也同样笑你吗，当你为提姆干活时？）

二 陈述语气和祈使语气的组配

陈述语气和祈使语气的组配有两种情况，一是陈述在前祈使在后的"陈述＋祈使"组配，二是祈使在前陈述在后的"祈使＋陈述"组配。

（一）组配后句法形式上的对比

汉语的"陈述＋祈使"分句语气异类组配，两个小句线性排列，陈述句在前，祈使句在后，中间有停顿，书面上一般以逗号隔开，句间一般没有关联标记，句末用句号或者感叹号。

(14) 我不是跟你要钱，你放心。
(15) 四凤，我求你，你开开！
(16) 我只有你，萍，你明天带我去吧。
(17) 这是没法子的事，——可是您得哭哭。
(18) 要是没有灯，那你千万别来。

例（14）句中逗号表示停顿，隔开两个分句，句末用句号；例（15）祈使句带上了感情色彩，句末使用感叹号。另外，复句中有称呼语的话，称呼语放在句首，如例（15）中的"四凤"；也可以放在句中，如例（16）

中的"萍"。例（17）和例（18）都使用关联标记联结分句，例（17）中关联标记单用，放在句中，例（18）关联标记配对使用，前后分句句首都有连词。

英语的"陈述＋祈使"分句语气组配，与汉语一样，也是两个小句线性排列，陈述句在前，祈使句在后。中间也有停顿，书面上一般以逗号隔开，句末使用句号或者感叹号。与汉语不同的是，句首往往有连词，如果有呼语，呼语一般只在句中。如：

(19) If you can't say anything cheerful, you'd better keep still.
（如果你不会说些高兴的事，你就保持沉默。）

(20) And Andy's coming back, don't forget that!
（安迪要回来，别忘了！）

(21) It's just as hard for me, Andy,—believe that!
（对我来说同样难，安迪，相信我！）

例（19）的前分句句首有连词"if"，陈述句和祈使句间有逗号，句末用句号，这是英语"陈述＋祈使"组配最常见的分句组合特点；例（20）祈使带上了感情色彩，句末用了感叹号。例（21）句首没有连词，但是句中有逗号和破折号将两分句隔开，称呼语"Andy"只能放在句中，这种句类组合在英语里还是有很多用例，汉语里不常见。

汉语"祈使＋陈述"的分句语气组配，祈使句在前，陈述句在后，中间有停顿，书面上用逗号，没有关联标记，句末使用句号。如：

(22) 四凤你出来，我告诉你一件事。

英语"祈使＋陈述"的分句语气组配，也是祈使句在前，陈述句在后，但是分句间一般没有停顿，而是使用连词联结两个分句，句末使用句号。如：

(23) Let me finish now that I've started.

（让我把它做完，既然已经开始做了。）

(24) And git some sleep, if you kin.

（睡一会儿吧，如果你能睡的话。）

例（23）使用连词"now that"联结的祈使句和陈述句，句末有一个句号，句中没有停顿，这是分句语气组配"祈使＋陈述"的典型句法形式；例（24）也使用连词"if"联结祈使句和陈述句，但是句中使用了逗号，句首连词"and"可以去掉，出现的时候表示与上文有衔接。

（二）组配后语气程度上的对比

祈使句根据意愿程度可以分为命令禁止句、建议劝阻句、请求乞免句。理论上讲，各语气程度都可以异类组配，汉语和英语都有这样的例子。

1. 必然陈述语气＋命令禁止语气

汉语：难喝，倒了它！

英语：I'll claw his face for'n, let me only catch him!

（我会抓破他的脸，只要我抓到他！）

2. 必然陈述语气＋建议劝阻语气

汉语：你现在不像明白人，你上楼睡觉去吧。

英语：I don't mind where it is, let me get down, sir, please!

（我不介意这是在哪儿，先生，请让我躺一会儿！）

3. 必然陈述语气＋请求乞免语气

汉语：我跟启华上青山饭店去喝酒，你去不去？

英语：Oh, if ye can swaller that, be it so.

（如果你能吞下，吞下去好了。）

"祈使+陈述"类型,各语气程度都能组配,汉语和英语一样。如:
1. 命令禁止语气+必然陈述语气

  汉语:别走,话还没说完呢。
  英语:Go if you want to.
    (去吧,如果你想去。)

2. 建议劝阻语气+必然陈述语气

  汉语:我们走吧,四凤先跟您回去。
  英语:Let him sleep if he can.
    (让他睡吧,如果他能睡。)

3. 请求乞免语气+必然陈述语气

  汉语:孩子,你可要说实话,妈经不起再大的事啦。
  英语:Bless thy simplicity, Tess, and he's got his market-nitch.
    (保佑你一直这么单纯,苔丝,他是糊涂了。)

三 陈述语气和感叹语气的组配

英语的感叹语气如果只限于"How+形容词/副词+主语+谓语!"句式和"What+a(n)+形容词+名词+主语+谓语!"句式表达的话,单用的时候较多,和另一语气组配使用的时候非常少,我们的语料中只见到2例。

  感叹+陈述(1例)
  But you know how contemptuous of all religion Pa's always been—even the mention of it in the house makes him angry.

（但是你知道爸爸多么蔑视宗教——哪怕是提一下他都生气。）
陈述＋感叹（1例）

And yet he never said or showed—God, how he must have suffered!

（他从来都没有说也没有表现出来过——天哪，他太遭罪了！）

英语的感叹句和陈述句联结时，基本不使用连词，而是在句间使用破折号。与汉语的感叹句和陈述句联结相比，汉语的陈述语气和感叹语气组配用例较多，无论是"陈述＋感叹"还是"感叹＋陈述"的使用频率都较高。

疑问、祈使和感叹语气在英语里的两两组配极少，只见到极个别的用例。

祈使＋疑问

Never mind about the lords and ladies: would you like to take up any course of study—history for example?

（不用考虑老爷和夫人的意见：你愿意修点什么课程——比如历史?）

感叹＋疑问

What a big fat duck, give it a bit of bread?

（你个蠢猪，不能给它点儿吃的吗?）

汉语疑问、祈使和感叹语气的两两组配尽管也很少，但相对来说，比英语要多得多，鉴于英语的组配数量太少，汉英对比无法进行。

第三节　汉英二合复句中分句语气异类组配的倾向性比较

上一节研究发现，英语复句中每个分句都有语气，分句语气也可以异类组配，但是组配类别不如汉语多，这一节我们将详细考察出现的每一种异类语气组配在汉语和英语中的使用倾向性异同。

一 汉英分句语气同类组配占绝对优势

我们统计了英语 20 多万字语料中的二合复句,发现英语复句中分句语气异类组配在实际使用中有倾向性,有的组配类别使用频率高,有的组配类别使用频率低(见表 7-2)。这 20 多万字的语料来自戏剧《天边外》(Beyond the Horizon)和小说《苔丝》(Tess of the D'urbervilles)的第一、三、五章,各种体裁语料各有 10 万多词语。我们选取了英语的戏剧和小说作为语料,除了根据第二章的研究结论外——异类语气主要出现在戏剧和小说中,选择这两部作品还有以下三点理由:一是权威性,《天边外》是美国著名剧作家尤金·奥尼尔诺贝尔文学奖的获奖作品,《苔丝》是英国著名小说家托马斯·哈代最好的作品。二是与汉语的可比性,《雷雨》是中国著名戏剧家曹禺的代表作,创作于 1934 年,是中国现代戏剧史上里程碑式的传世之作;《天边外》于 1936 年创作,两部戏剧创作年代大致相同,作品影响力大致相同。《围城》是中国近当代小说中的经典之作,于 1946 年完成。三是语料字数的平衡性,《雷雨》约 10 万字,《围城》的第一章到第四章和第九章共约 10 万字,选取的两部英文作品也各是 10 万多字。

表 7-2　英语二合复句中分句语气同类组配与异类组配的对比表

	《天边外》(例)	《苔丝》(例)	合计(例)	频率(%)
同类组配	454	574	1028	88.9
异类组配	82	46	128	11.1
合计	536	620	1156	100

同类语气组配包括"陈述+陈述"、"疑问+疑问"、"祈使+祈使"和"感叹+感叹"4 种,占所有二合复句总数的 88.9%,异类组配共 12 种(见表 7-4),但仅占二合复句总数的 11.1%,说明英语二合复句中分句语气倾向于一致,分句语气同类组配是主体,异类组配是次要的。

4 种同类语气组配中,"陈述+陈述"的使用频率最高,是二合复句中分句语气组配最基本的类型。同类组配使用的优先序列为:陈述+陈述＞祈使＋祈使＞疑问＋疑问＞感叹＋感叹（如表7-3）。

表7-3　　汉语和英语二合复句中分句语气同类组配对比表　　（单位：例）

	汉语		英语	
	《雷雨》	《围城》	《天边外》	《苔丝》
陈述＋陈述	428	546	449	564
疑问＋疑问	9	5	1	1
祈使＋祈使	31	18	4	9
感叹＋感叹	2	1	0	0
合计	470	570	454	574

二　汉英分句语气异类组配的总体情况比较

汉语和英语二合复句中分句语气异类组配的使用频率不一样。各种语体中组配的使用频率见表7-4所示。

表7-4　　汉英二合复句中分句语气异类组配频率对比表　　（单位：例）

	汉语		英语	
	《雷雨》	《围城》	《天边外》	《苔丝》
陈述＋疑问	60	63	18	14
陈述＋祈使	32	6	12	4
陈述＋感叹	16	12	1	0
疑问＋陈述	5	0	18	9
疑问＋祈使	1	0	0	0
疑问＋感叹	0	0	0	0
祈使＋陈述	73	14	30	17
祈使＋疑问	14	3	1	2
祈使＋感叹	6	0	0	0
感叹＋陈述	10	22	2	0
感叹＋疑问	5	4	0	0
感叹＋祈使	2	0	0	0
合计	224	124	82	46

通过对表7-4中数据的分析，发现汉语和英语中分句语气异类组配

具有以下一些使用倾向性特点。

第一，陈述语气组配的显著优先性。

有陈述语气的异类组配使用频率高于没有陈述语气的异类组配。具体来说，有陈述语气的组配有 6 种：陈述＋疑问、陈述＋祈使、陈述＋感叹、疑问＋陈述、祈使＋陈述、感叹＋陈述，没有陈述语气的组配也是 6 种：疑问＋祈使、疑问＋感叹、祈使＋疑问、祈使＋感叹、感叹＋祈使、感叹＋疑问，有陈述语气的组配的使用频率显著高于没有陈述语气的组配。

汉语中，有陈述语气的组配频率都在 10 例以上，有的组配频率甚至多达 60 例；而没有陈述语气的组配频率都在 10 例以下，有的组配甚至没有用例。英语中，有陈述语气的组配都有用例，有的组配频率高达 30 例；而没有陈述语气的组配几乎都没有用例，即使有，也只有 1—2 例。

并且，陈述语气与疑问语气、陈述语气与祈使语气最容易形成异类组配，二者的使用频率都较高。

汉语中，陈述与疑问的组配（包括"陈述＋疑问"和"疑问＋陈述"）有 128 例、陈述与祈使（包括"陈述＋祈使"和"祈使＋陈述"）有 125 例，是所有异类语气组配中使用频率最高的组配。英语中，陈述与疑问（包括"陈述＋疑问"和"疑问＋陈述"）有 59 例、陈述与祈使（包括"陈述＋祈使"和"祈使＋陈述"）有 63 例，也是所有异类语气组配中使用频率最高的组配。

第二，祈使＋陈述＞陈述＋祈使、陈述＋疑问＞疑问＋陈述、陈述＋感叹≈感叹＋陈述。

有陈述语气的组配，陈述在前的组配与陈述在后的组配在使用上有倾向性：陈述语气与疑问语气组配时，陈述语气在前是优势组配；陈述语气与祈使语气组配时，陈述语气在后是优势组配；陈述语气与感叹语气组配时，陈述语气在前的组配与陈述语气在后的组配，使用频率差不多。

汉语有陈述语气的异类组配中，祈使＋陈述（87 例）＞陈述＋祈使（38 例）、陈述＋疑问（123 例）＞疑问＋陈述（5 例）、陈述＋感叹（28

例）≈感叹＋陈述（32例）。

英语有陈述语气的异类组配中，祈使＋陈述（47例）＞陈述＋祈使（16例）、陈述＋疑问（32例）＞疑问＋陈述（27例）、陈述＋感叹（1例）≈感叹＋陈述（2例）。

细看语气组配顺序时，汉语和英语有所不同。汉语的"陈述＋疑问"组配频率明显地高过"疑问＋陈述"的组配频率，也是所有组配中考虑顺序时差别最大的组配，相比较而言，英语的"陈述＋疑问"与"疑问＋陈述"的使用频率相差不大。汉语的"陈述＋感叹"与"感叹＋陈述"组配的使用频率较高，而英语的"陈述＋感叹"与"感叹＋陈述"组配的使用频率很低。

第三，疑问语气在后的组配使用频率较高。

上面提到"陈述＋疑问"组配在汉语和英语异类语气组配中都有最高的使用频率。"祈使＋疑问"的组配在汉语和英语的小说或戏剧中都有用例，在我们的语料中汉语17例，英语3例。"感叹＋疑问"组配在语料中汉语9例，英语没有用例。但是，如果与"疑问"在前的组配相比，总体上还是较多："疑问＋祈使"组配汉语只有1例，英语没有；"疑问＋感叹"组配在英语和汉语中都没有用例。

第四，祈使语气较容易与其他语气形成异类组配。

上面提到祈使语气和陈述语气的组配在汉语和英语中都有较高的使用频率。祈使语气与疑问语气的组配（包括"疑问＋祈使"和"祈使＋疑问"）在我们的语料中汉语有18例，英语有3例；祈使语气与感叹语气的组配（包括"感叹＋祈使"和"祈使＋感叹"）在汉语中有8例，英语中没有用例。但是，较于疑问语气和感叹语气的组配，祈使语气与疑问语气、祈使语气与感叹语气的组配使用频率偏高，"疑问＋感叹"组配在我们的英汉语料中都没有用例，"感叹＋疑问"在英语语料中也没有用例，汉语中有9例是因为"疑问在后的组配使用频率较高"。

第五，4种语气形成异类组配的能力从大到小依次排列为：陈述语气＞疑问语气＞祈使语气＞感叹语气。

无论前分句是4种语气类型中的哪一个语气，与之组配的后分句语气的优先序列为：陈述语气＞疑问语气＞祈使语气＞感叹语气。具体来说，陈述语气在前时，疑问语气优先于祈使语气优先于感叹语气与之组配；疑问语气在前时，陈述语气优先于祈使语气优先于感叹语气与之组配；祈使语气在前时，陈述语气优先于疑问语气优先于感叹语气与之组配；感叹语气在前时，陈述语气优先于疑问语气优先于祈使语气与之组配，汉语和英语语料的统计都如此一致，没有反例。

汉语中：

陈述＋疑问（123 例）＞陈述＋祈使（38 例）＞陈述＋感叹（28 例）
疑问＋陈述（5 例）＞疑问＋祈使（1 例）＞疑问＋感叹（0 例）
祈使＋陈述（87 例）＞祈使＋疑问（17 例）＞祈使＋感叹（6 例）
感叹＋陈述（32 例）＞感叹＋疑问（9 例）＞感叹＋祈使（2 例）

英语中：

陈述＋疑问（32 例）＞陈述＋祈使（16 例）＞陈述＋感叹（1 例）
疑问＋陈述（27 例）＞疑问＋祈使（0 例）、疑问＋感叹（0 例）
祈使＋陈述（47 例）＞祈使＋疑问（3 例）＞祈使＋感叹（0 例）
感叹＋陈述（2 例）＞感叹＋疑问（0 例）、感叹＋祈使（0 例）

三 汉英复句语义类别影响下的异类语气组配的倾向性比较

无论是在汉语复句还是在英语复句中，分句与分句间都有一定的语义关系，这些语义关系是根据逻辑学划分的，适合人类任何语言。分句与分句间的语义关系其实就是复句的语义类别，复句语义类别首先粗略地分为三大类：并列类、因果类和转折类，每个大类下面细分为众多小类（见本章第一节），有些小类之间界限不明显，加上讲汉语和讲英语的民族思维、认知习惯与方式有所不同，导致人们对小类的理解存在些许分歧。因此，下面的考察不深入复句语义小类类别，而是仅限于三大类语义类别。汉语和英语中不同复句语义类别选择异类语气组配类别和频率不一样，如表 7-5 所示。

表 7-5　　　汉语复句语义类别选择异类语气组配类别和频率　　（单位：例）

	并列类	因果类	转折类	合计
陈述＋疑问	73	42	8	123
陈述＋祈使	16	20	2	38
陈述＋感叹	16	12	0	28
疑问＋陈述	3	2	0	5
疑问＋祈使	1	0	0	1
疑问＋感叹	0	0	0	0
祈使＋陈述	35	51	1	87
祈使＋疑问	15	2	0	17
祈使＋感叹	4	2	0	6
感叹＋陈述	10	18	4	32
感叹＋疑问	6	3	0	9
感叹＋祈使	1	1	0	2
合计	180	153	15	348

表 7-6　　　英语复句语义类别选择异类语气组配类别和频率　　（单位：例）

	并列类	因果类	转折类	合计
陈述＋疑问	21	7	4	32
陈述＋祈使	2	14	0	16
陈述＋感叹	1	0	0	1
疑问＋陈述	14	12	1	27
疑问＋祈使	0	0	0	0
疑问＋感叹	0	0	0	0
祈使＋陈述	25	17	5	47
祈使＋疑问	3	0	0	3
祈使＋感叹	0	0	0	0
感叹＋陈述	2	0	0	2
感叹＋疑问	0	0	0	0
感叹＋祈使	0	0	0	0
合计	68	50	10	128

根据对表 7-5、表 7-6 统计数据的分析，汉语和英语复句语义类别影响下的异类语气组配的使用倾向性规律总结如下。

第一，汉语和英语中，并列类复句和因果类复句选择的异类语气组配使用频率较高，转折类复句选择的异类语气组配频率很低。也就是说，异类语气组配主要出现在并列类复句和因果类复句中,很少出现在转折类复句中。

第二,汉语和英语的并列类复句都优先选择"陈述+疑问"、"疑问+陈述"和"祈使+疑问"组配,因果类复句优先选择"陈述+祈使"。因为使用频率按"并列类＞因果类＞转折类"的异类语气组配是:陈述+疑问、疑问+陈述、祈使+疑问;使用频率按"因果类＞并列类＞转折类"的异类语气组配是"陈述+祈使"。汉语和英语异类语气组配频率最大的不同在于使用"祈使+陈述"组配上,汉语里"祈使+陈述"主要表因果关系,而英语里"祈使+陈述"主要表并列关系。

第三,汉语和英语的并列类复句都倾向于选择陈述语气与疑问语气、陈述语气与感叹语气的组配,但是汉语并列类复句最容易使用"陈述+疑问"组配,英语并列类复句最容易使用"祈使+陈述"组配。

汉语中,并列类复句选择异类语气组配的优先序列为:陈述+疑问（73例）＞祈使+陈述（35例）＞陈述+祈使（16例）、陈述+感叹（16例）＞祈使+疑问（15例）＞感叹+陈述（10例）＞感叹+疑问（6例）＞祈使+感叹（4例）＞疑问+陈述（3例）＞疑问+祈使（1例）、感叹+祈使（1例）。

英语中,并列类复句选择异类语气组配的优先序列为:祈使+陈述（25例）＞陈述+疑问（21例）＞疑问+陈述（14例）＞祈使+疑问（3例）＞陈述+祈使（2例）、感叹+陈述（2例）＞陈述+感叹（1例）。

第四,汉语和英语因果类复句都最容易使用"祈使+陈述"组配。最大的不同在于,汉语因果类复句如果陈述句和疑问句组成复句,一般会是"陈述句在前、疑问句在后",分句语气组配是"陈述+疑问",而不经常是"疑问+陈述",而英语因果类复句如果陈述句和疑问句组成复句,"陈述句在前、疑问句在后"和"疑问句在前、陈述句在后"两种形式都常见。

汉语中,因果类复句选择异类语气组配的优先序列为:祈使+陈述（51例）＞陈述+疑问（42例）＞陈述+祈使（20例）＞感叹+陈述（18例）＞陈述+感叹（12例）＞感叹+疑问（3例）＞疑问+陈述（2

例)、祈使＋疑问（2例)、祈使＋感叹（2例）。

英语中，因果类复句选择异类语气组配的优先序列为：祈使＋陈述（17例）＞陈述＋祈使（14例）＞疑问＋陈述（12例）＞陈述＋疑问（7例）。

第五，汉语和英语的转折类复句很少选择异类语气组配，说明汉语和英语转折类复句中的分句句类一般相同。比较来说，汉语的转折类复句一般选择"陈述＋疑问"（8例）和"感叹＋陈述"（4例）组配，英语的转折类复句一般选择"陈述＋疑问"（4例）和"祈使＋陈述"（5例）组配。汉语的"祈使＋陈述"组配很难表示转折关系，而英语里"祈使＋陈述"表示转折关系的情况较多。

另外，汉语和英语的语气都有这样一些表达手段：语调、副词、助动词、虚词、语序等，其中共有的语气焦点表述形式是语气副词和助动词，但是英语的语气副词和助动词主要在单句里使用，不同句类组配时很少使用，我们目前能找到的例句只有几个，不足以做汉英对比研究，有待进一步深入。

第四节　小结

汉语和英语的二合复句中每个分句都有语气：陈述、疑问、祈使或感叹，分句语气都以同类组配为主，异类组配为次，同类语气组配中"陈述＋陈述"组配占绝对优势，汉语"疑问＋疑问"、"祈使＋祈使"和"感叹＋感叹"组配的频率显著高于它们在英语中的使用。

汉语和英语的分句语气异类组配在句法形式和分句语气程度上有差异。汉语的分句联结一般不使用关联标记，而英语的分句联结多使用连词。有些汉语分句之间使用了关联标记，这些关联标记有单用的，也有配对使用的，而英语的连词只能单用。汉语分句间有关联标记时，一般还有逗号表示停顿，而英语的分句间有连词时一般不再使用逗号。汉语的分句语气程度不管是强还是弱，不同语气程度分句基本上都可以联结，而英语不行，英语异类语气组配中的疑问语气不太可能是选择问。

汉语异类语气组配类别的数量和使用频率都高于英语。汉语的异类组配类别多于英语，且每一种异类组配的使用频率也高于英语。具体来说，12种异类组配中除了"疑问＋感叹"在汉语中没有找到例句外，其他11种类别都或多或少被使用，而英语中除了"疑问＋祈使"、"疑问＋感叹"、"祈使＋感叹"和"感叹＋祈使"以外，只有8种异类组配被使用。

汉语和英语分句异类组配的倾向性规律一致。汉语和英语都以有一个分句是陈述语气的组配为优势组配，疑问、祈使和感叹语气两两异类组配为非优势组配。所有异类组配类别中，汉语和英语的陈述语气与疑问语气、陈述语气与祈使语气使用频率都最多。并且，陈述语气与疑问语气组配时，陈述在前是优势组配；陈述语气和祈使语气组配时，祈使在前是优势组配。无论什么语气与疑问语气组配，疑问在后都是优势组配。

汉语和英语的异类语气组配主要出现在并列类复句和因果类复句中，很少出现在转折类复句中。并列类复句都优先选择"陈述＋疑问"、"疑问＋陈述"和"祈使＋疑问"组配，因果类复句优先选择"陈述＋祈使"，转折类复句很少选择异类语气组配。

第八章 结语

第一节 本书的主要结论

关于汉语复句的语气学界主要有两种观点，一种认为复句最后一个分句的语气就是复句的语气。无论一个复句多么复杂，也无论它由几个分句构成，最后一个分句无论是陈述、疑问、祈使或者感叹语气中的哪一个，这个语气就是复句的语气。还有一种观点认为一个复句不一定只有一种语气。前分句是甲语气，后分句也是甲语气，复句就只有一种语气；前分句是甲语气，后分句是乙语气，复句就有一个语气组合——"甲+乙"。我们沿着"甲+乙"的思路，探讨"甲"和"乙"分别是什么，哪些"甲"和哪些"乙"组配频率高，哪些"甲"和哪些"乙"组配频率低，为什么这种组配高，那种组配低？本书以现代汉语二合复句中不同类的分句语气为研究对象，在较大语料分析的基础上探讨分句语气异类组配的倾向性规律，主要结论概括如下。

（一）二合复句中分句语气异类组配在使用上有倾向性

陈述语气具有显著的组配优先性。陈述语气与疑问/祈使/感叹语气的组配使用频率高，而疑问、祈使、感叹之间两两组配的使用频率低，并且陈述语气在前的组配频率高于陈述语气在后的组配频率。

语气助词"吗"和"呢"所表达的疑问语气倾向于置后，"吧"所表达的祈使语气倾向于置前，"啊"和"了"、"的"表达的语气没有很强的位置倾向；语气副词所表达的语气倾向于置后；助动词所表达的语气也倾向于置后；语气助词、语气副词和助动词如果自身连用或者组合使用，所表达的语气置后。

并列类和因果类复句里异类语气组配频率高，转折类复句里异类语气组配频率低。并列类下的连贯关系里异类语气组配种类最多和频率最高，并列关系和递进关系里组配种类和频率次之，选择关系排斥异类语气组配；因果类下的因果关系里异类语气组配数量最多，假设关系和推断关系里组配数量次之，目的关系和条件关系里异类语气组配很少。关联标记的出现非常排斥异类语气组配，如果关联标记联结不同句类的分句，其中一个分句往往是陈述语气的陈述句。

（二）分句语气的典型性程度影响分句语气异类组配

（＋确定性）、（＋意愿性）和（＋情感性）是陈述、疑问、祈使和感叹4种语气都有的三个内在特征，但是这三个特征在每种语气里表现的强弱程度不同。典型性程度高的陈述语气的特征是（＋强确定性，＋弱意愿性，＋弱情感性），典型性程度高的疑问语气的特征是（＋弱确定性，＋弱意愿性，＋弱情感性），典型性程度高的祈使语气的特征是（＋强确定性，＋强意愿性，＋弱情感性），典型性程度高的感叹语气的特征是（＋强确定性，＋弱意愿性，＋强情感性）。这些典型性程度高的语气能够异类组配，因为它们共享一个或两个内在特征，共享特征越多，组配频率越高。陈述语气无论与哪一种语气组配，都共享两项特征，而疑问、祈使、感叹语气两两组配时都只共享一项特征，因此，有陈述语气的组配是优势组配，没有陈述语气的组配是非优势组配。

典型性程度低的陈述语气的特征是（＋弱确定性，＋弱意愿性，＋弱情感性），典型性程度低的疑问语气的特征是（＋强确定性，＋弱意愿性，＋弱情感性），典型性程度低的祈使语气的特征是（＋强确定性，＋弱意愿性，＋弱情感性），典型性程度低的感叹语气的特征是（＋强确定性，＋弱意愿性，＋弱情感性）。典型性程度低的语气组配时，基本上共享三个内在特征（确定性是陈述语气的根本，所以陈述语气总是以强确定性形式与疑问/祈使/感叹各典型性程度低的语气组配），组配的频率比典型性程度高的语气异类组配高。以陈述各语气程度和疑问/祈使/感叹各语气程度语气的组配为例,必然与反问＞必然与选择问/是非问＞必然与特指问;必然与建议＞必然与命令/请求;必然与"真"感叹＞必然与"太"感叹＞必然与强叹。

典型性程度中等的各语气异类组配、典型性程度高的与低的、高的与中等的、中等的与低的异类语气组配,共享特征的数量介于上面两种情况之间,与典型性程度都低或者都高的语气组配一起形成这样的优先序列:低＋低＞低＋中＞中＋中/低＋高＞中＋高＞高＋高。

不同语气之所以能够组配,是因为其建立在语气之间拥有某些相同特征的基础之上,相同特征越多,组配越容易,使用频率越高,与自然界的趋同性一致。

(三)分句语气的焦点表述形式制约分句语气异类组配的顺序和频率

分句语气的焦点表述形式有三个:语气助词、语气副词和助动词,它们的句法语义特点制约异类语气组配的倾向性。语气助词传信度高,或者时间完句能力强的,其所表达的语气在组配中的频率就高;语气助词传疑度高,或者对分句语气强化作用大,或者感情完句能力强的,其所表达的语气前置的频率就低。6个典型句末语气助词中,"了"和"的"的传信度高,时间完句能力强,所表达的语气在组配中居前时,使用频率高;"吧"和"啊"的传信度稍低,时间完句能力稍弱,所表达的语气在组配中居前居后时,使用频率大致相当;"呢"和"吗"传疑度高,强化分句语气作用大,所表达的语气在组配中居后时,使用频率低。"了"和"的"主要表达陈述语气,"吧"主要表达祈使语气,"啊"主要表达感叹语气,"呢"和"吗"表达疑问语气,因此,"陈述"在前的组配(187例)＞"祈使"在前的组配(78例)＞"感叹"在前的组配(31例)＞"疑问"在前的组配(5例)。

语气副词影响分句语气异类组配最突出的特点是语气副词所在分句居后。语气副词表达语气的作用越大,所在分句在组配中的频率就越高;完句能力越大,所在分句在组配中的频率越低。语气副词表达语气的程度越大,或者焦点突出功能越强,所在分句在组配中越靠后;语气副词的辖域越大，或者传信义越大，所在分句在组配中越靠前。语气副词对分句语气异类组配的制约主要是由语气副词本身的句法、语义和功能特点决定的，并且三者往往和谐一致地制约异类语气的组配。语气副词的句法因素制约异类语气的组配最为直观，语气副词的语义特点制约异类语气的组配最为深刻，但归根到底还是由语气副词的语用功能选择所致。

助动词对分句语气异类组配的制约力较小，只制约陈述、疑问、祈使三种语气间的两两组配。助动词表达的语气在相同情况下比没有助动词表现的语气要强烈，因此，没有助动词的语气居前，有助动词的语气居后。两分句都有助动词时，语义弱的助动词居前，语义强的助动词居后。

语气助词、语气副词和助动词除了分别制约异类语气组配之外，它们还两两结合，甚至三个一起制约异类语气组配：某一种语气被它们表达得越强烈，这个语气在组配中越靠后，异类语气组配遵循"前弱后强"的组配原则。

（四）复句的语义类别和关联标记选择分句语气异类组配

从复句语义的三大类别来看，并列类和因果类里异类语气组配种类多、频率高，转折类里异类语气组配种类少、频率低。从12种复句语义的小类来看，并列、连贯和因果关系中，异类语气组配种类多，频率高；目的、假转、选择、条件和让步关系中，异类语气组配种类少，频率低；假设、递进、推断和转折关系中，异类语气组配种类和频率介于上面两种情况之间。这些选择特点主要是各种语义类别复句的使用频率和关联标记的使用强制性不同造成的。一般来说，复句使用频率高，其分句语气异类组配类别多、频率高；复句使用频率低，其分句语气异类组配类别少、频率低。关系不紧密的分句联结，需要强制使用关联标记，本身就说明这种复句使用频率低；关联标记的使用限制了分句的顺序，也就限制了语气组配的类别。

关联标记通常联结两个相同的句类，说明关联标记的使用基本上排斥分句语气的异类组配，其中并列类关联标记最排斥异类分句的联结。因果类和转折类关联标记如果联结不同句类，其中一个分句通常是陈述，分句语气异类组配模式是"陈述与疑问/祈使/感叹"。关联标记不同，联结的两个异类分句形成的异类语气组配类别和类别的使用频率不同，有的关联标记能联结这些分句，形成这种异类语气组配，有的关联标记则不能；有的组配类别使用频率高，有的组配类别使用频率低。同一个关联标记，位置不同，联结的分句形成的语气组配类别也不一样，一般来说，居中的关联标记联结分句使得分句语气形成的异类组配多，居首的关联标记形成的异类组配少。另外，配对使用和单用的关联标记联结的不同句类的情况也不一样，单用的关联标记通常比配对使用的关联标记联结的分句类别多，异类语气组配模式就多。

异类语气组配遵循"前弱后强"的组配原则，但是复句的语义类别和关联标记的使用使得有些组配的使用频率高，有些组配的使用频率低。

（五）语用因素管控分句语气异类组配

分句语气异类组配还受到语用因素的管控，使用者在什么场合使用（语体）、怎样使用（语篇）和为什么使用语气（人际关系）影响语气与语气的异类组配。

口语语体中的异类语气组配种类和频率远远高于书面语体，口语语体中戏剧里的异类语气组配种类和频率又多于和高于小说。无论哪种语体里，"陈述＋疑问"的组配频率都最高，"疑问＋感叹"的组配都没有用例。陈述语气与疑问/祈使/感叹语气组配时，疑问/祈使/感叹语气一般居后，居前时通常要同时满足语篇衔接的三个条件：疑问/祈使/感叹语气与上文有衔接，是顺着上文的话题或谈话对象而来的，是语流连续和信息结构安排的必须；说话人主观上不期待听话人有言语上的反馈；疑问/祈使/感叹与陈述语气都针对同一事物或同一现象表达主观意见。说话人的目的影响他选择语气及语气的组配，因为语气的功能可以帮助实现目的的表达。同一种目的的表达，社会地位优势者选择语气程度较高的语气，而社会地位劣势者尽量选择语气程度低的语气。

异类语气组配遵循"前弱后强"的组配原则，但是受到与使用者相关因素的影响，使用者在什么场合使用（语体），怎样使用（语篇）和为什么使用语气（人际关系）对"前弱后强"的异类语气组配原则起着宏观调控作用。

(六) 汉语的分句语气异类组配类别和使用频率都高于英语

汉语和英语的二合复句中每个分句都有语气——陈述、疑问、祈使或者感叹，分句语气都以同类组配为主，异类组配为次。汉语和英语的异类语气组配在句法形式和分句语气程度上有差异。汉语的分句联结一般不要关联标记，而英语的分句联结多使用关联标记。汉语中不同语气程度的分句基本上都可以组配，而英语的选择问表达的语气不与其他语气组配。

汉语异类语气组配类别和使用频率都高于英语。汉语使用 11 种异类语气组配，而英语只使用 8 种异类组配。汉语和英语都以有一个分句是陈述语气的组配为优势组配，疑问、祈使和感叹两两异类组配为非优势组配。汉语和英语的陈述语气与疑问语气、陈述语气与祈使语气的使用频率都最高。并且，陈述语气与疑问语气组配时，陈述在前是优势组配；陈述语气和祈使语气组配时，祈使在前是优势组配。无论什么语气与疑问语气组配，疑问在后都是优势组配。

汉语和英语的异类语气组配主要出现在并列类复句和因果类复句中，很少出现在转折类复句中。并列类复句都优先选择"陈述＋疑问"、"疑问＋陈述"和"祈使＋疑问"组配，因果类复句优先选择"陈述＋祈使"，转折类复句很少选择异类语气组配。

第二节 本书的局限和有待研究的问题

语气的表达涉及句法、语义、语用、认知各方面，是一个比较主观的范畴。语气的表达方式多种多样，如可以通过语音、词汇、语法结构、语序等表达。任何一个角度的研究都是一个可以深入并且有意义的选题。由于此前对复句中分句语气组配的研究相对较少，本书差不多算是个尝试，因此在研究的角度上比较受限，下面一一列出，后来的研究至少可以在范围上有所扩大。

(一) 只选择了句法形式明显的句类，研究了它们的语气

复句由若干分句组成，有的分句句法形式明显，很容易根据这些形式判断它是哪一句类：陈述句、疑问句、祈使句和感叹句；有的分句句法形

式不明显,或者兼有两种句类的句法形式,它们的归属问题因人、因语境的不同或有分歧,尽管这种句类在书中处理为非典型句类,但是在所有例句的选择中,我们还是使用了句法形式明显的小句,它们的语气也最好判断。这一点在处理感叹句的问题上最为突出,书中只研究了使用语气副词"好、真、太、多(么)",指示代词"这么、那么"或者骂人词语"混蛋、贱货"等明显词汇特征的感叹句,对于句末有感叹号、句中使用其他副词"顶、可、很、十分、挺、非常"等词汇表达感情的句子都没有归入感叹句,而被视作感叹程度不够强烈一并归入陈述句。感叹语气主要通过感叹句来体现,感叹句可以从语音形式、表达手段、语义等不同角度进行分类,语音最可靠,但是语音要借助语音仪器,语义又很难避免主观性,所以我们根据表达手段来判断一个句子是不是带有感叹语气。

另外,我们区分语法上的语气和语用上的语气,只研究语法范畴的语气。比如"钢笔没墨水了"和"你有蓝墨水吗?"在语用上都有祈使的功能,但它们不是祈使句,不具有祈使语气,前一句是陈述语气,后一句是疑问语气。有的学者认为,句类除了陈述、疑问、祈使和感叹外,还应该包括呼语句,本书没有讨论呼语句。[①]

(二)只选择了语气表达的主要形式,探讨了它们对语气组配的影响

语气的句法表达手段有语音、词汇、结构、语序等诸多方面,我们只选取了其中的词汇手段,并且还是词汇手段里面的主要表达形式——语气助词、语气副词和助动词,讨论了它们的使用对分句语气异类组配的影响,这是很重要,也很有意义的一步。但是,语气的表达手段还可以扩大到更广的词汇范围,如叹词、动词、形容词、代词、副词等,甚至可以考察语序、句式和语调的表达语气。其中,语调通过使用语音实验设备获取,是语气表达最可靠的手段,也是以后研究的重点和突破点。

陈述、疑问、祈使和感叹4种语气,可以根据各自的语气强弱和表达的句法手段分为下位类别,4种语气是第一层,下位类别是第二层。尽管我们在第三章分析语气的典型性程度时列举和分析了第二层,但是在其他

[①] 范晓:《汉语句子的多角度研究》,商务印书馆2009年版,第364页。

章节里都只研究了第一层语气异类组配的使用倾向性,以及句法、语义和语用因素对使用倾向性的影响,这些章节的异类语气组配都可以细化到语气的第二层,探讨第二层语气异类组配的使用倾向性,以及句法、语义和语用因素对这些组配使用倾向性的影响。

(三)只研究了二合复句,考察了两个分句语气异类的组配

两个分句组成的复句内语气组配简单,便于控制,并且二合复句相对于三合、四合复句来说,句内的句法成分数量相对有限,表达语气的手段(如语气副词、语气助词)以及影响语气的手段(如关联标记、复句语义类别)容易穷尽,操作简单。但是,如果真正把复句的语气作为研究对象时,仅仅探讨二合复句是远远不够的,还要探讨三合复句、四合复句,甚至更多分句组成的复句,这些单位较大的复句内分句语气异类组配不一定遵循二合复句中分句语气异类组配的倾向性规律。

复句除了根据分句的数量分为二合、三合之外,还可以根据分句间的组织层次分为单重、二重、三重复句,以组织层次来研究复句内分句语气的异类组配,结果很可能与以分句的数量来研究复句内分句语气异类组配的使用倾向性不一样。大部分单重复句是二合复句,由三个分句组成的复句也可能是单重复句,单重复句相对简单,二重、三重复句更复杂。复句还可以根据分句间的语义关系分为并列类复句、因果类复句和转折类复句,尽管书中有所涉及,但是把语义类别作为控制因素来分析,或是把语义类别作为语气组配的环境来分析,情况就不一样了,这都有待进一步研究。

(四)只简单比较了汉语和英语分句语气异类的组配

就分句语气异类组配使用的倾向性而言,书中关于汉语和英语的比较是粗线条的,得出的规律也是宏观的,还可以做得更细致,更微观。比如选择一种组配"陈述+疑问",在汉语和英语中收集足够多的例句,比较众多例句里陈述语气和疑问语气组配时,其表达方式、构成的语义关系、传达的语用效果等方面,哪些是相同的,哪些是不同的,相同的下面是否还有细微差异,不同的方面是否还有相同的背景,进而挖掘产生相同和不同的原因。如此一种一种异类语气组配逐个比较,研究方可做得更加深入。

另外，关于复句内分句语气异类组配的倾向性规律，我们只将汉语和英语两种语言作了比较，这种倾向性规律是否是世界语言的共性，得出的与英语分句语气异类组配不同的汉语分句异类语气组配是否是汉语言的特色，还需要扩大到更多的语言中去检验。

研究中一直有个困惑。关于复句语气的研究，我们一直没有找到直接相关的英文文献，我们见到的要么是主句语气的研究，要么是从句语气的研究，没有研究者明确指出把主句和从句合在一起时复句的语气是什么，比如，主句的语气是复句的语气，或者主句语气和从句语气的组配是复句的语气。今后研究中可以进一步思考这个问题。

汉语复句语气研究是个重要的领域，应该得到更多的关注。复句内的每个分句都有语气，一方面验证了邢福义每个小句都有语气的观点，另一方面为判定小句能否成立提供了一个视角，即从语气的角度考察。还有，复句语气的特点为计算机识别和生成复句提供了参考，比如，表达语气的语气副词通常在复句的后分句，分句都使用语气助词时可以根据语气助词表达语气的强弱安排分句的顺序等。

参考文献

一 中文文献

(一) 著作类

陈昌来：《现代汉语句子》，华东师范大学出版社 2000 年版。

陈望道：《修辞学发凡》，上海教育出版社 1979 年版。

陈振宁：《疑问系统的认知模型与运算》，学林出版社 2010 年版。

程书秋：《现代汉语多项式定中短语优先序列研究》，中国社会科学出版社 2009 年版。

储泽祥等：《汉语联合短语研究》，湖南大学出版社 2002 年版。

丁声树等：《现代汉语语法讲话》，商务印书馆 1979 年版。

杜道流：《现代汉语感叹句研究》，安徽大学出版社 2005 年版。

范晓：《汉语句子的多角度研究》，商务印书馆 2009 年版。

高名凯：《汉语语法论》，科学出版社 1957 年版。

胡裕树主编：《现代汉语》（增订本），上海教育出版社 1981 年版。

胡裕树、范晓主编：《动词研究》，河南大学出版社 1995 年版。

黄伯荣、廖序东主编：《现代汉语》（增订三版）（下册），高等教育出版社 2002 年版。

黎锦熙：《新著国语文法》，商务印书馆 2007 年版。

李宇明：《汉语量范畴研究》，华中师范大学出版社 2000 年版。

廖美珍:《法庭问答及其互动研究》,法律出版社 2003 年版。
刘丹青:《语序类型学与介词理论》,商务印书馆 2003 年版。
鲁川:《汉语语法的意合网络》,商务印书馆 2001 年版。
吕叔湘:《吕叔湘全集第 1 卷:中国文法要略》,辽宁教育出版社 2002 年版。
吕叔湘主编:《现代汉语八百词》,商务印书馆 1999 年版。
马建忠:《马氏文通》,商务印书馆 1983 年版。
马秋武、王嘉龄:《优选论》,外语教学与研究出版社 2001 年版。
聂仁发:《现代汉语语篇研究》,浙江大学出版社 2009 年版。
彭利贞:《现代汉语情态研究》,中国社会科学出版社 2007 年版。
彭宣维:《英汉语篇综合对比》,上海外语教育出版社 2000 年版。
齐沪扬:《语气词与语气系统》,安徽教育出版社 2002 年版。
钱锺书:《围城》,内蒙古人民出版社 2002 年版。
秦秀白:《英语简史》,湖南教育出版社 1983 年版。
邵敬敏:《现代汉语疑问句研究》,华东师范大学出版社 1996 年版。
孙汝建:《语气和口气研究》,中国文联出版社 1999 年版。
孙锡信:《近代汉语语气词》,语文出版社 1999 年版。
王力:《王力文集第一卷:中国语法理论》,山东教育出版社 1984 年版。
王力:《中国现代语法》,商务印书馆 1985 年版。
王文格:《现代汉语形谓句优先序列研究》,中国社会科学出版社 2009 年版。
吴祖光:《风雪夜归人》,人民文学出版社 1996 年版。
肖任飞:《现代汉语因果复句优先序列研究》,中国社会科学出版社 2009 年版。
邢福义:《汉语语法学》,东北师范大学出版社 1996 年版。
邢福义:《汉语复句研究》,商务印书馆 2001 年版。
邢福义:《邢福义学术论著选》,华中师范大学出版社 2003 年版。
邢福义:《汉语语法三百问》,商务印书馆 2004 年版。
徐晶凝:《现代汉语话语情态研究》,昆仑出版社 2008 年版。
姚双云:《复句关系标记的搭配研究》,华中师范大学出版社 2008 年版。
余华:《活着》,作家出版社 2008 年版。

袁毓林：《现代汉语祈使句研究》，北京大学出版社 1993 年版。

张爱玲：《情场如战场》，哈尔滨出版社 2003 年版。

张斌主编：《现代汉语精解》，上海文艺出版社 1989 年版。

张斌：《汉语语法修辞常识》，香港教育图书公司 1993 年版。

张斌：《现代汉语描写语法》，商务印书馆 2010 年版。

张伯江、方梅：《汉语功能语法研究》，江西教育出版社 1996 年版。

张静编：《现代汉语》，高等教育出版社 1988 年版。

张敏：《认知语言学与汉语名词短语》，中国社会科学出版社 1998 年版。

张谊生：《现代汉语虚词》，华东师范大学出版社 2000 年版。

郑贵友：《汉语篇章语言学》，外文出版社 2002 年版。

朱斌、伍依兰：《现代汉语小句类型联结研究》，华中师范大学出版社 2009 年版。

朱德熙：《语法讲义》，商务印书馆 1982 年版。

[英] 利奇·斯瓦特维克：《交际英语语法》，张婉琼、葛安燕译，北京出版社 1987 年版。

[美] 屈承熹：《汉语篇章语法》，潘文国等译，北京语言大学出版社 2006 年版。

[日] 仁田义雄：《日语的语气和人称》，曹大峰、张麟声、李庆祥译，北京大学出版社 1997 年版。

[美] 赵元任：《汉语口语语法》，吕叔湘译，商务印书馆 1979 年版。

（二）论文类

陈安玲：《小句复合体的语篇功能》，《外语与外语教学》2000 年第 5 期。

陈访泽、徐淑丹：《日语 TATA 条件从句的语气形式与交际功能》，《广东外语外贸大学学报》2006 年第 1 期。

陈光磊：《关于衡词的考察》，《复旦学报》语言文字专辑 1980 年。

陈小荷：《主观量问题初探——兼谈副词"就""才""都"》，《世界汉语教学》1994 年第 4 期。

陈振宁：《现代汉语中的非典型疑问句》，《语言科学》2008 年第 4 期。

储诚志：《语气词语气意义的分析问题——"啊"为例》，《语言教学与研究》1994 年第 4 期。

储泽祥:《语气兼容与句末点号的连用》,《语文建设》1998 年第 1 期。

储泽祥、陶伏平:《汉语因果复句的关联标记模式与"联系项居中原则"》,《中国语文》2008 年第 5 期。

储泽祥:《在多样性基础上进行倾向性考察的语法研究思路》,《华中师范大学学报》(人文社会科学版) 2011 年第 2 期。

戴庆厦、范丽君:《藏缅语因果复句关联标记研究——兼与汉语比较》,《中央民族大学学报》(哲学社会科学版) 2010 年第 2 期。

戴昭铭:《汉语语气助词的类型学价值》,《汉藏语学报》2010 年第 4 期。

邓思颖:《汉语句类和语气的句法分析》,《汉语学报》2010 年第 1 期。

丁恒顺:《语气词的连用》,《语言教学与研究》1985 年第 2 期。

丁志丛:《有标转折复句的关联标记模式及相关解释》,《求索》2008 年第 12 期。

董付兰:《"毕竟"的语义语用分析》,《首都师范大学学报》(社会科学版) 2002 年第 3 期。

段业辉:《语气副词的分布及语用功能》,《汉语学习》1995 年第 4 期。

范文芳:《语言的人际功能与命题形式》,《外语研究》2007 年第 4 期。

方梅:《自然口语中弱化连词的话语标记功能》,《中国语文》2000 年第 5 期。

方梅:《语体动因对句法的塑造》,《修辞学习》2007 年第 6 期。

冯广艺:《语言和谐论》,《修辞学习》2006 年第 2 期。

高德新:《跨小句语篇连贯的语义阐释》,《外语研究》2007 年第 5 期。

高列过:《东汉佛经疑问句语气助词初探》,《古汉语研究》2004 年第 4 期。

格林伯格:《某些主要跟语序有关的语法普遍现象》,陆丙甫、陆致极译,《国外语言学》1984 年第 2 期。

桂诗春:《以概率为基础的语言研究》,《外语教学与研究》2004 年第 1 期。

韩雪峰:《言语行为的人际关系视角》,《国际关系学院学报》2008 年第 2 期。

贺阳:《试论汉语书面语的语气系统》,《中国人民大学学报》1992 年第 5 期。

胡明扬:《语气助词的语气意义》,《汉语学习》1988 年第 6 期。

胡明扬:《语体与语法》,《汉语学习》1993 年第 2 期。

黄忠廉、焦鹏帅：《汉译：捕捉原作的生命气息——以〈死魂灵〉汉译语气助词为例》，《外语教学》2011年第1期。

江海燕：《语气词"呢"负载疑问信息的声学研究》，《首都师范大学学报》（社会科学版）2006年第4期。

江蓝生：《疑问语气词"呢"的来源》，《语文研究》1986年第1期。

劲松：《北京话的语气和语调》，《中国语文》1992年第2期。

孔令达：《影响汉语句子自足的语言形式》，《中国语文》1994年第6期。

匡鹏飞：《语气副词"明明"的主观性和主观化》，《世界汉语教学》2011年第2期。

李杰：《现代汉语语气副词状语的祈使和感叹功能》，《宁夏大学学报》（人文社会科学版）2005年第4期。

李明：《语气助词的音高分析》，《世界汉语教学》1996年第4期。

李顺喜：《对外汉语口语教学中的语气助词》，《北京第二外国语学院学报》1999年第4期。

李晓琪：《现代汉语复句中关联词的位置》，《语言教学与研究》1991年第2期。

李言实、杨洁：《语气隐喻与语篇中人际关系的确定》，《长春理工大学学报》2008年第3期。

李战子：《语气作为人际意义的"句法"的几个问题》，《外语研究》2002年第4期。

李战子：《从语气、情态到评价》，《外语研究》2005年第6期。

廖美珍：《"目的原则"与目的分析（上）——语用研究新途径探索》，《修辞学习》2005年第3期。

廖美珍：《目的原则与交际模式研究》，《外语学刊》2009年第6期。

林天送、范莹：《闽南话的语气助词》，《汉语学报》2011年第1期。

刘平：《宜春话的语气助词"着"》，《语言研究》2002年第4期。

刘云：《复句关系词语离析度考察》，《语言教学与研究》2008年第6期。

龙国富、叶桂郴：《中古译经中的假设语气助词"时"》，《古汉语研究》2005年第2期。

卢英顺：《"吧"的语法意义再探》，《世界汉语教学》2007年第3期。
陆俭明：《现代汉语副词独用刍议》，《语言教学与研究》1982年第2期。
陆俭明：《关于现代汉语里的疑问语气词》，《中国语文》1984年第5期。
罗荣华：《主观量相关问题探讨》，《宁夏大学学报》（人文社会科学版）2010年第5期。
马庆株：《能愿动词的连用》，《语言研究》1988年第1期。
马秋武：《OT语法的可学性研究》，《外国语》2003年第5期。
马秋武：《普通话二合元音韵母的组构与优选论分析》，《当代语言学》2004年第1期。
马秋武：《"天津话连读变调之谜"的优选论解释》，《中国语文》2005年第6期。
潘海华、梁昊：《优选论与汉语主语的确认》，《中国语文》2001年第1期。
彭宣维：《英汉语在语篇组织上的差异》，《外语教学与研究》2000年第5期。
彭宣维：《语气意义的语篇组织》，《天津外国语学院学报》2000年第4期。
齐沪扬：《语气副词的语用功能分析》，《语言教学与研究》2003年第1期。
綦甲福、邵明：《德语情态小品词与汉语语气词对比分析》，《解放军外国语学院学报》2010年第6期。
冉永平：《冲突性话语趋异取向的语用分析》，《现代外语》2010年第2期。
沈家煊：《语言的"主观性"和"主观化"》，《外语教学与研究》2001年第4期。
史金生：《语气副词的范围、类别和共现顺序》，《中国语文》2003年第1期。
宋作艳、陶红印：《汉英因果复句顺序的话语分析与比较》，《汉语学报》2008年第4期。
孙汝建：《句末语气词的四种语用功能》，《南通大学学报》（社会科学版）2005年第2期。
陶红印：《试论语体分类的语法学意义》，《当代语言学》1999年第3期。
陶红印、刘娅琼：《从语体差异到语法差异（上）——以自然会话与影视对白中的把字句、被动结构、光杆动词句、否定反问句为例》，《当代修辞学》2010年第1期。

万光荣、储泽祥:《现代汉语二合复句中分句语气异类组配的倾向性研究》,《华文教学与研究》2011年第4期。

万光荣、储泽祥:《语气助词对复句中分句语气异类组配的影响》,《语文研究》2012年第6期。

万光荣:《语气副词对复句中分句语气异类组配的影响》,《汉语学报》2013年第3期。

万光荣:《复句语义关系对分句语气异类组配的选择性研究》,《湖北社会科学》2014年第1期。

王嘉龄:《优选论和天津话的连读变调及轻声》,《中国语文》2002年第4期。

王嘉龄:《优选论与功能主义》,《外语教学与研究》2002年第1期。

王茂林、宫齐:《优选论的最新发展——比较标记理论》,《外国语》2007年第3期。

吴春竹:《试论日语复句中从属句节的多层立体结构》,《外语学刊》2008年第6期。

肖奚强、王灿龙:《"之所以"小句篇章功能论略》,《世界汉语教学》2008年第3期。

谢晓明:《"难怪"因果句》,《语言研究》2010年第2期。

邢福义:《复句问题论说》,《华中师院学报》1985年第1期。

徐晶凝:《语气助词"呗"的情态解释》,《语言教学与研究》2007年第3期。

杨才英、张德禄:《语篇视角与语气和情态》,《四川外语学院学报》2006年第6期。

杨才英:《论汉语语气词的人际意义》,《外国语文》2009年第6期。

杨军:《概率性优选论》,《当代语言学》2007年第2期。

易匠翘:《言语链中偏正复句内部语序的语义分析》,《佳木斯大学社会科学学报》2000年第2期。

袁明军:《小句的语气类型与小句之间语义联结类别的关系》,《汉语学习》2006年第3期。

岳方遂:《论语气三角和句末点号》,《安徽大学学报》(哲学社会科学版)2004年第6期。

张定京:《哈萨克语知情语气助词》,《民族语文》2001 年第 6 期。

张洪莲:《从语气角度看〈白象似的群山〉的人际意义》,《辽宁工程技术大学学报》(社会科学版) 2009 年第 2 期。

张邱林:《河南陕县方言表将然的语气助词"呀"构成的祈使句》,《中国语文》2007 年第 4 期。

张秋杭:《语气副词"毕竟"的语义分析》,《汉语学习》2006 年第 4 期。

张彦:《陈述语气的语气词实验分析》,《语言文字应用》2006 年第 4 期。

张云秋:《现代汉语口气问题初探》,《汉语学习》2002 年第 2 期。

张云秋、王馥芳:《受事标记过度使用的优选论解释》,《外国语》2005 年第 3 期。

赵春利、石定栩:《语气、情态与句子功能类型》,《外语教学与研究》2011 年第 4 期。

钟兆华:《论语气词"吗"的形成与发展》,《语文研究》1997 年第 1 期。

周刚:《汉、英、日语连词语序对比研究及其语言类型学意义》,《语言教学与研究》2001 年第 5 期。

朱斌、伍依兰:《"祈使+陈述"型因果复句》,《汉语学报》2008 年第 3 期。

朱德熙:《现代汉语语法研究的对象是什么?》,《中国语文》1987 年第 4 期。

崔希亮:《事件情态和汉语的表态系统》,载中国语文杂志社编《语法研究与探索(十二)》,商务印书馆 2003 年版。

高增霞:《汉语担心——认识情态词"怕""看""别"的语法化》,载中国语文杂志社编《语法研究和探索(十二)》,商务印书馆 2003 年版。

鲁川:《语言的主观信息和汉语的情态标记》,载中国语文杂志社编《语法研究和探索(十二)》,商务印书馆 2003 年版。

罗进军:《现代汉语假设关系标记的多维验察》,载深港澳语言研究所编《双语双方言(九)》,汉语出版社 2006 年版。

潘海华:《焦点、三分结构与汉语"都"的语义解释》,载中国语文杂志社编《语言研究与探索(十三)》,商务印书馆 2006 年版。

石定栩:《汉语的语气和句末助词》,载《语言学论丛》编委会编《语言学论丛(三十九)》,商务印书馆 2009 年版。

孙德金：《汉语助动词的范围》，载胡明扬主编《词类问题考察》，北京语言文化大学出版社 1997 年版。

左思民：《普通话基本语气词的主要特点》，载程工、刘丹青主编《汉语的形式与功能研究》，商务印书馆 2009 年版。

（三）学位论文

方红：《"侥幸"类语气副词》，上海师范大学硕士学位论文，2003 年。

方小燕：《广州句末语气助词对句子表述性的作用》，暨南大学博士学位论文，2002 年。

贺菊玲：《〈世说新语〉语气副词研究》，陕西师范大学硕士学位论文，2001 年。

胡承佼：《儿童语言中的复句》，安徽师范大学硕士学位论文，2004 年。

黄郁纯：《汉语能愿动词之语义研究》，台湾师范大学硕士学位论文，1999 年。

赖慧玲：《〈全宋词〉四川词人作品中的语气副词研究》，四川师范大学硕士学位论文，2005 年。

李善熙：《汉语主观量表达研究》，中国社会科学院博士学位论文，2003 年。

李艳霞：《现代汉语祈使句联》，华中师范大学硕士学位论文，2007 年。

朴正九：《汉语介词研究》，台湾清华大学博士学位论文，1996 年。

齐春红：《现代汉语语气副词研究》，华中师范大学博士学位论文，2006 年。

曲红艳：《反诘语气副词的功能考察》，延边大学硕士学位论文，2004 年。

孙汝建：《语气和语气词研究》，上海师范大学博士学位论文，1998 年。

孙杏丽：《语气副词"到底"的多角度研究》，河南大学硕士学位论文，2010 年。

王朔：《"如果"句的语篇分析》，广西民族大学硕士学位论文，2011 年。

王飞华：《汉英语气系统对比研究》，华东师范大学博士学位论文，2005 年。

姚杰：《或然类语气副词研究》，上海师范大学硕士学位论文，2005 年。

姚双云：《复句关系标记的搭配研究与相关解释》，华中师范大学博士学位论文，2006 年。

曾常年：《现代汉语因果句群研究》，华中师范大学博士学位论文，2003 年。

朱宁：《价值判断语气副词表达功能中的锚定效应》，北京语言大学硕士学位论文，2005年。

二　英文文献

（一）著作类

Bethan Benwell and Elizabeth Stokoe, *Discourse and Identity*, Edinburgh: Edinburgh University Press Limited, 1988.

Björn Rothstein and Rolf Thieroff, *Mood in Languages of Europe*, Amsterdam/Philadelphia: John Benjamins Publishing Company, 2010.

Louis George Alexander, *Longman English Grammar*, London: Pearson Education Limited, 2003.

F. R. Palmer, *Mood and Modality* (2nd edition), Beijing: World Book Publishing Corporation, 2007.

Her One-soon, *Grammatical Functions and Verb Subcategorization in Mandarin Chinese* (revised edition), Taipei: Crane Publishing, 2008.

Leo Hoye, *Adverbs and Modality in English*, New York: Addison Wesley Longman Limited, 1997.

John Haiman, *Natural Syntax*, Cambridge: Cambridge University Press, 1985.

Joseph Lyons, *Linguistics Semantics: An Introduction*, Beijing: Foreign Language Teaching and Research Press, 2000.

M. A. K. Halliday, *An Introduction to Functional Grammar* (2nd edition), Beijing: Foreign Language Teaching and Research Press, 2000.

Niels Davidsen-Nielsen, *Tense and Mood in English: a Comparison with Danish*, Berlin/New York: Mouton de Gruyter, 1990.

Noam Chomsky, *Syntactic Structures*, The Hague: Mouton, 1957.

Otto Jesperson, *Essentials of English Grammar*, London: Routledge, 2006.

Simon C. Dik, *The Theory of Functional Grammar*, Berlin/New York:

Mouton de Gruyter, 1997.

Sidney Greenbaum, *The Oxford English Grammar*, Oxford: Oxford University Press, 1996.

William Croft, *Typology and Universals*, Cambridge: Cambridge University Press, 1990.

Hadumod Bussmann, ed., *Routledge Dictionary of Language and Linguistics*, Beijing: Foreign Language Teaching and Research Press, 2000.

Helen Spencer-Oatey, ed., *Culturally Speaking: Cultures, Communication and Politeness Theory* (2nd edition), London/New York: Continuum International Publishing, 2008.

Joan L. Bybee and Suzanne Fleischman, eds., *Modality in Grammar and Discourse*, Amsterdam/Philadelphia: John Benjamins Publishing Company, 1995.

Geraldine Legendre, Jane Grimshaw, and Sten Vikner, eds., *Optimality-Theoretic Syntax*, Boston, MA: MIT Press, 2001.

Randolph Quirk, et al. eds., *A Comprehensive Grammar of the English Language*, London/New York: Longman Group Limited, 1985.

（二）论文类

Joan L. Bybee and Osten Dahl, "The creation of tense and aspect systems in the language of the world", *Studies in Language*, Vol. 15, No. 1, 1989.

Keith Allan, "Clause-type, primary illocution, and mood-like operators in English", *Language Sciences*, No. 28, 2006.

Bernd Heine, "Agent-oriented vs. epistemic modality: some observations on German modals", in Joan L. Bybee and Suzanne Fleischman (eds.), *Modality in Grammar and Discourse*, Amsterdam/Philadelphia: John Benjamins Publishing Company, 1995.

Edith L. Bavin, "The obligation modality in Western Nilotic Languages", in Joan L. Bybee and Suzanne Fleischman (eds.), *Modality in Grammar and Discourse*, Amsterdam/Philadelphia: John Benjamins Publishing Company, 1995.

Edward Finegan, "Subjectivity and subjectivisation: an introduction", in Dieter Stein and Susan Wright (eds.), *Subjectivity and Subjectivisation: Linguistic Perspective*, Cambridge: Cambridge University Press, 1995.

H. Paul Grice, "Logic and conversation", in Peter Cole ad Jerry L. Morgan (eds.), *Syntax and Semantics Vol. 3: Speech Acts*, New York: Academic Press, 1975.

M. A. K. Halliday, "Options and Functions in the English Clause", in Michael A. K. Halliday and Jonathan Webster (eds.), *Studies in English Language*, London: Bloomsbury, 1969.

M. A. K. Halliday, "Dimensions of discourse analysis: grammar", in Teun Adrianus Van Dijk (ed.), *Handbook of Discourse Analysis*, Vol. 2: *Dimensions of Discourse*, London: Academic Press, 1985.

Robin Lakoff, "The logic of politeness, or minding your P's and Q's", in Claudia Corum, T. Cedric Smith-stark and Ann Weiser (eds.), *Papers from the 9th Regional Meeting of Chicargo Linguistic Society*, Chicago: Chicago Linguistic Society, 1973.

(三) 学位论文

Guo, Jian-sheng, *Social Interaction, Meaning, and Grammatical Form: Children's Development and Use of Modal Auxiliaries in Mandarin Chinese*, unpublished doctoral dissertation, University of California, Berkley, 1994.

致　　谢

　　这本书是在我的博士论文的基础上修改而成的。首先感谢我的博士生导师储泽祥教授，正如师兄师姐们所言，储老师品德高尚、学识渊博、思想睿智、治学严谨、诲人不倦、宽容大度……无论我们用多少这样的词来表达都不过分。我这里只想补充的两个方面，一是他培养学生时因材施教。我是颇让储老师费心的一个学生，本科和硕士学的都是英语专业，老师在我进校时，让我做一本《现代汉语》习题集，做完后给他检查。同时开了一个书单，虽说书不多但得精读，第一学期似懂非懂地过了一遍，可是后来每每写点东西，我还真得查这些书，它们成了案头必备。无论是开题报告，还是小论文写作、大论文构思，储老师指导完后，总要单独问我一句"听明白没有"，之后还要我把主要内容写下来读给他听一遍，调整语序、订正核心用语。我也习惯在储老师的庇护下，从写作思路到写作内容再到写作语言不断地进步着。储老师自己在科研第一线，每年都有自己的研究任务，但对于我们的困惑，总是及时地回复。我每次发完邮件就等着"重大发现"，储老师三言两语总能切中要害。老师识破我的这一招后，说要自己思考，要不怎么长得大，我尝试按照老师解决问题的宽度和深度思考，发现真的开始解决困惑了。二是他把学生融进一个学术团队。这个团队里有知名学者，储老师邀请国内外学者来华中师范大学讲学，讲学前他会让我们阅读相关材料，以便更好地理解讲学内容，有深度地与学者进行交流。这个团队里主要是他的优秀学生，已经毕业的或正在就读的，储老师鼓励我们共同探讨学术问题、分享学术思想和学术资源。在这样的学习氛围中，我有种强烈的归属感，觉得学术道路上不是孤军作战，学术研究也不是深不可及的。我的整个论文写作比较顺利也多亏储老师和这个团队的帮助，他们主要有潘海华、黄树先、冯广艺、谢晓明、姚双云、左双菊、周毕吉、万莹、肖任飞、刘清平、金鑫、王霞、张金圈、彭小球、智红霞、赵雅青、刘玮娜、刘琪、郭中和张建。

感谢华中师范大学文学院语言学系的李向农老师、吴振国老师、刘云老师，他们的课堂是启发性的、前瞻性的、实用性的，他们在开题时的建议是严谨的、建设性的、拓展性的。感谢语言所的邢福义先生、徐杰老师，邢先生的讲座深入浅出，一步一步推进到大道理，邢先生写的文章也是如此，一层一层剖析至最细处；徐老师善于运用国外的语言学理论分析汉语语言事实，所有这些老师都有着丰富的学术成果和崇高的学术地位，但都平易近人、有求必应。感谢外国语学院的廖美珍老师、张维友老师、陈佑林老师、华先发老师及其他硕士导师们，他们开启了我语言学习与研究的大门。在华师两个阶段的学习，聆听这些老师的教诲是我人生一笔宝贵的财富！

最应该感谢的是我的父母。我的父母一直辛勤劳作，靠着农田收入供三个大学生同时在校学习，是他们的坚持才有我求学的第一步，是他们的鼓励才使我有可能走到完成博士论文的今天。我是家中的长女，有一个弟弟和一个妹妹。20世纪80年代在我的老家湖北，方圆一百里的乡村没有考出一个大学生，孩子长到十三四岁都下地帮着干农活了。我成绩不算好，但非常刻苦，分数刚好够上镇重点初中。因为个头小，父母说那就先上个中学吧。中学里各科老师鼓励我，认为我能考个师范学校（当时流行考这样的中专，毕业后就有铁饭碗），我父母也是这么认为的。可是我没有考好，不仅上不了中专，连重点高中也上不了，只能上普通高中。我一个暑假都在为此伤心，父母一直没说什么，但我也大概知道自己的命运了。快开学时，父亲突然跟我说："你想读书就去读吧，免得你以后怪我不让你读书，但是你将来的嫁妆就没有了，就当办嫁妆的钱提前给你交学杂费了。"可我怎么也高兴不起来，因为弟弟妹妹都还在读书，父母要耕种十五亩地。为了挣些学费，父亲白天帮别人干活，晚上才能收割庄稼；母亲养好几头猪，到处挖野菜喂猪。我在高中的学习压力也很大，考试分数不够理想的时候还经常失眠，第一次高考很失败，连中专都上不了，当时的心情可想而知。我无精打采，父亲只是拼命抽烟。有一天吃晚饭时，父亲对我说，你换个学校复读一年吧，再考不上，你就得回家帮我们种田了。于是，我开始了"高四"的生活，经过一年的拼搏，终于达到本科录取线，成了20世纪90年代初我们乡镇为数不多的大学生。

上了大学，意味着我从此跳出了农门（此时大学毕业生包分配），思想上有些松懈，学习上不那么上进，第一学期期末居然有一门专业课不及格，这真是当头一棒。庆幸的是，我遇到了我的男朋友即现在的爱人。他总是叫我跟他一起练习英语听力和口语，但我还是动力不足，他就每天晚饭后在图书馆为我抢占座位，然后找我跟他一起学习。于是我在四年学习中，不仅没有再次挂科，还屡次获得奖学金，成绩优秀的我还进入了系学生会，认识了更多优秀的同学和老师。他无论是在学习还是在工作中，每向前走一步就拉我一步。本科毕业后我进了高校当老师，在职学完了硕士课程，又攻读博士。他在英国曼彻斯特大学访学期间，也努力促成我去访学。他在美国孔子学院工作期间，我也跟着到威斯康星大学麦迪逊校区访学。本书稿的修改就是我在美国访学期间完成的，也是经过他的首肯才最终定版。

感谢我们聪明可爱的儿子，他在我们夫妻同时做博士论文而照顾不周的情况下，能够独立地安排自己的学习、生活和交友，他渐渐强壮的身体给我们省却了很多烦恼和忧愁。儿子跟随父亲留学英国期间，挑战语言和环境的变化，取得了可喜的成绩，让我无比欣慰和自豪，能够集中精力完成博士论文。在美国的日子里，儿子已经没有语言障碍，酷爱读书，受到老师和同学的喜爱，还自学国内小学的语文和数学，让我可以专心做自己的科研。感谢高龄的公公婆婆在我们最困难的时候帮忙照看孩子、料理家务，支持我考上博士并完成博士论文；感谢弟弟和弟妹一直孝顺父母，解除我的后顾之忧；感谢妹妹和妹夫寒暑假期间帮我们照看儿子，以便我们腾出时间看书学习。

感谢中南民族大学外语学院的领导和同事！学院领导一直支持教师进修或升造，鼓励大家从事科研，我得以两次出国访学；同事刘苹博士引荐我旁听部分博士生课程，跟我交流科研心得、探讨学术话题，在如切如磋中共同提高。置身于这种和谐的工作环境和良好的学术氛围中，我心情畅快、进步较大。

最后，感谢中国社会科学出版社编辑团队的辛勤付出！责任编辑熊瑞老师加班加点校对文稿，从设计写作风格、表达缩略语到调整文献格式，她都一丝不苟。我自认为已经够细致了，但有些小错误还是没有逃脱她的火眼金睛。我真幸运遇到一位热情大方、默默奉献、能干高效的编辑，她为拙作的顺利出版付出了很多心血。特此为她点赞！

万光荣

2016 年元月于美国威斯康星州